橋爪節也の大阪百景

創元社

JN011870

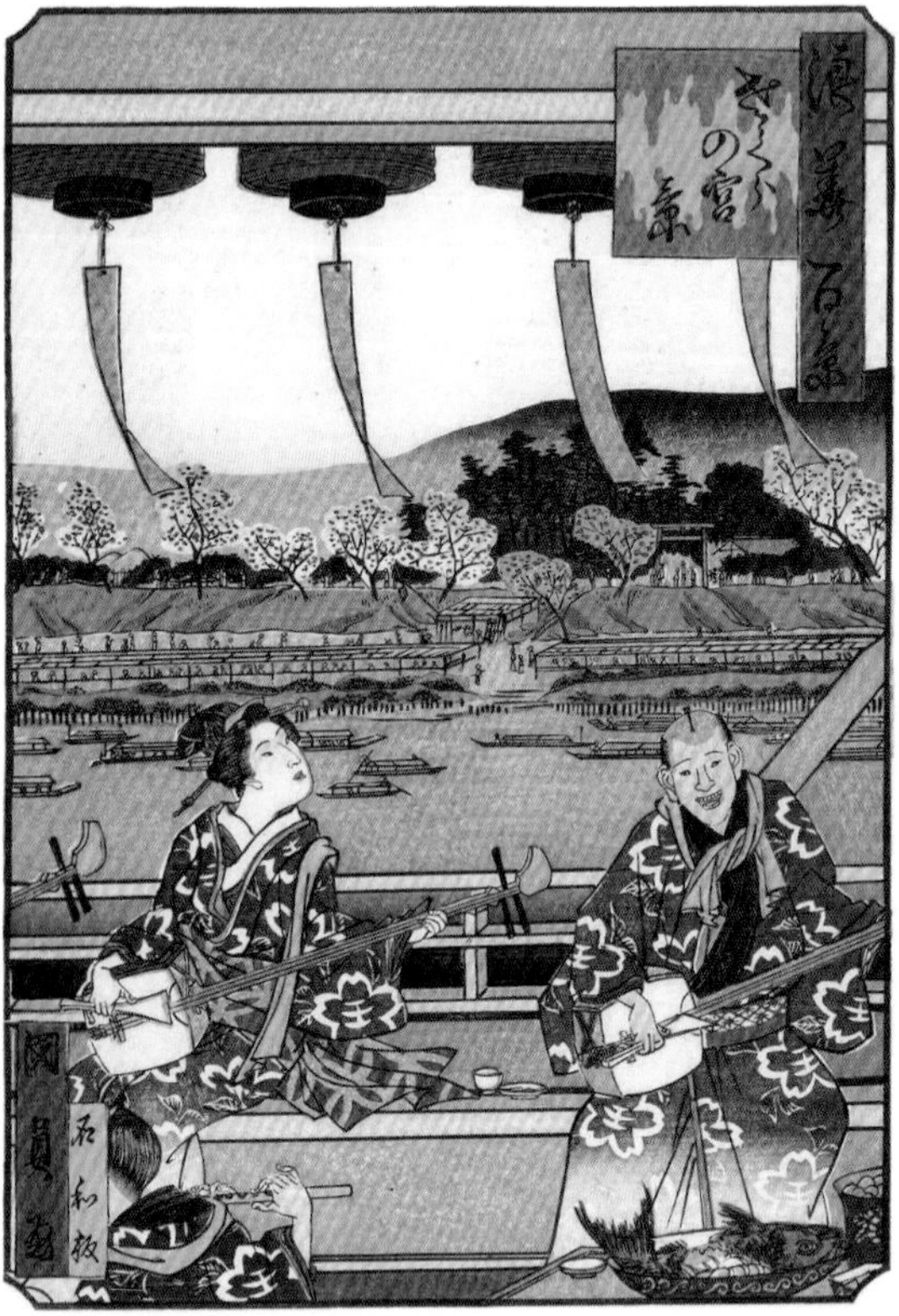

第一景（⇨28頁）「浪花百景」より「さくらの宮景」一珠斎国員画

第二景（⇨30頁）前田藤四郎「長崎堂カステラ包装紙（EXPO’70）」

第五景（⇨37頁）木谷千種「浄瑠璃船」

第六景（⇨39頁）「滑稽浪花名所」より「ざこば魚市」含粋亭芳豊画

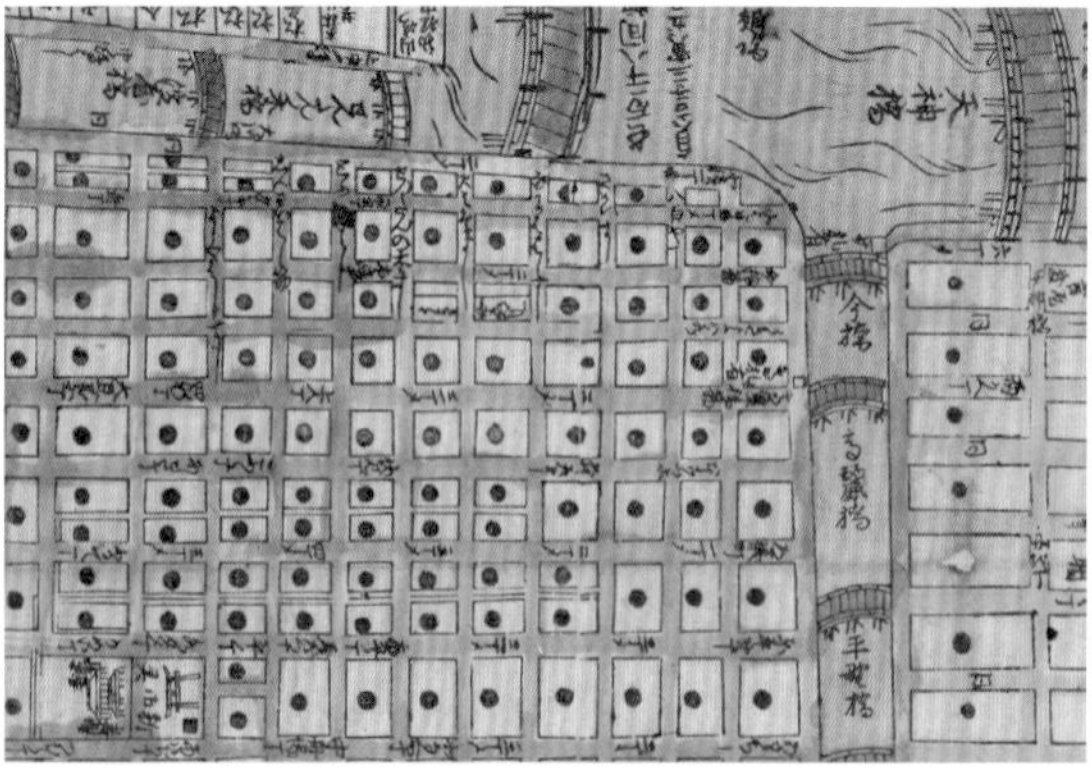

第七景（⇨42頁）元禄九年新撰増補大坂大絵図

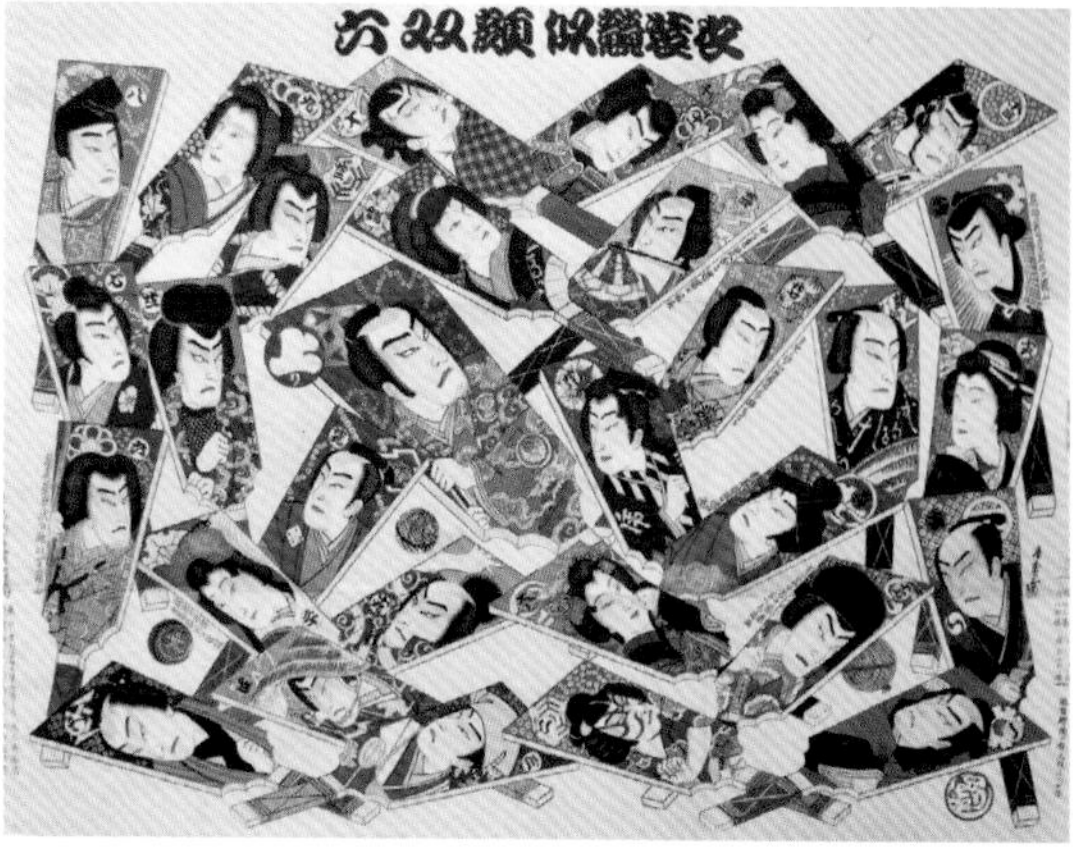

第九景（⇨46頁）「衣装競似顔双六」

第一〇景（⇨48頁）
森村泰昌「セルフポートレイト（女優）バルドーとしての私・2」

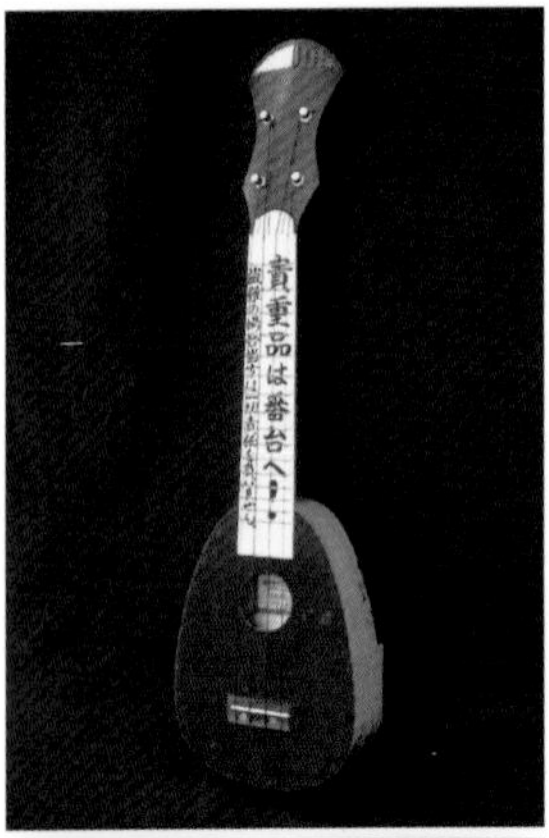

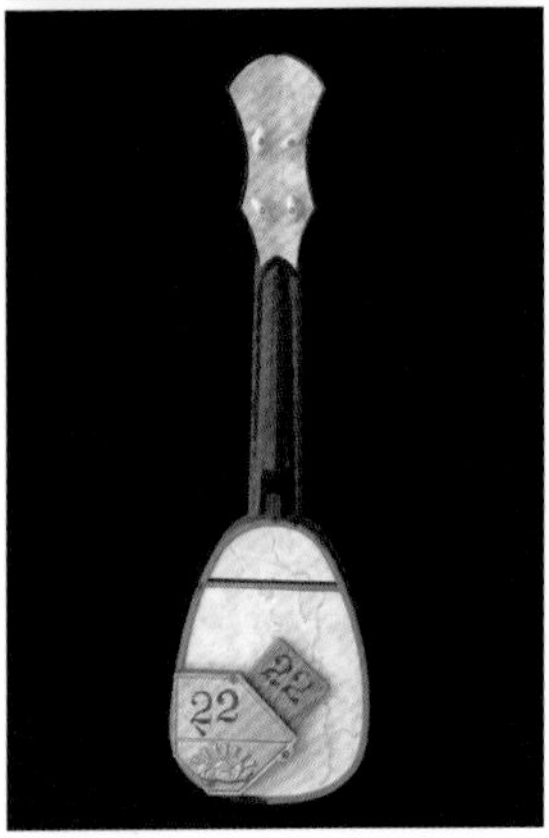

第一五景（⇨59頁）
伊達伸明「美章園温泉ウクレレ」

第一三景（⇨55頁）「浪花百景」より
「天保山」南粋亭芳雪画

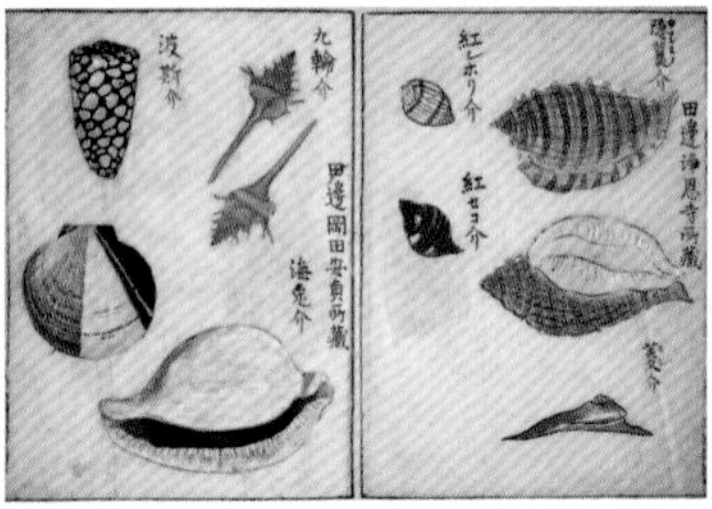

第一六景（⇨62頁）木村兼葭堂『奇貝図譜』

第二〇景（⇨73頁）先代大阪市庁舎の絵葉書

第一八景（⇨68頁）
三浦敏和「心斎橋スケッチ」

第二二景（⇨78頁）佐伯祐三「郵便配達夫」「ロシアの少女」

第二四景（⇨84頁）浅野竹二「新大阪風景　中之島公園月夜」

第二六景（⇨89頁）北野恒富「いとさんこいさん」

第二七景（⇨91頁）四天王寺万灯供養法要

第二九景（⇨96頁）宇崎純一「スミカズカード」より
「ゆきだるま」「木陰」

第二八景（⇨93頁）
寿好堂よし国画「芦屋道満大内鑑」

第三〇景（⇨98頁）『諺臍の宿替』より「三味線に喰われる太夫」と「人を茶にする」

第三四景（⇨109頁）
「春のおどり」パンフレットと
再現を試みた「五色の酒」

㊨ 第三二景（→103頁）
大阪で発行された流行歌の歌詞集『カフェーの唄』

㊧ 第三五景（→112頁）
大大阪記念博覧会のポスター

第四二景（⇨130頁）
伊原セイチ「とこしえの舟」

第三八景（⇨119頁）
『夫婦善哉』初版本（創元社）

第四四景（⇨136頁） 島成園「祭りのよそおい」

第四六景（⇨141頁）「浪花百景」より
「吉助牡丹盛り」南粋亭芳雪画、「野田藤」一養斎芳瀧画、「うらえ杜若」南粋亭芳雪画

第五三景（⇨159頁）「浪花百景」より
「野中観音桃華盛り」一養斎芳瀧画

第五〇景（⇨151頁）成瀬国晴「大阪が焼失した日」

第五六景（⇨168頁）雑誌「道頓堀」表紙の
道化師と「ホフマンの船唄」楽譜

第五五景（⇨164頁）
汁屋の店前（藤原せいけん画）

第五八景（⇨173頁）
法善寺横丁「夫婦善哉」の店頭に座っていたお多福

第五七景（⇨170頁）
今井祝雄「タイムストーンズ400」

第六一景（⇨181頁）
『諺臍の宿替』より「猫が茶吹く」

第六〇景（⇨178頁）北野恒富「茶々殿」

第六五景（⇨192頁）森琴石『墨香画譜』

第七一景（⇨208頁） 前田藤四郎「香里風景」

第八二景（⇨239頁）
柳沢淇園「睡童子図」

第八〇景（⇨234頁）
北野恒富「星（夕空）」（右は大下絵）

第八六景（⇨250頁）「浪花百景」より
「産湯味原池」南粋亭芳雪画

第八九景（⇨257頁）
霜鳥正三郎「大阪の三越」

第八五景（⇨247頁）今井兼次「フェニックス
モザイク「糸車の幻想」」

第八七景（⇨252頁）
堂本印象「がってんくび」

第八八景（⇨255頁）中村貞夫「大阪駅」

第九二景（⇨266頁）「大阪市パノラマ地図」

第九一景（⇨263頁）
先代大阪市庁舎のステンドグラス

第九九景（⇨285頁）
「浪花百景」より「川崎ノ渡シ月見景」南粋亭芳雪画

第九六景（⇨276頁）
南木芳太郎の肖像イラストと、
「郷土研究上方」の表紙に描かれた
「南の五階」こと眺望閣

第百景（⇨287頁）「浪花百景」より「天満樋の口」南粋亭芳雪画

※以上の図版・写真の出典・所蔵先・説明などの詳細は
本文（⇨参照頁）に記載しています

目次

装丁　濱崎実幸

はじめに

「百聞は一見に如かず」は『漢書《かんじょ》』の言葉だが、大阪に関する事柄を集め、錦絵揃物《そろいもの》「浪花百景」にならって「大阪百景」と題した本書も、一見することで直ちに理解できる百個の「景」を集めた随想集に見えるかもしれない。しかし、ここに集められた百景は、見ればすぐにわかるかといえば、決してそうした性質のものでもない。

誰もが知る現代の景観も登場するが、歴史資料でしか再現できない昔の大阪や、思い出にしか存在しない生活の情景もある。道頓堀五座の芝居や、画家、文学者などの話、大阪のしゃれ言葉の面白さ、四季の祭礼や伝統にも触れている。この本には、芦原がひろがる大阪の原風景から、今を盛りの裏なんばをトンビコートで闊歩するのはオダサクではないかといった類いの妄想、幻風景までが揃っている。見えやすそうで、実は見えにくい、むしろ反対に「一聞は百見に如かず」といった百景を選び、読み物としてまとめているのである。

といっても肩の凝らない、わかりやすい筋立てである。もともとここに収めた文章は、大阪市立総合生涯学習センターが刊行するOSAKA生涯学習情報誌「いちょう並木」の巻頭随筆「おおさかKEYわーど」として連載された。昨今の大阪は、それが真実かもわからない決めつけられたイメージで語られがちである。「こてこて」「粉もん」「お笑い」「アニマル柄」も大阪文化の一面だろうが、それのみが金科玉条のごとく語られる風潮はどうかと思うし、天下の「大大阪」が誇れるのはそれだけかと不満だった。そんなおり、大阪の歴史や文化を、もう一度、新しい視点で読み解くための「キーワード」を挙げてほしいと依頼され、連載を開始したのである。

執筆で意識したのが、松竹新喜劇の原作にもなった、洋画家・鍋井克之《なべいかつゆき》の名随筆『大阪ぎらい物語 A Lover of Osaka Grumbles』（布井書房、一九六二年）である。タイトルから大阪が嫌いな人間と早とちりしがちだが、副題の英文は、大阪を愛する人が、ぶつぶつ不平を言う、ぼやいているといったニュアンスだ。大阪は好きだが、変な角度からむやみに自慢されると、かえって後へ退《の》いて「ほんまかいな」とつぶやきたくなる。大好きなものは、もっと大切に扱うべきだ、とぼやいたりもする。愛するがゆえの心持ちのややこしさこそ〝大阪ぎらい〟の精神であり、この街が培った文化的伝統である。

連載は、平成二二年（二〇一〇）四月号からはじまり、気づけば現在までの長期連載となった。一二月・一月は合併号なので年間一一回を書き、一一年目の今年度いっぱいで一一〇回となる。連載が百回を超えたことで単行本にさせていただくことになった。

情報誌の連載という性格上、話が四季折々の風物や祭礼、イベント、展覧会情報に傾きがちである。私は美術史が専門なので、特に展覧会は応援したい。ところが初出時は最新情報であった展覧会は、当然のことすべて終了している。そこで現代にも通じるように大幅に原稿を書き換えた箇所がある。結果的に、掃苔録《そうたいろく》ではないが、大阪でこの一〇年にわたりどのような文化的な催し、展覧会があり、周年行事が目白押しであったか浮き彫りにされ、厚みのある現代文化誌にもなったと思う。また初出時は毎回、西鶴の浮世草子ばりに見得を切るような長いタイトル、見出しを付したが、本書では各タイトルを短くし、内容が検索しやすいよう、そのそばに新しくキーワードを掲げた。

最後に、厚かましくも書名の冠に私の名前がついていることについてである。決して自己顕示欲やナルシシズムからではない。

というのも、私の父は六月生まれで藤也《とうや》と言い（祖父が祭礼の禱屋《とうや》をつとめた年の子供のためとも）、節也《せつや》の名は、私が二月三日節分生まれで、父の「也」に節分の「節」をつけたことによる。ずぼらな命名と思っていたが、還暦を迎え、せつやの漢字に、大阪市のある摂津国《せっつのくに》の老人の意味で「摂津爺《せっつや》」の文字をあてたら、『大鏡』の大宅世継《おおやけのよつぎ》、夏山繁樹《なつやまのしげき》とは言わないが、明治の浄瑠璃の名人、竹本摂津大掾《だいじょう》のようにも思えてきて、味わい深く感じるようになった。つまり「橋爪節也の大阪百景」は、座元狂言廻し「摂津爺」の「大阪百景」なのである。

今日《こんにち》出版のあることを予想して名付けてくれた両親に、あらためて感謝するとまで書くのは眉唾だが、あたるも百景、あたらぬも百景などと、調子のいい口上を最初に申し上げ、皆様方には楽しんでお読みいただけましたら、これにすぐる喜びはございませぬ。

橋爪節也の大阪百景

第一景　錦絵で〝花の都〟へ

一養斎芳瀧・南粋亭芳雪・一珠斎国員「浪花百景」

大阪は〝花の都〟であると言うと「そんなアホな」と思われるだろうか。フィレンツェやパリが、文化芸術の香り高い〝花の都〟と謳《うた》われたのと同じ意味ではなく、少し脚色しているが、字のままに百花繚乱、「美しい花々が咲きほこる」という意味で大阪は〝花の都〟であった。

幕末の大坂で刊行された「浪花百景」という錦絵の揃い物がある（以後、江戸時代を指す時は「大坂」の字を用いる）。一養斎芳瀧《いちようさいよしたき》（一八四一～一八九九）、南粋亭芳雪《なんすいていよしゆき》（一八三五～一八七九）、一珠斎国員《いちじゅさいくにかず》（生没年不詳）という三人の浮世絵師が分担して当時の大坂名所を一〇〇枚の浮世絵に描き、淀屋橋《よどやばし》筋平野町《すじひらのまち》の「石和《いしわ》」こと石川屋和助という板元から発行された。これを眺めていて案外と大坂に〝花の名所〟があることに気づいた。

「浪花百景」には「うらえ杜若《かきつばた》」「野田藤」「吉助《きちすけ》牡丹《ぼたん》盛《さか》り」など名物の花がタイトルの作品があるし、梅は「梅やしき」、桃花なら「野中観音桃華盛《ももはなさか》り」「産湯《うぶゆ》味原池《あじはらいけ》」もある。今の季節であれば「新《しん》町廓中《まちくるわなか》九軒《くけん》夜桜《よざくら》」など、満開の桜を描いた何点かに目がいきやすいかもしれない。

「浪花百景」に数点ある桜の絵でも、私は「さくらの宮景」が好きだ。桜之宮はいうまでもなく花見の名所だが、画面中央、対岸に見えるのが、名の由来となる「桜宮」のお社《やしろ》と鳥居であり、川べりに花見の貸席がずらりと並び、屋形船もたくさん浮かんでいる。その情景は『淀川両岸一覧』（題《だい》簽《せん》の表記は『澱川《よどがわ》両岸一覧』、文久元年〈一八六一〉にも描かれており、「このまえ私らが帰りに行った所とちがうのん」と錯覚してしまうほど、現代と同じように花見客が出て、出店が並んでいる。

「さくらの宮景」で面白いのが屋形船である。お揃いのサクラ模様の浴衣《ゆかた》に、黄色の手ぬぐいを首に巻いたご一党《いっとう》さんが乗り込み、船べりに腰掛け、シャカシャン、ピーヒャラと三味線や笛やらにぎやかに楽しんでいる。三味線は三人。浴衣は料亭や船宿のものか。桜の模様の中には「王」の字。牡丹とともに桜は「王花」だが、花びらの形が小学校の校章を思わせ、なにやら懐かしい気分もする。卓上に並ぶ焼鯛や小鉢。鯛はすでに箸がつき半身である。ご機嫌さんで唄う兄さんの首に巻いた手ぬぐいは、ロカビリーの歌手のよう。腰掛ける脇にも、お猪口とお手塩（取り皿）がある。よろしいなあ。長閑《のどか》な春日の光景。

「桜宮」が現在地に造営されたのが宝暦六年（一七五六）のこと。社名にちなんで桜を植え、付近の大川一帯も桜の名所となった。落語の「貧乏花見」「百年目」の舞台でもある。明治時代に水害にあったが、桜並木の公園として再整備され、造幣局の通り抜けともども大阪最大の花見スポットとなった。建築家の安藤忠雄氏らを発起人に、平成一六年（二〇〇四）から毛馬《けま》桜之宮公園から中之島公園を結ぶルートを「桜の会・平成の通り抜け」と名付けて寄付金を募り、

「浪花百景」より「さくらの宮景」一珠斎国員画（大阪市立中央図書館蔵）

新たな桜の植樹事業も進められた。

しかし、大阪全体では、自然に触れられる緑の公園はまだまだ少ないだろう。〝浪花〟を打ち寄せる波の泡《あぶく》ではなく、本当の〝花の都〟にしたいものである。

第二景 大阪万博から半世紀

EXPO'70（日本万国博覧会）

EXPO'70（大阪万博）――日本万国博覧会から半世紀の歳月が過ぎた。〝人類の進歩と調和〟をテーマに昭和四五年（一九七〇）、岡本太郎の「太陽の塔」をシンボルに未来都市を思わすパビリオン群が千里丘に出現する。総入場者数六四二二万人は万博史上最多である。大阪中が沸騰した巨大なイベントだった。

三田誠広著『堺屋太一の青春と70年万博』（出版文化社）には、官僚時代の堺屋太一が大阪への国際博誘致を提案して動き、小松左京の『大阪万博奮闘記』（新潮文庫）には、岡本太郎や関西の学者、文化人らとテーマや構想を練ったことが記される。どちらも故郷である大阪の政治経済や文化的地盤沈下を挽回したいという強い思いがあった。

一方、当時は学園紛争もたけなわで、前年の昭和四四年（一九六九）の夏、「反戦のための万国博」（ハンパク）の集会が大阪城公園で開かれた。この時に大学生であった〝団塊の世代〟には、今も「反博」に近いまなざしで大阪万博を眺める人も多いかもしれない。

大阪に育ち、昭和四五年（一九七〇）に中学校に進学した私や、小学生であった弟たちの世代にとってＥＸＰＯ'70は、未来社会への憧憬と疑似体験の驚きに満ちた世界であった。万国博中央口駅か、万国博西口駅で降りると、パビリオンが建ち並び、映像と音響が氾濫していた。白いドームのフランス館と青いドームのドイツ館、鏡のカナダ館、もみの巨木で建てられたブリティッシュ・コロンビア州館。火山の噴火や怒濤が壁面に映写されて迫りくる三菱未来館、全天全周映画アストロラマのみどり館、横尾忠則がデザインしたせんい館はサイケデリックな時代の空気を反映していた。アメリカ館は東京ドーム先取りのエアドームであり、眼が気球にあるリコー館は癒し系パビリオン、ガスパビリオンは「笑いの世界」をテーマとし、いま国立国際美術館にあるミロの陶板壁画が展示されていた……。

　大阪万博とその時代を題材に近未来社会を描いた浦沢直樹の『本格科学冒険漫画　20世紀少年』がヒットして、平成二〇年（二〇〇八）に映画化された。ランニ

前田藤四郎デザイン「長崎堂カステラ包装紙（EXPO'70）」（大阪中之島美術館蔵）

ングシャツの小学生が空き地を駆けまわった時代からバブル崩壊にカルト教団、日本社会や世界情勢の変化も巧みに採り入れ、少年時代からの友情や憎悪を軸に組み立てた物語はすばらしく面白い。加えて主人公たちが私と同世代で、私も少年時代に万博を夢見た「20世紀少年」の一人であったことを認識させられた。

日本万国博覧会は、現代まで大阪の街や社会、大阪人に重大な影響を残している。しかし、エキスポカフェの開店や万博関係の出版物も出ているが、正面切って大阪万博を語る機会は少なかった気がする。万博後の生まれでは、「水都大阪２００９」で市庁舎に巨大な「ジャイアント・トらやん」を展示した現代美術のヤノベケンジが、少年時代に会期終了後の博覧会跡地で遊んだ体験から、それを「未来の廃墟」と見なして創作活動をはじめたことが知られるが、さらに若い世代には当時の日本の熱狂ぶりは想像できないようである。

万博公園に残された鉄鋼館が、万国博の資料館「ＥＸＰＯ'70パビリオン」として当時の会場の雰囲気を伝えている。東京一極集中が進んで遅すぎるかもしれないが、大阪の未来に希望をつなぐために、半世紀前の大阪の〝沸騰〟がなんだったのか、原点から再検証する必要もあるのではないか。

第三景　描かれた適塾

緒方洪庵　手塚治虫　司馬遼太郎

北浜のビジネス街にたたずむ国指定重要文化財の適塾。江戸時代の大坂らしい威風を残すこの建物は、種痘によって天然痘予防に尽力し、コレラの流行に対しても『虎狼痢治準《ころりちじゅん》』を著した蘭学者の緒方洪庵《おがたこうあん》（一八一〇〜一八六三）の屋敷である。洪庵は適々斎塾（適塾）をこの居宅に開き、福沢諭吉、橋本左内、大村益次郎、大鳥圭介《おおとりけいすけ》、長与専斎《ながよせんさい》、佐野常民《つねたみ》、高松凌雲《りょううん》など、幕末明治に活躍した偉才を育成した。現在、建物は大阪大学が管理して一般公開され、塾生の居室（一人畳一枚）や蘭和辞書が置かれた「ヅーフ部屋」に塾生たちの猛烈な勉強ぶりをしのぶことができる。

と、書けば堅苦しい話かなと思うかもしれないが、適塾は歴史学などの学術的世界だけではなく、漫画や小説、テレビ、映画など幅ひろいメディアにも登場するドラマの舞台となる〝ドラマチックな名所〟なのである。『鉄腕アトム』『ブラック・ジャック』などで知られる手塚治虫（一九二八〜一九八九）は、曽祖父の蘭方医・手塚良仙《りょうせん》（良庵《りょうあん》）が適塾に学んだことから、彼を主人公にした漫画『陽だまりの樹』を「ビッグコミック」に連載（一九八一〜一九八六年）したし、『竜馬がゆく』などで「国民的作家」とも呼ばれる司馬遼太郎（一九二三〜一九九六）は、大村益次郎を主人公とした『花神《かしん》』（一九六九年）の舞台として適塾を描いている。平成二一年（二〇〇九）には、若き日の洪庵を主人公とした築山桂《つきやまけい》の小説を原作として、ＮＨＫ土曜時代劇で「浪花の華――緒方洪庵事件帳」が放

送されている。

奇縁と言うか、『花神』の冒頭で司馬は適塾を大阪大学の前身とし、洪庵を大阪大学の「校祖」であると記しているが、司馬自身が学んだ旧制大阪外国語学校は、後に大阪外国語大学となり、現在は大阪大学外国語学部となった。そういえば、手塚治虫も大阪帝国大学附属医学専門部に学び、曽祖父が学んだ適塾と自分の母校がそこで合流することになる。さらに築山桂も大阪大学の出身である。この流れを受け、大阪大学総合学術博物館では、平成二二年（二〇一〇）に緒方洪庵生誕二〇〇年記念・大阪大学創立八〇周年プレイベントとして展覧会「えがかれた適塾」を開催した。会期中は緒方洪庵没後一〇〇年記念に制作された映画『洪庵と１０００人の若ものたち』（木村荘十二《そとじ》監督）も上映した。

龍馬ブームと同様に、動乱の時代に若者が活躍する幕末明治のドラマは、現代人の血も熱くするが、大阪の歴史を振り返ると、ほかにも小説やドラマ、漫画の題材となってよい時代や歴史上の人物は多い。「えがかれた適塾」展と同じ平成二二年（二〇一〇）に、真田幸村などを主人公とした「大坂の陣を大河ドラマにする会」が市民有志で結成されたというニュースもあったし、元禄の

緒方洪庵と適塾を描いた漫画・小説。右より手塚治虫『陽だまりの樹３』（講談社）、築山桂『禁書売り――緒方洪庵浪華の事件帳』（双葉文庫）、もりもと崇『難波鉦異本　第一巻』（少年画報社）

新町《しんまち》遊廓を舞台とする漫画、もりもと崇《たかし》の『難波鉦異本《なにわどらいほん》』が第八回手塚治虫文化賞新生賞を受賞している。この漫画には井原西鶴や弟子の北条団水《だんすい》が登場する。

そこでいつも残念に思うのだが、決して派手な時代ではないにしても、大坂文化の爛熟した江戸時代後半を舞台に、博物学者であった〝知〟の巨人・木村蒹葭堂《けんかどう》や、『雨月物語』の上田秋成《あきなり》、町人の学問所、懐徳堂《かいとくどう》の中井竹山《ちくざん》などが活躍する、深みがあって洒脱にあか抜けした小説やドラマ、漫画を誰か描いてくれないものだろうか。

第四景　大阪名物〝造り物〟

夏祭り　松川半山『四季　造物趣向種』

七月は大阪の祭り月だ。勝鬘院《しょうまんいん》の愛染《あいぜん》まつり（六月三〇日〜七月二日）を皮切りに、七月二五日の天神祭の陸渡御《りくとぎょ》、船渡御《ふなとぎょ》を経て、住吉大社の住吉祭（七月三〇日〜八月一日）までの間、市内のどこかで夏祭りが開かれている。仕事帰りや、近所を散歩しているとお囃子《はやし》が聞こえてきて、「きょうが祭りの日やった」と、はっと気がつくことも多くなるだろう。

大阪の祭りといえば、華やかなお囃子のみならず、祭礼を独特の雰囲気で彩ったのが〝造《つく》り物《もの》〟である。夏祭りや正遷宮《しょうせんぐう》の時、日常道具や商品を集め、何か別の物をつくって飾り付けるもので、本町の坐摩《いかすり》神社境内の陶器《とうき》神社で、せともの祭に展示する瀬戸物人形がよく知られている。また平

成一七年（二〇〇五）、大阪天満宮では、天満天神御伽衆《おとぎしゅう》によって、大正一五年（一九二六）から途絶えていた〝造り物〟が復活した。「蜆《しじみ》の藤棚」と「乾物の猩々舞《しょうじょうまい》」があり、「蜆の藤棚」は字のとおり蜆の貝殻を藤の花に見立て、棚に吊り下げたものである。日常見なれたものが遊び心で別のものに変容する。祭礼という〝ハレ〟の場にふさわしいデコレーションである。

大阪人は〝造り物〟が好きだった。天保八年（一八三七）に心斎橋筋の書店が、〝造り物〟の作品集『四季《しき》　造物趣《つくりものしゅ》向種《こうのたね》』（乾坤《けんこん》二冊）を刊行している。趣味人・文人たちが「他に負けるものか」とひねり出した〝造り物〟のアイディアを、大坂の絵師・松川半山《はんざん》（一八一八〜一八八二）が絵画化した本である。ただし、どうすれば実現可能か、首をひねる奇想天外なものもある。

その中から何点か復元したのが、天神橋筋六丁目駅前にある大阪くらしの今昔館（大阪市立住まいのミュージアム）で、例年、夏の常設展の時期に、幕末の街並みを復元した展示室に登場する。一番大きいのが、嫁入り道具でできた「獅子」であり、性格の良さそうな顔つきに、「ペロちゃん、お手！」なんて私は呼びかけたくなるのだが、ほかにも、漆椀《うるしわん》

『四季　造物趣向種』より、寿司屋の用具でつくる「二見の浦」

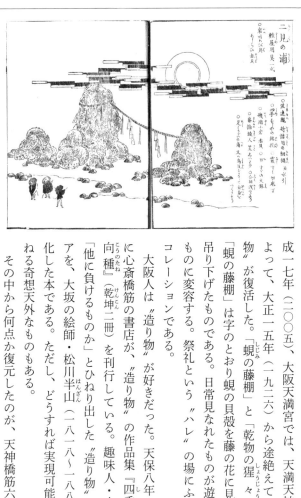

でできた「鞍馬之僧正坊《くらまのそうじょうぼう》」、木魚を中心に仏具からなる「布袋《ほてい》」、化粧具でできた「鶏」（眉はけででできたヒヨコがかわいい）がある。ボランティアさんたちが、箒《ほうき》による「蟷螂《とうろう》」と杓文字《しゃもじ》の「如来尊像」の二点も制作している。

『四季　造物趣向種』の絵には、荒物一式による「虎」がある。幕末にも〝虎キチ〟がいたと喜ぶ熱烈な阪神ファンには申しわけないが、全身ふのりでつくる虎で、なんだか頼りない。また、寿司屋の用具による「二見の浦」もギョッとさせられる。アワビの貝殻を積んだ夫婦岩、笠が椎茸、合羽《かっぱ》が浅草のり、足がトリ貝の角である参詣人《さんけいにん》がかわいらしいが、錫《すず》製大皿の朝日にかかる霞が、「すし切り包丁」の大群なのが、なにやらこわい。

現代には現代の〝造り物〟を考案してはいかがでしょう。通天閣にリニアモーターカーが垂直に貼り付いた「鯉のたきのぼり」といった壮大なものを一つ……。

第五景　大川で舟遊び

木谷千種「浄瑠璃船」

今も昔も大阪の夏は暑い。現代は冷房があるが、江戸時代には、中之島界隈から大川の夕涼みがあった。橋の上で川風にあたり、屋形船を出して涼をとった。夕涼みの屋形船は、連作錦絵「浪花百景」をはじめ、幕末から明治頃のさまざまな絵に描かれ、〝知の巨人〟といわれた木村蒹葭堂《けんかどう》の

『蒹葭堂日記』にも、江戸から来訪した画壇の巨匠・谷文晁《たにぶんちょう》を歓迎するため、大川で舟遊びをした記録がある。上方落語ならば、「遊山船《ゆさんぶね》」「船弁慶」が大川の夕涼みを舞台とする。難波橋《なにわばし》へ涼みにきたいつもの二人組が、浴衣《ゆかた》を錨《いかり》の模様で揃えた屋形船を見て、「見れば綺麗な錨の模様」と声を掛けると、「風が吹いても流れんように」という下の句が返ってくるのが「遊山船」。洒落も涼やかだ。

今回は、大川の夕涼みをたっぷりに描いた日本画を紹介しよう。木谷千種《きたにちぐさ》（一八九五～一九四七）が大正一五年（一九二六）の帝国美術院展覧会に出品した「浄瑠璃船」である。〝いとさん〟（お嬢さん）を乗せた屋形船の横で、熱演中の浄瑠璃の太夫と三味線を乗せた芸人の船。ベニスの舟歌ならぬ水上の大道芸人だ。川風で揺らぐ浄瑠璃と太棹《ふとざお》はどんな響きだろう。〝いとさん〟の指も楽器を操るように動く。若い船頭の着物の柄は鰻、手前に瓜や西瓜を売る船も浮かんで、どこか大陸的だ。

木谷千種は、大阪市北区堂島浜通（当時）の裕福な吉岡家に生まれた。洋画を学びにシアトルに留学した才媛で、大阪府立清水谷高等女学校を卒業し、絵を東京の池田蕉園《しょうえん》、大阪で野田九浦《きゅうほ》、北

木谷千種「浄瑠璃船」（1926年、大阪中之島美術館蔵）

野恒富《つねとみ》に師事した。大正九年（一九二〇）に、近松研究家の木谷蓬吟《きたにほうぎん》と結婚して古典芸能への造詣を深め、「八千草会」を主宰して、大阪の女性画家の育成にも活躍する。

「浄瑠璃船」にも、千種らしい工夫がなされている。屋形船の行灯《あんどん》にある「淀屋」の文字は、淀屋橋とも関係する豪商・淀屋辰五郎を連想させ、作品のスケールがぐっと大きくなる。また、太夫が語っている床本《ゆかほん》は、近松門左衛門の「冥途《めいど》の飛脚《ひきゃく》」などで知られる「新口村《にのくちむら》」の段だ。梅川・忠兵衛と孫右衛門が雪の中で別れて幕が下りる「新口村」だが、暑い夏の情景に冬のドラマを忍び込ますのが巧妙である。三味線の女性の着物の柄の花びらも、まるで舞い散る雪のよう。一方、船中に伊達《だて》騒動を題材とした「伽羅先代萩《めいぼくせんだいはぎ》」の床本を置いてあるが、乳母がわが子を犠牲にして若君を護《まも》る堅苦しい忠義の物語よりも、若い〝いとさん〟は悲恋物がお好き……といった演出だろう。

最近はいろいろな納涼船が大川を往来し、現代の川床を意図した「北浜テラス」ができるなど、中之島界隈もにぎやかである。千種の「浄瑠璃船」に触発され、夕涼みに出かけてみるのも、古くもまた新しい〝浪花情緒〟発見への道かもしれない。

第六景　大阪ことば「いちびる」の語源

雑喉場魚市場　『守貞謾稿』「滑稽浪花名所」

懐かしくも、今も大阪で生きる言葉の「いちびる」――。「いらびってんと、さっさとしなはれ」

「滑稽浪花名所」より「ざこば魚市」含粋亭芳豊画（和泉市久保惣記念美術館蔵）

と子供の時に叱られた大阪生まれの方は多いと思う。田辺聖子『大阪弁ちゃらんぽらん』をはじめ、それについて書くことが〃大阪人〃である証《あか》しであるかのように、大阪の作家たちもこの言葉にこだわり、何かしら書いている。

牧村史陽《しよう》の『大阪ことば事典』（一九七九年）によると、「いちびる」は「市振《いちぶ》る」が転訛《てんか》して「その市振りの嬌態《きょうたい》から来たもの」であり、「調子に乗ってはしゃぐ。ふざける・ほたえる・つけあがるというほどの意」を含むという。「市振る」とはどんな状態か、史陽は、幕末の『守貞《もりさだ》謾稿《まんこう》』にある大坂の魚市場〃ざこば〃の部分を事例に紹介する。「大坂も雑喉場《ざこば》問屋へ漁村より贈る。問屋にては、一夫台上《いっぷだいじょう》に立ち、魚籃《ぎょらん》一つ宛を捧げ、さあなんぼなんぼと云ふ。（中略）此時、大坂市中魚売群集し、欲する所の価を云ひ、其中貴価なる者に売与す。これを市を振ると云ふ」（『守貞謾稿』。岩波文庫に『近世風俗志』のタイトルで収録）

魚市場で競りをすることを「市を振る」と呼び、せり市のようにやかましく騒ぐから、「いちびる」の語が起こったというのである。いちびる人を「いちびり」と呼び、騒がしいこと、子供が騒いでいる状態などを「市立てる」とも言った。商都・大阪らしい言葉である。

図は、幕末の大坂の錦絵「滑稽浪花名所」にある「ざこば魚市」である。大阪の名所絵では「浪花百景」が有名だが、こちらはタイトルどおり、名所を滑稽な戯画調に仕立て、せり市の中でタコが吸いつくやら、墨を吹くやら、売人が指で値をつけようとはするが、市振るざこば全体が大騒ぎで、てんやわんや。いちびって笑わせる。

他に大阪には、「市振《いちふ》り」という言葉もある。せりで手を振って値の決定をとりしきることから転じて、物事のリーダーシップをとることや、その人を指す。その分野の「旗ふり」というのと同じだ。毎年、七月二八日の「なにわの日」に贈呈式が行われる「なにわ大賞」（なにわ名物開発研究会主催）は平成一〇年（一九九八）からはじまった。この賞は、大阪で「いちびり精神」を発揮し、活躍した個人や団体が対象だが、おちょけた「いちびり」だけではなく、「市振った人」、つまり大阪文化の旗を振り、リーダーシップを発揮した人に贈呈するのが選考基準である。審査側も真面目に「いちびり精神」を貫き、「欲しくなくても、この賞をもろてもらいます」の意味で贈呈式を「も〜て〜式」と呼ぶ。

もう一つ「イチビル」といえば、大阪の表玄関である梅田にある大阪駅前第一ビルの略称だが、隣の「ニビル」（同駅前第二ビル）には大阪市立総合生涯学習センターがある。本稿を連載した「いちょう並木」の発行元だ。なにかと厳しい時代に〝ニヒル〟にならず、大阪のために一層きばって〝いちびる〟ことにいたしましょう。

第七景　船場の通り名

「丸竹夷二《まるたけえびすに》押御池《おしおいけ》……」というは有名な京都の通り名の歌だが、整然たる碁盤目となった大阪の船場にも通りの名を連ねた歌があったことを、船場生まれで、天満宮文化研究所の近江晴子氏に教わった。平仮名で音だけ書きつづってみよう。

はまかじき、いまはうきよに、こうふしど、
ひらあ、かわらに、びんごあづち、
ほんこめからもの、きゅうたきゅうたに、
きゅうきゅうほ、ばくろじゅんけい、
あんどしおまち、はま。

漢字を当てると、冒頭の「はま」は北浜。つづけて梶木町（かじき）、今橋（いまは）、浮世小路（うきよ）に高麗橋（こう）、伏見町（ふし）、道修町（ど）、平野町（ひら）、淡路町（あ）、瓦町（かわら）に、備後町（びんご）、安土町（あづち）、本町（ほん）、米屋町（こめ）、唐物町（からもの）となる。「きゅうたきゅうたに」は北久太郎町と南久太郎町の二つの「きゅうた」ろうまち、「きゅうきゅうほ」も北久宝寺町と南久宝寺町である。博労町（ばくろ）、順慶町（じゅんけい）、安堂寺町（あんど）、塩町（しおまち）とつづいて最後の「はま」は長堀川（現・長堀通り）に面した町になる。大阪弁のイン

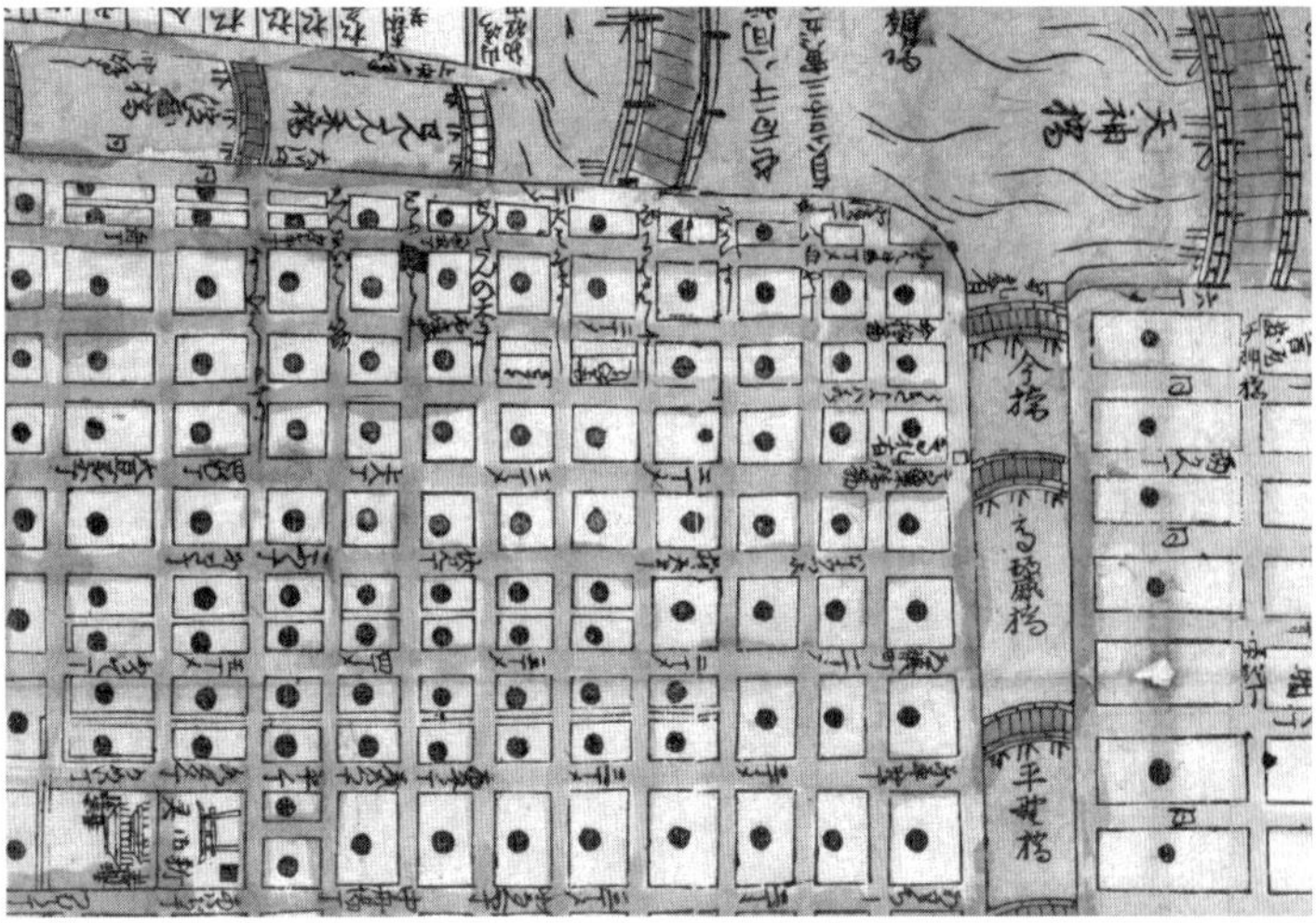

江戸時代の古地図にみる船場の通り名。新撰増補大坂大絵図（部分、元禄９年〈1696〉、林吉永板、国立国会図書館蔵）

トネーションで読むと自然に旋律が浮かぶ感じであり、旧町名も含むが、現代に復活させたらどうだろう。

もう一つ大阪の道の話である。ニューヨークの東西の通りがストリート（street）、南北の通りをアベニュー（avenue）と呼ぶのと同じく、大阪も東西を「通り」、南北を「筋」と呼んだという説がある。確かに本町通りなど東西には「通り」が多く、御堂筋、堺筋、松屋町筋など南北の道路に「筋」が多い。

しかし、この説は正しくない。船場の町のすべてが、「通り」と呼ばれているわけではなく、道修町《どしょうまち》何丁目と言えば住所はわかるので道修町通りなどと言う必要はない。また、〝ミナミ〟の繁華街を象徴する八幡筋や三津寺筋など、どちらも東西の〝筋〟で、御堂筋と心斎橋筋などの南北の〝筋〟と直交している。以前この付近は畳屋町、笠屋町、玉屋町、千年町などの町であった。これらは一本の道路を挟んだ両側で町を形成し、南北の道に沿って展開していた。

住人にすれば、八幡筋や三津寺筋は自分たちの町の脇道だったのである。

こんな資料もある。安政五年（一八五八）に大坂の書店が出した本の奥付で、店の住所が「心斎橋通塩町筋西北角」になっている。「ストリート・アベニュー説」ならば、心斎橋筋塩町通りでなくてはならないのだが、現実には違う例が数多くあったわけである。

歴史の真実はさまざまで面白い。まちづくりの現場でも昔からの町名に敬意をはらい、繊細に計画を進めていく必要があるだろう。さもなくば、まちの表示も混乱して〝筋（無理）〟がとおって〝通り（道理）〟がとおらん話になるわけですな。

第八景　とめの祭り「神農祭」

道修町　少彦名神社（神農さん）

道修町《どしょうまち》（大阪市中央区）は、今も昔も薬の町である。有名な製薬会社が並び、江戸時代には、中国から長崎に荷揚げされた漢方の薬材の価格も、道修町で決められたという。その商いの町が、年に一度、華やかな祭りの色彩でにぎわう。少彦名《すくなひこな》神社の神農祭《しんのうさい》である。同社は、日本の薬祖神である少彦名命《すくなひこなのみこと》と中国の医薬の神、神農氏を祭祀し、健康増進や商売繁盛を祈願する人々の崇敬をあつめている。

大阪の祭りは、一月の今宮戎神社の十日戎《とおかえびす》ではじまり、一一月二二日、二三日に催される神農祭で終わる。そこで神農祭は「とめの祭り」とも呼ばれる。現在、約四〇〇社の薬業関係企業が構成する「薬祖講《やくそこう》」が、祭りの維持運営を行い、平成一九年（二〇〇七）に「少彦名神社薬祖講行事」として、神農祭は大阪市無形文化財（民俗）に指定された。

最近は不況もあってか、数が少し減っているように見えるのが残念だが、道修町の通りに沿って、吹き流しと製薬会社の薬箱を竹ざおに吊り下げた、くすだま飾りが並ぶのが美しい。仙台などの夏の七夕と季節は違うが、商都を代表する晩秋の風物詩である。

有名なのが、笹に吊るされた張子《はりこ》の虎（神虎《しんこ》）である。安政五年（一八二二）に「虎狼痢《ころり》」（コレラのこと）が流行した時、道修町の薬種仲間が、疫病除薬として虎の頭骨などを調合した「虎《こ》頭殺鬼雄黄円《とうさっきうおうえん》」という丸薬をつくり、少彦名神社の神前で祈禱して患者に施した。その時、合わせて配布されたのが、「張子の虎」であった。薬種商には風流人も多く、青木月斗《げっと》、芦田秋窓《しゅうそう》、島道素石《しまみちそせき》などの俳人を生み出した。彼らも神農祭や張子の虎を句に詠んでいる。また、少彦名神社社務所の上には、「くすりの道修町資料館」がある（入場無料）。町の歴史や薬についての展示があり、気楽に入れる市井の博物館である。薬を丸薬《がんやく》にまるめるための「丸薬製造機」なども展示されていて面白い。

道修町・神農祭の風景

いつもこの時期になると私は、麗々しいくすだま飾りの通りを歩いて、指にべたつく甘いのしいかを買ってもらった思い出がよみがえってくる。そのせいか、ふと今日が祭りだと気づくと、家で仕事をしていても、フラフラと地下鉄で道修町へと出むいてしまう。最近は、空飛ぶ円盤など風変わりな張子を並べた露天などが出て、新作を見るのも秘かな楽しみなのだが、勤労感謝の祝日のため周囲のオフィス街は静かで、夕暮れには寂寥感《せきりょうかん》がこみあげてくる。御堂筋のいちょうも散り、晩秋の寂しさをしみじみと味わうために行くのかもしれない。

「神農祭」が終われば、すぐにカレンダーは一二月である。歳末の慌ただしさが押し寄せてくる。

第九景　双六で正月遊び

「衣装競似顔双六」

子供の時の正月の思い出は何だろう。東京オリンピック（一九六四年）と大阪万博（一九七〇年）の間に小学生であった私は、空堀《からほり》商店街（大阪市中央区）の脇にある駄菓子屋で、凧やら独楽《こま》やら福笑いやらを買ってもらった。男兄弟ばかりなのに羽子板まであって、羽根を打ち返す〝カン！〟という堅い音を覚えている。しめ縄に門松も揃い、元旦の町にもどこか正月の艶やかな風情があった。「双六《すごろく》」もお正月気分を代表する遊びである。専門知識が必要な囲碁将棋ではなく、一家団欒《だんらん》で遊べて、年末の漫画雑誌の付録も「双六」だったこともあって自分たちでつくったりもした。

話はここからである。昔、お得意さんに正月を楽しく過ごしてもらおうと、「双六」を「歳暮御祝儀」の配りものにすることがあった。すでに大阪の文化史資料になったかとも言えるが、有名なのが大丸呉服店の「双六」である。浮世絵師に刷らせた贅沢な錦絵で、明治末から大正はじめにかけて五種類が確認できる。

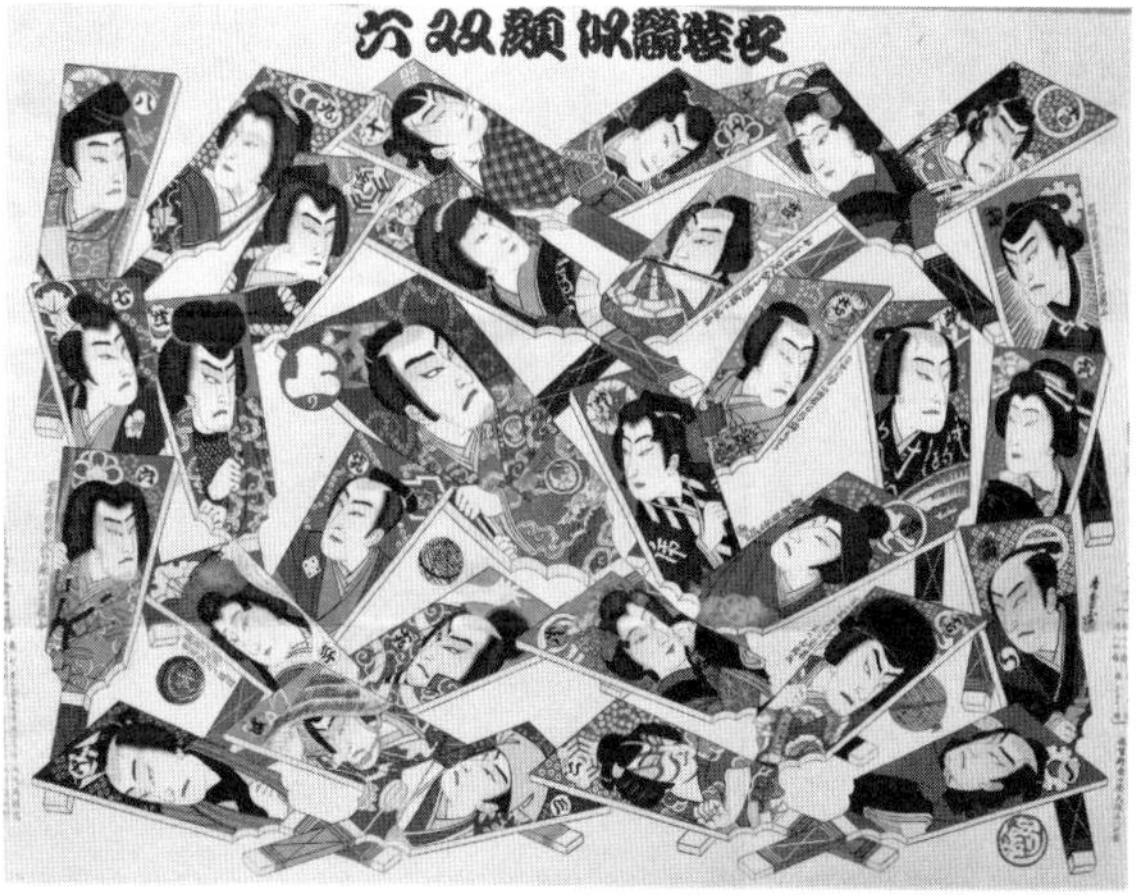

明治四二年（一九〇九）の「大阪／電車／大丸呉服店案内雙六《すごろく》」は、通称「電車双六」で知られる名作である。大阪駅から市電に乗り、市内の名所三二コマをサイコロの目に従い遊覧する。つづく翌明治四三年（一九一〇）の「令嬢成長双六」は、いとさん誕生から嫁入りまでを「双六」にあつらえた。さらに翌々年の「衣装《いしょう》競《くらべ》似顔《にがお》双六《すごろく》」（上掲）は顔見世の季節も意識し、役者絵を描いた羽子板が三〇個、並んで構成され、八艘《はっそう》飛びのように駒を進めていく。絵は「菅原伝授手習鑑《すがわらでんじゅてならいかがみ》」の松王丸、「金門五三桐《きんもんごさんのきり》」の石川五右衛門、「心中天網島《しんじゅうてんのあみじま》」の紙屋治兵衛、「勧進帳《かんじんちょう》」の義経、「伽羅先代萩《めいぼくせんだいはぎ》」の政岡、「仮名手本忠臣蔵《かなでほんちゅうしんぐら》」の大星由良之助、「本朝廿四孝《ほんちょうにじゅうしこう》」の八重垣姫、「廓文章《くるわぶんしょう》」の伊左衛門などである。

大正元年（一九一二）の「振出衣装人気双六」も全三四

「衣装競似顔双六」（個人蔵）

コマに歌舞伎を描き、大正二年（一九一三）の「日本女装沿革雙六」は、上古時代をふりだしに上がりの大正時代まで、各時代の女性を時代考証を採り入れて描いた一八コマで構成される。

こんなに悠長でシンプルな遊びは、現代の子供には退屈だろう。私の世代も「モノポリー」「人生ゲーム」などが登場し、次第にそれに夢中になっていった。「モノポリー」など、今は人気が再燃して、大阪を舞台にした御当地版まであるという。

大阪と「双六」でもう一つ思い出すのが、天才役者、藤山寛美が主演した松竹新喜劇「人生双六」である。筋立てそのものは、織田作之助の小説『アド・バルーン』をヒントにしたと思えるが、不遇な二人の男が、偶然の出会いに奮起し、五年後には出世して再会しようと約束して別れた。その約束の日に何が起きたか、結末やいかに。

言えることは「双六」同様に、人生は思うようには進んでくれない。ふりだしに戻るかゴールに上がるか、苛立《いらだ》ったり、あせる必要もないが、今年こそ足元を固め、よい目をふりだして進んでいきたいものである。

第一〇景　大阪の生んだ世界的美術家・森村泰昌

「セルフポートレイト」

相対性理論の天才物理学者アルベルト・アインシュタインが、誕生日にカメラの前でペロッと舌を出した決定的瞬間。よく見ると……アインシュタインにしてアインシュタインにあらず、別人が扮している。

実はこれ、世界に知られるアーティスト森村泰昌《やすまさ》の作品である。森村は、大阪市天王寺区に生まれ、京都市立芸術大学に学んだ。鶴橋の近くにアトリエを構え、自らが名画や写真に扮する「セルフポートレイト」の手法で、ゴッホの「自画像」やゴヤ、マネ、北斎などの古今東西の名画になったり、マリリン・モンローや岩下志麻に扮する女優シリーズを発表してきた。大阪検定の公式テキスト『大阪の教科書　上級編』（創元社）で私が担当した「美術」も、通天閣をエッフェル塔に見立てた「セルフポートレイト（女優）バルドーとしての私・2」を掲載している（本書のカバーにも掲載）。

平成一三年（二〇〇一）には、歴史上の人物に扮し、二〇世紀を回顧するシリーズを発表し、兵庫県立美術館で展覧会「森村泰昌　なにものかへのレクイエム――戦場の頂上の芸術」を開催した。アインシュタインもその中の一点だ。会場には、ヒトラーやレーニン、毛沢東、チェ・ゲバラなどの政治家から、ピカソ、ダリ、ウォーホルや手塚治虫などに扮した作品が並んだ。ヒトラーは映画『独裁者』でのチャップリンがもとになり、中之島の大阪市中央公会堂

森村泰昌「なにものかへのレクイエム・宙の夢／アルベルト2」(2007年、ゼラチンシルバープリント)

の豪華な特別室で撮影された。大阪万博と同じ昭和四五年（一九七〇）、自衛隊市ケ谷駐屯地で作家の三島由紀夫が割腹した事件を題材に、戦前は第四師団本部であった旧大阪市立博物館テラス（現・ミライザ大阪）でロケを行った映像作品もある。

二〇世紀と向きあう構想の壮大さに圧倒されるこの展覧会は、東京都写真美術館を起《た》ち上がりに、豊田市美術館、広島市現代美術館を巡回し、一年を経て待ちかねての関西開催となったのだが、残念なのは、大阪が本拠地の世界的アーティストの本格的な展覧会が、肝心の大阪でなかなか開催されないことである。最大の原因は、市政一〇〇周年記念事業として中之島に計画された大阪市立近代美術館（現・大阪中之島美術館）の建設が遅れたためである。開館していたら展覧会は中之島で開催されたはずである。平成二二年（二〇一〇）に大阪歴史博物館で開かれたフォーラム「私たちの近代美術館をつくるために」のパネリストとして森村も招かれ、「来るべき美術館／作家の視点から」と題して提言をしている。

近現代美術の名作を多数収蔵して海外にもコレクションが知られながらも、三〇年近く美術館が建たないのは実に残念で悔しいではないか。大阪の文化度がよくわかると自嘲気味にいう人も多く、計画の停滞が大阪のイメージを悪くし、活力を衰退させている気もする。ようやく二〇二一年度中に開館すべく建設工事が進んでいるが、結局計画が遅れて一番損をしたのは、当の大阪の市民である。それもまた〝レクイエム〟で語るべきなのだろうか……。

第一一景　上方落語「高津の富」の風景今昔

高津宮　絵馬堂　五代目桂文枝

「高津《こうづ》の富《とみ》」と聞いて、反射的に〝子《ね》の千三百六十五番……〟というつぶやきが頭の中でおこったら、立派な落語ファンである。何の話かというと、この数字は上方落語「高津の富」に登場する一等賞・千両の当たりくじの番号なのである。

高津宮《こうづぐう》（大阪市中央区高津）は、仁徳天皇を御祭神に仰ぎ、古くから大阪人に親しまれてきた。今はビルやマンションが邪魔で見えないが、高台にある絵馬堂は、六甲山や淡路島がのぞめるほど眺望が開け、眼下に道頓堀川と芝居街を見下ろすことができた。この絵馬堂が事の発端となる落語「崇《す》徳院《とくいん》」も有名である。

「高津の富」のストーリーはこうだ。大川町（現・大阪市中央区北浜）の宿屋に、鳥取の超大金持ちが泊まった。その正体は金のないいからっけつで、呑み食いして適当に逃げてこましたろという魂胆なのだが、大ボラをまにうけた宿の亭主から、高津宮の富くじを一分《いちぶ》で買わされるはめになる。翌日の高津宮境内は、札《ふだ》を突いて当たりが決まるのを待つ群衆がざわつき、二番くじは自分が当たると勝手に信じ、一人芝居で怒ったり、のろけたり、笑ったりする男の妄想が面白い。一等は、なんと無銭宿泊の男が射止めるのだが、当たったと気づいての、びっくりぎょうてんぶりが笑いを誘う。

現在、絵馬堂には、飄々《ひょうひょう》としたタッチのイラストで知られる成瀬国晴《なるせくにはる》画伯による「高津の富」の

成瀬国晴さんが描いた「上方落語　高津の富より」。高津宮絵馬堂にて

絵馬が奉納されている。画伯は、高津宮にも近い日本橋《にっぽんばし》三丁目の旅館「むかでや」に生まれ、戦前の大阪に関する著作も多い。

また、「高津の富」では、戦後、上方落語を復興させ、四天王として知られる五代目桂文枝（一九三〇〜二〇〇五）師匠が忘れられない。艶のある芸風で知られ、「はめもの」を採り入れた芝居噺も得意だった。高津宮境内にある、その名も「高津の富亭」で、文枝師匠は、落語会以外に蕎麦打ちの会も主催されたという。平成一七年（二〇〇五）三月一二日に逝去されたが、二か月前の一月一〇日、「高津の富亭」で演じた演目が「高津の富」であり、これが最後の口演となった。その縁もあって境内に「五代目文枝之碑」が建立されている。

懐かしい藤山寛美さんの松竹新喜劇にも「大当たり高津の富くじ」があるが、高津宮の正月の「とんど祭」では、落語にちなんで干支に数字を組み合わせた木札を突く、同宮恒例の現代版「高津の富」のイベントを開いたこともある。懸賞品には氏子《うじこ》寄進による「高級フレンチレストランのお食事券」「サッカー・ワールドカップの優勝トロフィーをかたどった特製チョコレート（重さはなんと一・二キログラム）」「お米六〇キログラム」などが登場した。さすがに本物の「小判千両」の懸賞品はないが、大阪らしい〝落語スピリッツ〟躍動せりである。

第一二景 〝まっちゃまち〟の四季

松屋町　五月人形　赤本

ビルディングに囲まれた大阪の都心に生活していると、どうしても季節感に乏しくなる。しかし、幕末の錦絵「浪花百景」には数々の花の名所が描かれ、現代でも、春は造幣局の通り抜け、大阪城の梅林、秋は黄葉した御堂筋のいちょう並木などの名物があるし、天神祭などの祭礼や、商店街セールのディスプレイなどにも四季の変化を感じることも多い。

なにげなく散歩していて季節を感じさせる街の一つが、人形や玩具、結納品で有名な「松屋町」（大阪市中央区）である。漢字のとおり読むと「まつやまち」だが、地元では「まっちゃまち」と発音する。二つが混線し、地下鉄の車内放送で「次は〝まつやまち〟、人形と結納の〝まっちゃまちの〇〇屋〟はこちらでお降りください」と流れたりするのが面白い。

季節によって、松屋町では店頭を飾る目玉商品が変わっていく。新春から三月までは、豪華な何段飾りという雛人形が並んでいたが、端午《たんご》の節句を迎える頃は五月人形だろう。松屋町では、生きた五月人形というべき「松屋町春の陣——歩く五月人形」のイベントも開催されていた。手づくり

の戦国武将の甲冑《かっちゅう》を着用した甲援隊*の人たちが、南大江公園から出陣し、練り歩くのである。大坂城ゆかりの空堀《からほり》も近かった。

　こいのぼりも懐かしい。街なかで見ることが少なくなり、「屋根より高い」という童謡の歌詞も昔のこととなったが、私が幼かった昭和三〇年代、大阪の都心も高層建築が少なく、高い竿を立て、吹き流しと真鯉《まごい》に緋鯉《ひごい》が連なったこいのぼりをあげる家が何軒もあった。私の家もこいのぼりをあげ、それを見上げる生まれたばかりの私の写真が残る。

　端午の節句がすむと、松屋町には花火や浮き輪、家庭用ビニールプールなどが並びはじめる。うだるような夏の昼過ぎ、前を通るだけで海水浴客でにぎわう遠い海岸の景色が脳裏に浮かんでくる。秋はハロウィン、冬はクリスマスのイルミネーションが明滅し、正月飾りの羽子板・破魔弓《はまゆみ》も店に飾られる。そのほか、駄菓子やあてもん、プラモデルなどの専門の卸店もある。

　四季折々、親が子へ寄せる思いを人形や玩具に託した松屋町には、今でも大人の心の奥に眠る童心をくすぐる雰囲気がある。

　それと戦後、松屋町は駄菓子屋で売られた「赤本」と呼ばれる子供向きの本の出版社や卸売りの店が多くあった。この出版の土壌から登場したのが漫画家・手塚治虫である。

松屋町筋商店街の風景。「まっちゃまち」の文字がはっきりと

＊甲援隊……甲冑や装束を着用し、日本伝統文化の研究および伝播と、各地（特に近畿地方）の時代祭や武者行列などの橋渡しを目的とする有志による甲冑隊のことです。

第一三景　〝みおつくし〟のプライド

澪標　天保山　大阪市章　難波橋

大阪市の市章が〝みおつくし（澪標）〟であることは知られている。みおつくしとは、川の河口などで、船舶が航行可能な場所と浅瀬との境界を示すための標識で、古代から海路で栄えた水都大阪を象徴すると同時に、「身を尽くし」という意味の掛詞《かけことば》として、「百人一首」の「難波江《なにわえ》の蘆《あし》のかりねの一夜《ひとよ》ゆえ　みをつくしてや恋いわたるべき」でも有名だ。

江戸時代でも、『摂津名所図会』（寛政年間〈一七八九〜一八〇一〉）などの大阪ガイドブックにみおつくしが描かれているし、『天保山名所図会』（天保六年〈一八三五〉）では巻末に、みおつくしの古木でつくったと称する短冊掛けや文机《ふづくえ》、菓子盆などのお土産の広告が掲載されている。幕末の連作錦絵「浪花百景」の南粋亭芳雪《なんすいていよしゆき》による「天保山」の図に描かれたみおつくしも印象的だ。

大阪市の市章としての制定は明治二七年（一八九四）。歴史は古い。四本の直線を組み交わせたみおつくしのデザインはシンプルだが、造形的にも優れ、今どきの新しい市章とは異なる風格を感じさせる。みおつくしという、古代にさかのぼる歴史的な呼び名があること自体、ほとんど他に例を

見ないだろう。

大阪には、このみおつくしを組み込んだマークが多くあり、かつての大阪市交通局（現・大阪メトロ）の前身である大阪市電気局はみおつくしに「電」の字を組み合わせた局章、消防局も楯にみおつくしを描いたマークである。大阪市立大学の学章は、商業の神マーキュリーの翼にみおつくしと「大学」の二文字を組み合わせる。高槻市の市章もみおつくしと京都市の市章を合成したデザインであるし、かつて阪急電車の社章はみおつくしと神戸の市章を合成したもの、京阪電鉄の社章も、京都の市章を意識して円形に六つみおつくしを放射状に並べる。大阪市立美術館の広報誌も〝美をつくし〟だ。

街なかでも、いたるところにみおつくしがある。私が感心するのが、一〇〇年前の明治四五年（一九一二）に竣工した、中之島に架かる難波橋《なにわばし》の親柱である。大阪市の自信とプライドの高さを感じさせるほど、力強く石材にみおつくしが彫り込まれている。同じ難波橋でも欄干ではみおつくしの頭を丸くし、明石の干し蛸のような形に愛嬌があって

右：「浪花百景」より「天保山」南粋亭芳雪画（大阪市立中央図書館蔵）
左上：かつての市電に取り付けられていた大阪市電気局局章
左下：難波橋の欄干の頭が丸くなったみおつくし

面白い。個人的にみおつくしを集めた写真集を企画したいと、かねがね思っているほど、みおつくしのデザインのバリエーションは多彩で魅力的である。

平成二三年（二〇一一）の東日本大震災では、大阪市消防局も直ちに被災地に出動し、救援物資を運ぶため交通局の市バスも東北へと走った。雪の中、被災地を走るみおつくしの市章をつけた消防車や市バスの写真を新聞で見て、これらのプロフェッショナルたちが、それこそ一般ではできない活動を市民に代わり、「身を尽くし」て奮闘してくれていることに感動した。

古代から大阪の象徴であるみおつくしは、市民の心のよりどころとして、単なるマークにとどまらない存在感をもって、現代も生きつづけているのである。

第一四景　道頓堀にたたずむ川柳の句碑

食満南北　太左衛門橋　相合橋

東日本大震災以降、各所に残る津波の危険を伝えた石碑のことが気になるが、大阪にも石碑はある。道頓堀下流の大正橋東詰（大阪市浪速区）にある安政二年（一八五五）の「安政大津波碑」で、碑文には、字が消えないように、彫られた文字の部分に墨を入れるよう記され、それを今日まで守っておられる地元には頭が下がる。阪神淡路大震災の時もそうだったように、営々と築かれてきた地域固有の〝文化〟が復興できるかは予断を許さない問題である。それを考えていて思い出したのが

安政の石碑の上流、道頓堀河畔にある、地震ではないが戦争によるカタストロフィーから大阪が復興したことを記念した碑である。

「盛り場をむかしに戻すはしひとつ」

日本橋《にっぽんばし》より一つ西の相合橋北詰にある川柳の句碑である。作者の食満南北《けまなんぼく》（一八八〇〜一九五七）は、本名は貞二、堺の酒蔵家に生まれ、早稲田大学に学んで東京歌舞伎座の福地桜痴《ふくちおうち》の弟子となった。後の十一代片岡仁左衛門である片岡我当に認められ、大阪に戻って初代中村鴈治郎《がんじろう》専属の座付き作者となる。川柳「番傘」同人であったほか、絵も達者で、夏には道頓堀一帯に南北の描いた無数の洒脱な絵行灯《えあんどん》が華やかに飾られた。昭和五年（一九三〇）、天神祭の鉾流神事《ほこながししんじ》の復活に尽力したのも南北である。

南北の碑は、もともと戎橋《えびすばし》の東にある太左衛門橋《たざえもんばし》の北詰に建てられた。戦前の太左衛門橋は〝南《なん》地《ち》情緒〟あふれる古風な木橋であり、中座、角座などの〝五座〟が連なる道頓堀の芝居町と、富田《とんだ》屋《や》や大和屋があった宗右衛門町の茶屋街を結んでいた。小説家・織田作之助は『女の橋』『船場の娘』『大阪の女』の三部作で、主人公・雪子の人生の転機に必ずこの橋を登場させ、大阪大空襲で焼け落ちる橋の最後も雪子に目撃させている。

相合橋北詰にある食満南北の碑

街のにぎわいを映し、大阪人の思いのこもる太左衛門橋が木橋として復活したのが、空襲から三年後の昭和二三年（一九四八）。それを精神的、文化的な意味での大阪復興の象徴として詠んだのがこの句である。橋は昭和三三年（一九五八）に頑丈な橋梁にかわり、南北の没後、昭和三六年（一九六一）の彼の四回忌に、太左衛門橋の北詰に句碑が建てられた。碑の裏に由来を記すのは、大阪市名誉市民第一号となり、はじめて日本芸術院恩賜賞を授かった日本画家・菅楯彦《すがたてひこ》である。脇の碑には建碑の賛同者として錚々《そうそう》たるメンバーの名が刻まれている。ぜひご覧いただきたい。ただし、時間の経過によって復興への強い思いが薄らいだのか、句碑は、昭和五〇年代に相合橋南詰に移され、さらに現在地に移転された。平成一八年度（二〇〇六）に太左衛門橋は再び木を基調とした橋に架け替えられたが、碑は相合橋に残ったままである。

私はこの碑を思うたびに、あでやかな句に託された先人たちの大阪の〝文化復興〟に対する強い思いとともに、近年の地震や風水害で失われそうな先祖代々築いてきた地域の〝文化復興〟の重要性を感じないではいられない。

第一五景　建築物ウクレレ化保存計画

伊達伸明　法善寺横丁　美章園温泉

長らく住んだ自分の家や店舗、思い出が詰まった学校や劇場などが取り壊された時、一部分でも残したかったと思ったことはないだろうか。「建築物ウクレレ化保存計画」は、取り壊される建物をハワイの民族楽器ウクレレに変えて保存しようというアーティスト・伊達伸明《だてのぶあき》さんによる創作活動である。ウクレレと言っても伊達さんはミュージシャンではない。現代美術の造形作家である。伊達さんのプロジェクトは、平成一二年（二〇〇〇）に三条大橋の廃材によるウクレレ制作からはじまり、同年にヴォイス・ギャラリーで「建築物ウクレレ化保存計画」の第一回個展が開かれている。

伊達さんは建物が壊される前に、建物ゆかりの人たちに思い出の聞き取りをする。その建物のどの部分が住んでいた人たちに重要なのか確認するのである。それを踏まえ、部材を切り出してウクレレにする。この計画は、人の暮らしと深く関わった建築物、その廃材を使いウクレレとしてその想いをよみがえらせる計画であり、伊達さんは、今はなき建築物がより親しみやすい形に姿を変えることで、新しい生活空間で再び歴史を刻みはじめると語っている。なぜウクレレか……人が手にし、胸に抱くのに手頃な大きさであり、楽器としても親しみやすいのでそれを選んだらしい。

ウクレレ化した建物は原則として元の建物の持ち主が所蔵する。中座の火災から復興した法善寺横丁の「洋酒の店　路《みち》ウクレレ」「えび家ウクレレ」は、今でもそれぞれの店に置かれている。神戸の震災復興では「たかとり教会司祭館ウクレレ」「下山手教会ウクレレ」が制作された。たかとりのウクレレはテレビの紀行番組「遠くへ行きたい」が取材し、引き渡しの場で、ゲストであるＧＯＮＴＩＴＩのチチ松村さんが演奏する姿が全国放送された。昭和八年（一九三三）に建てられ、登録文化財ながら取り壊された大阪市阿倍野区の美章園《びしょうえん》温泉のウクレレは、裏に貼り付けられた下駄箱の鍵や板の札《ふだ》に懐かしさがただよう。

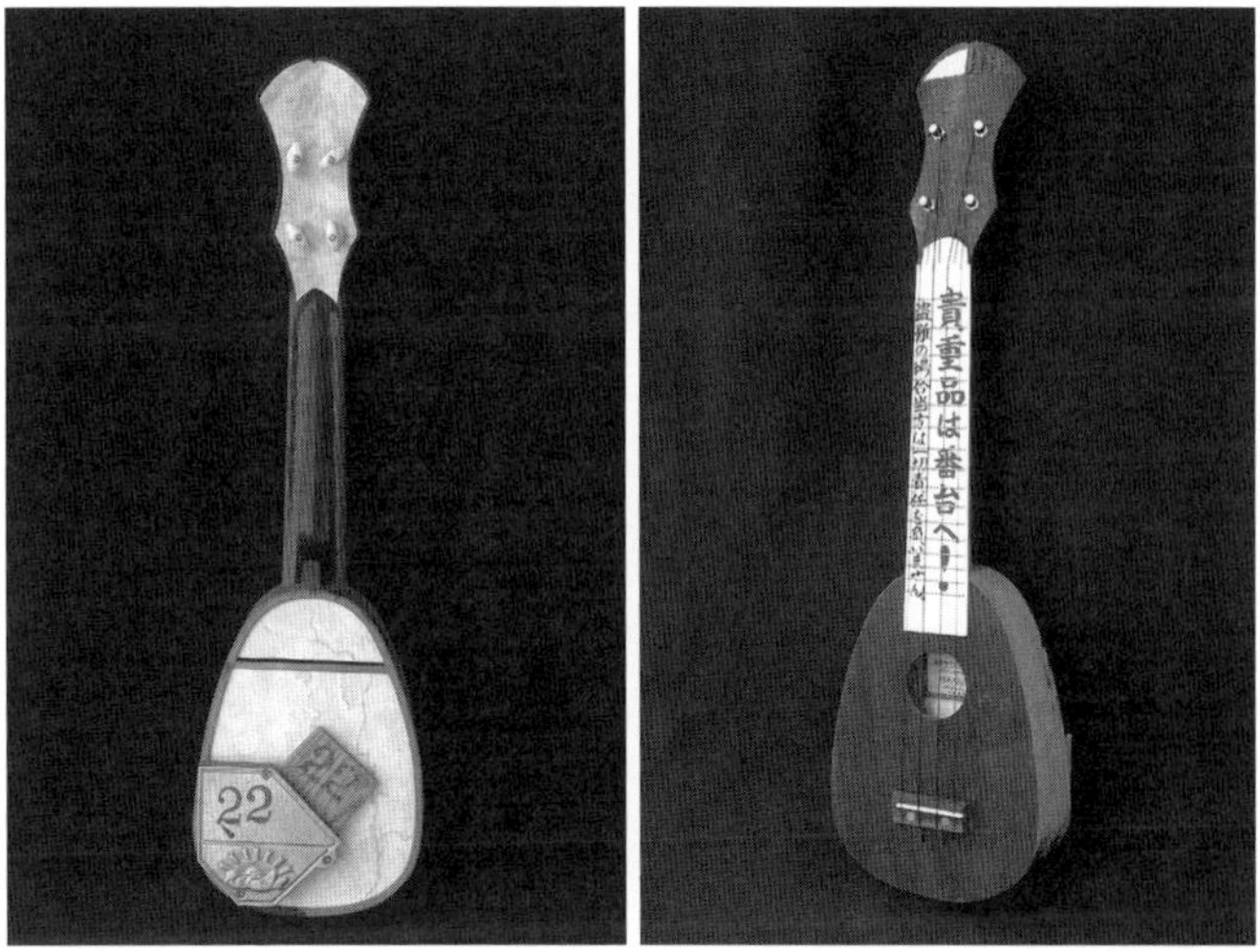

星座早見盤、油引きされた教室の床板を用いた「愛日《あいじつ》小学校ウクレレ」、舞台の部材を用いた「サンケイホールウクレレ」もある。無数のコンサートの音楽がしみこんだホールの〝記憶〟を留めるウクレレの響きはどんなものだろう。小説家・開高健の大阪市東住吉区の旧宅もウクレレになった。

不況で廃業した私の実家の塗装店もウクレレにしてもらった。完成したウクレレを構えた時、楽器のボディになった床や柱の疵痕《きずあと》と落書きに少年時代の〝記憶〟がよみがえった。母の嫁入り道具の箪笥の金具もつけたので、民俗楽器のような野趣ある響きが混ざるが、地上から消えた懐かしい家が再生し、それが奏でる音にグッと思いがこみあげた。

平成二三年（二〇一一）、大阪歴史博物館開館一〇周年記念特別展「民都大阪の建築力」で「建築物ウクレレ化保存計画」の作品も展示され、伊達さんとチチ松村さんのトークとミニコンサートも開かれ、「通天閣歌謡劇場ウクレレ」も登場した。

過去の思い出が、人間にとって未来に生きるうえ

「美章園温泉ウクレレ」。表面（右）「貴重品は番台へ！」の注意書き、裏面（左）に下駄箱の鍵

でいかに大切か、そしてアートがどれほど人を奮い立たせ、癒すことができるかを、小さな楽器の形をとった作品は切ないほどに訴えかけるのである。

第一六景 〝なにわ知の巨人〟の貝類標本

木村蒹葭堂『奇貝図譜』

白い入道雲がむくむく湧き起こる。暑さがこたえるが、子供の頃は海水浴に行ける夏がうれしかった。貝殻を拾って帰り、菓子箱でこしらえた標本箱に入れた。夏休みの宿題である。民宿で食べたサザエのふたやなんかも混ざっていたが……。

江戸時代の大坂で最も全国に知られたのは誰だろう。文化芸術、学術の世界ならば、おそらく木村蒹葭堂《けんかどう》（一七三六～一八〇二）ではなかったか。西長堀の大阪市立中央図書館の東南角に蒹葭堂邸宅跡の碑が立つ（本当はもう一つ西側だが）。蒹葭堂は北堀江の造り酒屋の主人であったが、本業とは別に博物学で活躍した町人学者である。博物学は、動物や植物、鉱物など自然にあるものを研究する学問で、蒹葭堂は小型の鯨、イッカクの牙を考証して『一角纂考《いっかくさんこう》』を刊行する。また、絵も好きで、自ら描いて文人画家として知られた。芥川龍之介は随筆で「僕の愛する蒹葭堂主人」と呼び、春風駘蕩《しゅんぷうたいとう》とした蒹葭堂の山水画を讃えている。

諸国物産の集積地、大坂を代表する人物にふさわしく蒹葭堂は、国内はもとより、中国朝鮮から

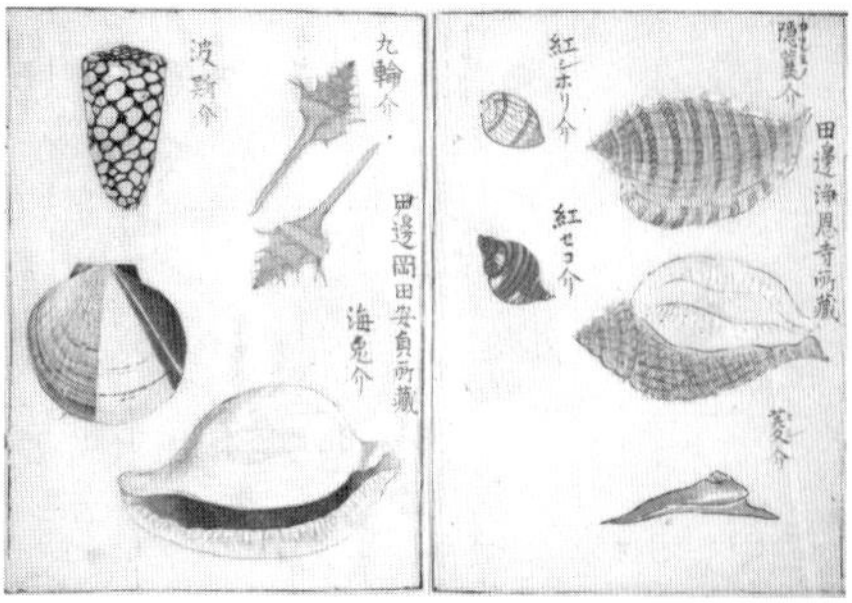

欧州に及ぶ膨大な書籍や書画、金石、地図、標本、その他、多種多様な資料を蒐集した大コレクターでもある。居宅は、まるで図書館であり博物館であり美術館であった。『蒹葭堂日記』（大阪歴史博物館蔵）には、閲覧を請いに、堀江の邸宅を訪れた諸国の著名人の名が克明に記録されている。蘭学者の大槻玄沢《おおつきげんたく》、司馬江漢《しばこうかん》、天文学者の間重富《はざましげとみ》、画家の谷文晁《たにぶんちょう》、伊藤若冲《じゃくちゅう》、経世家の海保青陵《かいほせいりょう》、大名の松浦静山《まつらせいざん》、探検家の最上徳内《もがみとくない》……等々、多彩な分野の著名人が登場してここには書きつくせない。

蒹葭堂の博物学者としてのライフワークは、実は貝の研究だった。刊行されなかったが、辰馬考古資料館には、出版を準備していた自筆の『奇貝図譜《きばいずふ》』が残るし、大阪市立自然史博物館は、蒹葭堂が旧蔵した「貝石標本」（大阪府指定有形文化財）を所蔵する。「貝石標本」は貝と岩石標本からなり、貝は、七段重ねの手提げ重箱に収められている。日本近海のみならず南方の貝や、大西洋に棲む「モミジソデ」という種も含まれ、確認される範囲でヨーロッパから日本にもたらされた最も古い貝の標本とのこと。

コレクションを終生つづけ、町人学者となった蒹葭堂の原

右：『奇貝図譜』（（財）辰馬考古資料館蔵）

左：谷文晁筆「木村蒹葭堂像」（大阪府教育委員会蔵）

点はどこにあったのだろう。自伝によると少年時代、体が弱く、心配した親が草花を育てることを許したという。そこから動植物への関心が生まれ、本草学、博物学の研究へと進むきっかけとなった。絵画は、もっと幼少の時に興味を抱き、新傾向の中国絵画、今なら「現代美術」に興味を抱いて文人画を学ぶのである。家業の余暇、純粋な知的好奇心を満たすため資料を集め、研究に没頭する蒹葭堂の原点は、この少年時代の体験にある。それを最後まで貫いた彼の生涯は、死ぬまで世界に好奇心を抱きつづけた〝永遠の少年〟の物語かもしれない。

現代の日本は、不況や災害など、この時代を生きるには何かしら空気が重い。しかし、夏の青空に湧き起こる真っ白な入道雲を見上げていると、子供たちは自由に好奇心の翼を広げ、現実に押しつぶされ気味の大人たちも、子供時分に宿していた好奇心と精神の活力を取り戻せたら、と思うのである。少なくともかつての大阪には、一生涯を通して知的好奇心の衰えることのなかった、蒹葭堂という世界に誇るべき〝知〟の巨人がいたのだから。

第一七景　「大阪市歌」を歌えますか

黒田清　服部良一「おおさかカンタータ」　朝比奈隆

元大阪読売新聞社会部長で、独立して黒田ジャーナルを主宰した反骨のジャーナリスト黒田清（一九三一〜二〇〇〇）さんは、天満生まれの根っからの大阪人だったが、「数ある大阪の歌の中で、特に好きな一節はと聞かれれば」として、BOROの「大阪で生まれた女」の「大阪は今日も活気にあふれ」と、「大阪市歌」の「生気巷《ちまた》にみなぎりて」を挙げている（黒田清『そやけど大阪』東方出版、一九九四年）。

明治前期、府知事が大阪市長を兼務していたが、明治三一年（一八九八）に市会議員によって初代市長が選挙で選ばれ、庁舎も府と別々になった。大正一〇年（一九二一）には、中之島に新庁舎を建設し、これを機に公募で「大阪市歌」を制定した。歌詞は全国から二三九八編の応募があり、森鷗外、幸田露伴といった錚々たる審査員の審査を経て、香川県三豊中学校長の堀沢周安《ほりさわちかやす》の詞が入選する。作曲は「早春賦」の作者として知られる東京音楽学校の中田章《なかだあきら》で、「ちいさい秋みつけた」「夏の思い出」で知られる中田喜直の実父でもある。まさに文化財級の「市歌」である。

黒田さんが「市歌」を愛したのは、「生気衢に漲りて」という箇所に、「大阪で生まれた女」と同じくいつまでも大阪が生気、活気にあふれた都市であってほしいという愛情がこもっているためだが、もともと「大阪市歌」は市職員だけではなく、市民が力を合わせてよい街をつくろうという意識を高める歌なのである。「咲くやこの花さきがけて、よもに香りを送るべき、務《つとめ》ぞ重き　大阪市」など、市民であることの責任感をも喚起しており、ある年齢以上の大阪出身者には、郷土を誇る讃歌であるとともに、市民として背筋の伸びる昂揚感ある歌であった。昭和四〇年代、私も母校である大阪市立道仁《どうにん》小学校（現在の南小学校）の音楽朝礼で習い、歌詞を取り違えたりはするが、今でも「市歌」を歌うことができる。

印象的な体験がある。大阪市史編纂所の「大阪の歴史」第六二号（二〇〇三年）が「道頓堀特集」

を組み、関係者を集めて「道頓堀座談会――その歴史と未来のまちづくり」が企画された。私も出席したが、道頓堀の通りの東側は高津宮《こうづぐう》への参道にも思える云々と話が盛り上がった時、〝なにわ学〟の泰斗《たいと》、元関西大学教授の肥田皓三《ひだこうぞう》先生が立ち上がり、「高津《たかつ》の宮《みや》の昔より……」ではじまる「市歌」を歌い出されたのである。すると他の老舗の店主らも、小学生時代に戻ったかのように嬉々と斉唱しだした。さしもの私も、市民の心にかつて「市歌」がいかに深く根づいていたかを実感することとなった。

　もう一つ紹介しておくと、ＥＸＰＯ’70（大阪万博）成功の余勢をかりて芦原義重《あしはらよししげ》以下、政財界の錚々たるメンバーの後援で、〝大阪のガーシュイン〟とも呼ばれる服部良一（一九〇七～一九九三）が「おおさかカンタータ」を作曲する。全四楽章、五〇分近い合唱付き管弦楽曲で、作詞は喜志邦三《きしくにぞう》と阪田寛夫《さかたひろお》、昭和四九年（一九七四）に朝比奈隆（一九〇八～二〇〇一）の指揮、大阪フィルハーモニー交響楽団の演奏で初演された。ベートーベンの「歓喜の歌」を思わすラストの盛り上がりに児童合唱で「大阪市歌」のメロディーが登場する。学校で「市歌」を教えない今日とは違い、初演時の聴衆には鮮烈に響いただろう。心の中で一緒に歌った聴衆も多かったのでなかったか。

「大阪市歌」は朝の市庁舎の始業時に流れ、市のホームページでも大阪市音楽団の演奏で聴くことができ、動画サイトでは音楽ソフト「初音ミク」で作成されたものも視聴できる。

大阪市歌

一、高津《たかつ》の宮《みや》の昔より

代々《よよ》の栄《さかえ》を重ね来て
民《たみ》のかまどに立つ煙
賑いまさる大阪市

二、難波《なにわ》の春の朝朗《あさぼらけ》
生気巷《ちまた》にみなぎりて
物みな動く産業《なりわい》の
力ぞ強き大阪市
力ぞ強き大阪市

三、東洋一の商工地
咲くや木《こ》の花　魁《さきが》けて
四方《よも》にかおりを送るべき
務《つとめ》ぞ重き大阪市
務ぞ重き大阪市

高津宮境内にある大阪市歌の碑。上記の歌詞の引用と碑文とは表記がやや異なる

第一八景　モダン大阪の三大〝ブラ〟とは

心ブラ（心斎橋）　道ブラ（道頓堀）　平ブラ（平野町）　岸本水府

華やかな街の空気を味わいに東京の銀座を〝ぶらぶら〟と散策する、「銀ブラ」という言葉が大正時代に誕生したが、心斎橋筋でも「心《しん》ブラ」が流行した。当時のにぎわいは、北尾鐐之助が『近代大阪』（創元社、一九三二年）にまとめた心斎橋筋の〝考現学的考察〟の章でもわかる、戦後も美空ひばりに「心ブラお嬢さん」という歌もあった。

若い世代には耳慣れないかもしれないが、「心ブラ」はある世代以上の大阪人には懐かしい言葉であり、実は現代も生きている。心斎橋筋一丁目には老舗の呉服店が並ぶ「しんぶら横丁」という路地があるし、近年、商店街が配付している情報誌も、タイトルが「心ぶら日和」（心斎橋筋商店街振興組合発行）だ。大阪の街をこよなく愛しておられる新世紀美術協会の三浦敏和画伯が描き溜めた、膨大な平成の「心ブラ」スケッチをここに掲載しよう。大阪歴史博物館でも平成二三年（二〇一一）に特別展「心斎橋きものモダン――煌めきの大大阪時代」が開催され、大阪人の誰もが「心ブラ」を愛していることがわかる。

ご存じだろうか、戦前の大阪には、他にも〝ブラ〟があった。一つは「道《どう》ブラ」。道頓堀界隈を〝ぶらぶら〟することだ。「番傘」を創刊した川柳作家の岸本水府《すいふ》に面白い説がある。水府は福助足袋、寿屋（現・サントリー）の広告を担当した宣伝マンでもあり、グリコの「一粒三〇〇メートル」

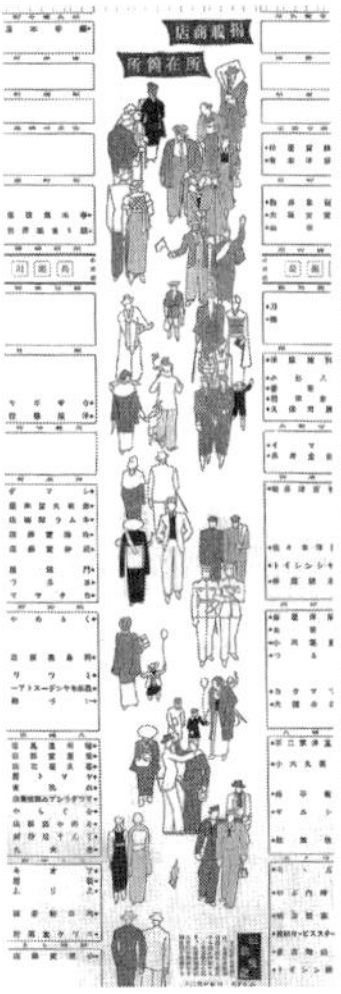

のコピー、ＯＳＫ松竹歌劇団のテーマ曲「桜咲く国」の歌詞もつくった。田辺聖子さんの名著『道頓堀の雨に別れて以来なり——川柳作家・岸本水府とその時代』に詳しい。

　水府は『京阪神盛り場風景』（誠文堂十銭文庫、一九三二年）で、「所謂、道頓堀、千日前、戎橋筋《えびすばしすじ》の総称」である〝南地《なんち》〟ほど、まとまった盛り場はないとする。銀座には、道頓堀のような「花やかな灯をうつす川」や「芝居」がなく、浅草は「千日前をふくらせただけ」、四条や新京極は「何処かに制限された盛り場」で、「カフェーと色街の灯をうつす道頓堀が、どれだけ若い人たちの心をときめかせているか。それに道頓堀の横ッ腹へ渡した四つの橋の味も亦《また》捨てがたい」と絶賛する。

　水府に言わせれば、〝ブラ〟も「銀ブラ」より「道ブラ」が優れている。心斎橋筋を抜けて道頓堀の戎橋までは〝一筋道〟だが、道頓堀から千日前、南海通、戎橋筋とまわるとコースが四角となって「所謂〝ブラ〟の生命とする——用事を持たぬただブラつくだけの人にとって一番便利な旋曲運動」が可能となるという。

右：三浦敏和画伯による「心斎橋スケッチ」

左：『写真心斎橋』（1935年、心斎橋新聞社）に描かれた「心ブラ」地図

「道ブラ」は、「口の字」のように街を四角に散策するだけではなく、横道へ外れたり、最初は「口」でも、「二度三度の旋回には日の字、田の字を書くようなブラつき方」ができるというのだ。漢字を散歩コースに見立てて面白い。

さらに船場には、モダニズム建築を代表するガスビルの南側を東西に抜ける平野町《ひらのまち》に「平《ひら》ブラ」がある。都市計画で通りが拡幅された平野町に、毎月の決まった日に夜店が出て、それを冷やかしに〝ぶらぶら〟するのだ。平野町界隈には、今もモダン大阪時代を夢見るようなレトロな建築や店舗を見つけることができる。

現代はターミナルに巨大百貨店、最新のショッピングセンターが開店し、建物の中で終日ショッピングを楽しむことができるが、街の匂いを求めて繁華街を〝ぶらぶら〟することこそ、大阪に暮らし、生活するものの楽しみだろう。水府の句「大阪に住むうれしさの絵看板」には、往年の芝居町を〝ブラ〟するはずんだ気持ちがあらわされている。ここまで書いたら急に街に出たくなってうずうずしてきた。

第一九景　伝説の御堂筋パレード

南海ホークス　関一　近代建築　流行歌　いちょう並木

はるか六〇年以上前の昔、私は親父に連れられ〝御堂筋パレード〟を見た。府が財政難で中止し

た現代の御堂筋パレードではない。大阪中が熱狂した〝伝説〟の〝御堂筋パレード〟である。

　昭和三四年（一九五九）、難波の大阪球場（現・なんばパークスの場所にあった）を本拠とする南海ホークスは、サブマリンの豪腕、杉浦忠が読売ジャイアンツを相手に日本シリーズで連投し、初戦から四連勝して敵地の後楽園球場で優勝した。この年の杉浦の成績は、三八勝四敗（勝率九割五厘）という超人的なもので、凱旋を祝って一〇月三一日、名将・鶴岡一人《かずと》監督を先頭に、ホークスの選手を乗せた一一台のオープンカーが、紙吹雪が舞い、熱狂した市民二〇万人が声援を送るなか御堂筋をパレードした。今は本拠地を移したホークスだが、戦後復興した大阪にあって、東京のチームを小気味よく粉砕したことで街全体が喚呼の声に包まれたのである。

　復興から高度経済成長期に「なにくそ、がんばるぞ」という勇気を大阪人に与えたホークスの優勝。私は二歳でほとんど記憶しないが、大阪で独立して商売をはじめたばかりの親父も燃え、見物に連れて行かれたらしい。

　勝利のパレードの舞台である御堂筋も、また〝伝説〟というべき大通りである。文献には大坂夏の陣の直後に名が登場するらしいが、

できたばかりの堂々たる御堂筋（1937年「名古屋汎太平洋平和博覧会」配布冊子の「博覧会と大阪」大阪出品連合会より）

近代的な都市幹線道路として完成したのは、第七代大阪市長の関一《せきはじめ》（一八七三〜一九三五）による一連の都市計画の結果である。大正一五年（一九二六）から拡幅工事が行われ、堂島川に大江橋、長堀川に新橋、道頓堀川に道頓堀橋が架橋され、翌年五月に道路が完成する。「市長さんは船場の真ん中に飛行場でもつくりまんのか」と揶揄されたという。地底には地下鉄の建設も進められた。このあたりは幅六メートルほどの淀屋橋筋があったが、拡幅によって北御堂（本願寺津村別院）と南御堂（真宗大谷派難波別院）が並んだことで「御堂筋」となった。

全長四〇二七メートル、幅四三・六メートル、全六車線の大動脈。昭和四五年（一九七〇）の大阪万博を機に、梅新交差点より南の全車線が南行きの一方通行となる。これだけ広い道路が一方通行であることを、東京から遊びに来た大学の友人が驚き、少し誇らしかった思い出がある。

御堂筋を散歩すると、戦前の大阪の黄金期を実感できる。たとえば建築だ。日本銀行大阪支店、日本生命本社ビル、安井武雄設計の大阪ガスビルディング、改築して再オープンしたヴォーリズ設計の華麗な大丸心斎橋店、突きあたりには壮麗な高島屋大阪店の南海ビルがある。戦後建築だが、隈研吾《くまけんご》設計で新しくホテルとして開業した難波の新歌舞伎座も、村野藤吾《とうご》が設計した名建築だった。これらの建築もホークスのパレードを祝ったはずである。

さらに御堂筋には、この街で生きる人のこころをくすぐる歌がある。欧陽菲菲《オーヤンフィーフィー》「雨の御堂筋」、海原千里・万里「大阪ラプソディー」がそうだし、上田正樹・有山淳司の「梅田からナンバまで」も好きだ。雨が降るイヤな天気だけれど、傘をさして彼女と梅田から難波まで御堂筋を散歩しましょうという歌詞だが、金はないけどそれはそれ、といった気分で都心を飄々と歩く若者のリラックスしたムードが実にいい。

御堂筋沿道の一〇〇〇本近いいちょう並木、モダン建築や沿道に設置された彫刻などを眺めながら、〝黄葉の御堂筋〟を、気分も新たに散策しなおしてはどうだろうか。

第二〇景 大正時代の大阪の記憶

大大阪 大阪万博

〝過去はいつも新しく、未来はつねに懐かしい〟――。写真家・森山大道さんのエッセイ・対談集（青弓社）の題名だが、けだし名言である。

歴史をふりかえって大昔と思っていた時代が、現代以上に新鮮に見えることがある。戦前のモダニズムのファッション、建築、美術など、洗練されていて伸びやかで明るい。対して〝未来〟は、膨大な〝過去〟と進行中の〝現在〟から誕生するものである。理屈っぽく言えば、今日の私たちの努力や活動が積み重なって、やがて〝未来〟という姿で出現するのである。

映画にもなった漫画『20世紀少年』のモチーフである昭和四五年（一九七〇）の大阪万博では、携帯電話、ＦＡＸ、リニアモーターカー、電気自動車、巨大エアドーム、動く歩道などが新技術としてはじめて登場した。万博を記憶する世代にしてみれば、こうした新技術の登場は、さらなる〝未来〟の社会を予想させると同時に、それらが実用化された〝未来〟である現代社会においては、万博の懐かしい記憶へと引き戻すのである。

平成二三年（二〇一一）は「大正一〇〇年」という記念の年であった。昭和四三年（一九六八）の「明治一〇〇年」では華々しくイベントが開かれ、出版物も多かったと記憶するが、「大正一〇〇年」は盛り上がらなかった印象がある。しかし、わずか一五年間の大正時代だが、世界が激動した時代であった。大正元年（一九一二）の中華民国成立、大正三年（一九一四）に第一次世界大戦、大正六年（一九一七）にロシア革命がおき、大正九年（一九二〇）に国際連盟が設立される。日本は大正一二年（一九二三）の関東大震災で壊滅的な打撃を受けるが、いわゆる「大正デモクラシー」が進み、大正一四年（一九二五）に普通選挙法が制定される。

大阪にかぎっても大正は重要な時代だった。明治二二年（一八八九）より市政（特例）が施行された大阪市は近代都市へと発展し、大正一四年（一九二五）の第二次市域拡張で、人口・面積において東京市を抜いて日本第一、世界第六位のマンモス都市〝大大阪〟へと膨張する。大正末から昭和一〇年（一九三五）頃にかけて、大胆な都市計画が推進され、現代に至る都市基盤が築かれていくのだが、〝大大阪〟建設の準備が進められたのが大正時代であった。

大正時代の大阪をしのばせる先代大阪市庁舎の絵葉書

大正時代竣工の建築を挙げると、大正七年（一九一八）に中之島の大阪市中央公会堂、大正一〇年（一九二一）に中之島の現在地に新しい大阪市庁舎が竣工する。ここに掲載した絵葉書は、この時に竣工した先代の市庁舎で、欧米都市の庁舎にも比肩する堂々たる建築である。中央の塔には後に「みおつくしの鐘」がつり下げられた。〝大大阪〟誕生の翌大正一五年（一九二六）、府も新庁舎を大手前に竣工させた。結果的に昭和一一年（一九三六）にずれこんだが、天王寺公園の大阪市立美術館も、大正九年（一九二〇）の市議会で建設を議決して当初の開館予定は大正一二年（一九二三）頃であった。

大正時代の大阪は、現代の目からもダイナミックで新鮮である。確かに〝過去はいつも新しく〟と言いたくなる。では、当時の大阪人は、どんな〝未来〟を夢見ていたのだろう。さまざまな問題をかかえた現代の大阪人は、〝未来〟に何を見ようとしているのか。それもまた、よい意味での懐かしい〝未来〟なのだろうか……。

第二一景　「難波宮」の研究は今なお進む

山根徳太郎　大極殿　難波長柄豊碕宮

大阪は、京都や奈良よりも古い都が築かれた都市であった。馬場町《ばんばちょう》・法円坂《ほうえんざか》・大手前四丁目に史跡公園として整備された「難波宮《なにわのみや》」こそが『日本書紀』にも記された都であったが、悠久の時の経過に埋没して所在が忘れられていた。その発見に情熱をかたむけた〝日本のシュリーマン〟とも呼ばれる学者がいる。当時、大阪市立大学を退官した山根徳太郎（一八八九～一九七三）である。シュリーマンは、ギリシア神話に語られた幻の古代国家トロイを発見した大考古学者だが、「難波宮」も山根教授を中心とする難波宮址顕彰会《なにわきゅうしけんしょうかい》による発掘調査によって、全容が明らかにされていった。

「難波宮」には前期と後期の二つがある。大化の改新（大化元年〈六四五〉）で蘇我氏を倒して即位した孝徳天皇は、政争がつづいて混迷した旧来の飛鳥から、港を有して外交・流通の中心である難波へと遷都する。経済力ある国際都市の建設を目指したのである。この新しい都が白雉三年（六五二）に完成し、前期難波宮と呼ばれている難波長柄豊碕宮《なにわながらとよさきのみや》である。昭和三三年（一九五八）に柱穴に焼土が詰まり、火災の痕跡が残る遺構も出土している。後期は、東大寺建立や正倉院で知られる聖武天皇が、平城京、恭仁京《くにきょう》、紫香楽宮《しがらきのみや》と遷都を重ねる中で、神亀三年（七二六）に再建に着手し、天平一六年（七四四）に再び「難波宮」に都を移したものである。昭和三六年（一九六一）に大極殿《だいごくでん》の跡を発見した山根は、「われ、幻の大極殿を見たり」という印象的な言葉を残し、高度経済成長期の時代に遺跡を開発から護《まも》って史跡公園として保存することにも尽力した。

遺跡を眼下に一望できる大阪歴史博物館一〇階の古代展示室には、朱塗りの円柱が並んで、大阪のルーツである「難波宮」の大極殿が原寸大に復元されている。古代の官人の衣装をまとった人形も並び、タイムトラベルした気分だ。隣室の山根徳太郎を顕彰する胸像が、「難波宮」を見下ろす向きにおかれているのも、発掘に力をそそいだこの考古学者への敬愛の念のあらわれだろう。大阪歴史博物館ではボランティアによる当時の衣装を着る体験コースがあって、誰でも万葉の大宮人《おおみやびと》になることができる。また、博物館建設に際して地下に保存した遺構があり、それを見学するツアーもある。

「幻の大極殿を見たり」という言葉から半世紀が過ぎてもなお、「難波宮」研究には新しい発見がある。平成一八年（二〇〇六）、「皮留久佐乃皮斯米之刀斯」と万葉仮名で書かれた木簡が出土した。七世紀中頃のものとされ、「はるくさのはじめのとし」と読み、万葉仮名で文を成した最古の例として注目されているという。

そんなドラマチックな史跡公園とは意識せずに、いつも横を通っていたが、近くでアート系の飲食店を開いている若い知りあいが結婚し、披露宴を「難波宮」の南側の公園の一角を借りて開いた。ずいぶん以前のことになるが、仲間が模擬店を出し、来客は、各自そこで食べ物や飲食物を調達するという宴であった。たくさんの仲間が家族連れで参加し、天気は快晴、風も心地よく、ベル・エポックの巴里の公園か、万葉集の時代の野辺の園遊会といった風情である。古代のロマンとともに、こうした営みがこの地に重ねられ、新しい人の交流を生んでいく。国際都市を目指した「難波宮」の記憶が形を変えて、永遠に新しい未来の〝大阪〟へと伝えられていくのである。

後期難波宮復元図（大阪市教育委員会提供）

第二二景　天才画家・佐伯祐三の伝説

北野高校　「郵便配達夫」「ロシアの少女」

凍てつく寒さの中にも、春の到来も予感させる季節になると、大阪が生んだ一人の天才画家のことを思い出す。

佐伯祐三《さえきゆうぞう》……。明治三一年（一八九八）、大阪府西成郡中津村（現・大阪市北区中津）の光徳寺に生まれた。大阪府立北野中学校（現・大阪府立北野高校）を卒業後、東京美術学校（現・東京藝術大学）で油彩画を学ぶ。大正一二年（一九二三）、妻の米子と娘の弥智子を伴って渡欧し、パリで野獣派の巨匠モーリス・ド・ヴラマンクに刺激されて画風を変え、ユトリロの影響もあってパリ風景を重厚なタッチで描きだす。その後、一時帰国するが、すぐに再渡仏し、数々の名作を残しながら昭和三年（一九二八）、三〇歳でパリに客死した。

佐伯は八月に病死するが、すでに四月に病床に伏し、絵筆を握れたのは三月いっぱいであったようである。最後のわずかな期間にも、佐伯の画風は変貌していく。二月中旬から下旬、佐伯はパリから一時間ほどの美しい村モランへ、後輩の荻須高徳、山口長男、横手貞美、大橋了介たちと写生旅行に出かけた。気温が氷点下にもなる二月のモランで苦行僧のように、村の風景や教会堂の連作を描き、最高傑作の「煉瓦焼」や「カフェ・レストラン」が誕生した。

そして三月の小雨が降りつづくパリ。雨に打たれながらの屋外写生で体調を崩しながらもこの時

期、「黄色いレストラン」「郵便配達夫」「ロシアの少女」など、最後の生命の輝きに、伝説のようなエピソードが残される作品が誕生する。「郵便配達夫」は、アトリエで静養中、美しい白ひげの郵便配達夫をモデルに頼んだ作品で、佐伯没後、妻の米子は「この白ひげの人は神様ではなかったか」と語っている。

冬から春へと移ろう日射しのなか、佐伯は最後の作品群に絵筆を走らせていた。この季節になると、そんな佐伯の幻が私の脳裏に浮かんでくるのである。

北野高校には、一時帰国した時、佐伯が恩師に贈った「ノートルダム（マント・ラ・ジョリ）」が大切に保管されている。以前、校長先生から、在校中の三年間の間に同校生は、必ず一回は特別にこの作品を見ることになっているというお話をうかがった。日本美術史に名を残す天才画家を、後輩たちが大切に扱い、彼の偉業を目に焼きつけて成長する教育的意義は大きい。

出身校だけではない。佐伯は大阪が誇るべき芸術家である。建設計画から約三〇年を経てようやく建設される

右：「郵便配達夫」（1928年、大阪中之島美術館蔵）
左：「ロシアの少女」（1928年、大阪中之島美術館蔵）

大阪中之島美術館は、国内最大のコレクションとして佐伯の油彩画五〇点を所蔵している。どれだけ貴重で贅沢なコレクションか、あらためて言う必要もない。

いや、そんな話もどうでもよいかもしれない。佐伯の創作意欲が最後に燃えあがったこの時期、心身を賭して創作に打ち込んだこの天才画家の生涯をしのぶことで、人間として深く感動させられる。大阪の生んだ芸術家たちを知り、彼らを顕彰することは、現代に生きる大阪人にもはげみとなるはずだ。

第二三景　春風に望郷つのる与謝蕪村

「春風馬堤曲」　毛馬

春になると、決まって与謝蕪村（一七一六〜一七八四）の「春風馬堤曲《しゅんぷうばていのきょく》」を思う。

蕪村は、江戸中期を代表する俳人であり、画家としても名高い。俳句では、芭蕉を理想とした中興俳諧の中心となり、「春の海　終日《ひねもす》のたりのたり哉」「牡丹散りて打かさなりぬ二三片」「菜の花や月は東に日は西に」などの句が有名である。絵画では「夜色楼台図《やしょくろうだいず》」や、小説家の川端康成が愛蔵した池大雅《いけのたいが》との競作「十便十宜図《じゅうべんじゅうぎず》」がともに国宝、「奥の細道画巻」（逸翁《いつおう》美術館）が重要文化財に指定されている。平成一三年（二〇〇一）には大阪市立美術館で特別展「蕪村――その二つの旅」も開催されている。

蕪村の故郷は、摂津国東成郡毛馬村《けま》(現・大阪市都島区毛馬町)である。毛馬村は、明治時代に新淀川を開削した時に川底に水没し、蕪村時代の旧跡を訪ねることはできないが、新淀川の堤防に蕪村を記念した碑が建つ。

出生に関する複雑な事情もあったらしく、蕪村は青年時代に故郷を去って江戸に下り、俳人の早《はや》野巴人《のはじん》に師事して俳諧を学んだ。師匠の没後は知人を頼って北関東を遊歴し、三六歳になって京都にまで戻ってくる。その後も丹後の宮津や讃岐に長期滞在することはあったが、生涯を京都で過ごし、大坂に来ることはあっても、ふたたび毛馬に戻ることはなかった。

「春風馬堤曲」は、感覚の斬新さから近世文学の奇跡とも呼ばれる。「馬堤」は〝毛馬の堤〟を漢詩風に表現したもので、帰ることのなかった故郷への想いを、大坂に奉公に出た少女が帰省する物語として、一八首で構成する。門人あての手紙に「愚老、懐旧のやるかたなきよりうめき出たる実情にて候」と記すように、懐かしさのあまりうめき出たのが「春風馬堤曲」だった。

一八首の最初の一首が「やぶ入や浪花を出て長柄川」。長柄川は、新淀川の原型となった中津川のことで、二首目は、堤防がつづく景色へと目を転じて「春風や堤長うして家遠し」となる。さわやかな春風が吹いてはいるが、堤の道は長く、家までは遠い。

途中にある茶店のおばあさんが「元気そうでなにより」と喜び、故郷に錦を飾るための春着もほめてくれる。春の草が萌える三叉路を進むと、黄色と白色のたんぽぽの花がたくさん咲いていて、この道をとおって奉公に出た日の記憶がよみがえる。たんぽぽを摘むと、折れた茎から流れ出た白い乳が、やさしい母を思わせる。「むかしむかししきりにおもふ慈母の恩　慈母の懐袍別《かいほうべつ》に春あり」、母親のふところに抱かれていると、そこに春のあたたかさがあったのである。

しかし「春あり成長して浪花にあり」、少女は成長して大坂に出る。そして「梅は白し浪花橋辺財主の家　春情まなび得たり浪花風流《ぶり》」、難波橋《なにわばし》（浪花橋）あたりの裕福な商家に奉公したのだろう。

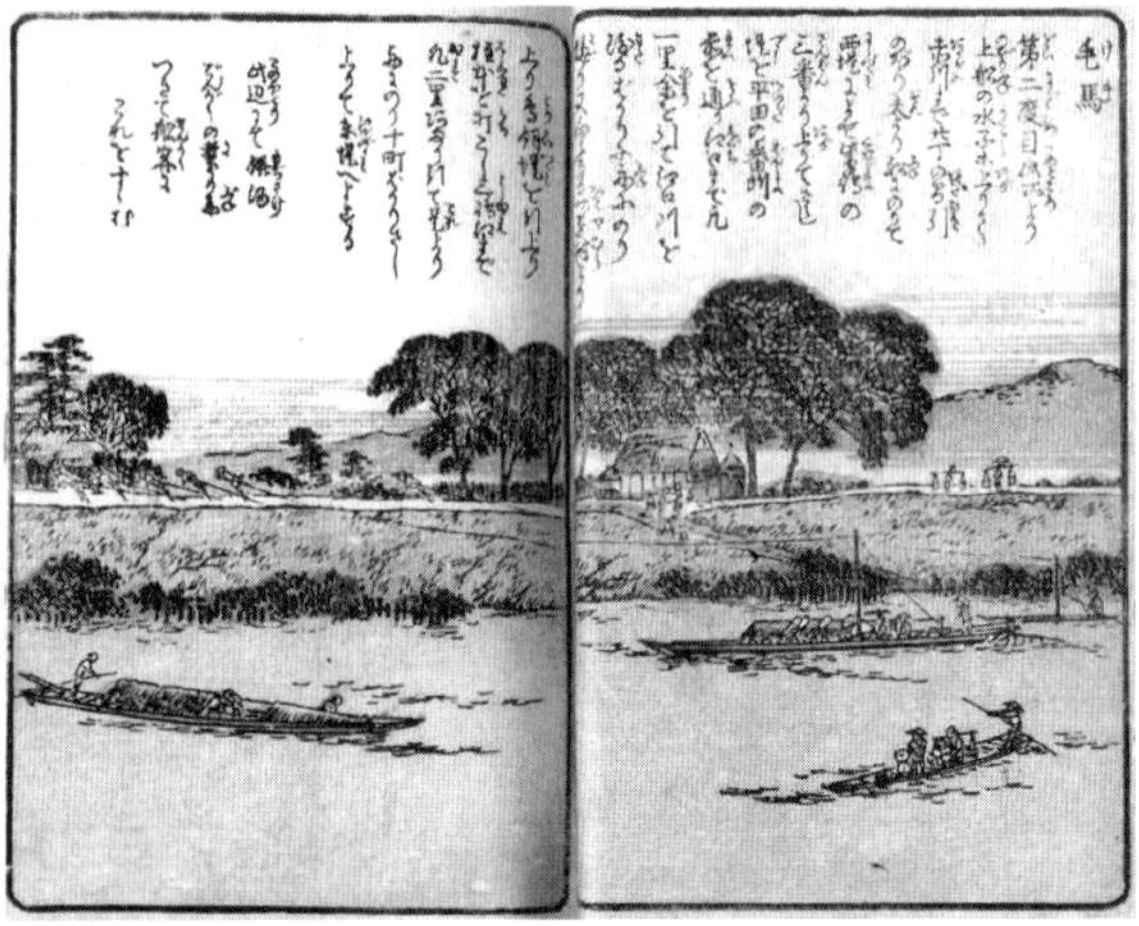

上：『淀川両岸一覧』より「毛馬」（大阪市立中央図書館蔵）
下：毛馬にある蕪村生誕地碑

都会のセンス（浪花風流）に染められていく自分に気がつく。太田裕美の「木綿のハンカチーフ」の歌詞みたいだが、しかしまた、家族を捨てたように都会に出たことを後ろめたくも感じている。そんな想いが錯綜しながら、やがて再会の時が近づいた。「故郷春深し行々《ゆきゆき》て又行々《ゆくゆく》」。堤の道を下って春色の深い故郷に帰りつくと、黄昏の家の前に、弟を抱いて自分を待ってくれている母親の姿があった。〝春また春〟である。

故郷を目の前にしながらも決して帰り得なかった蕪村の想いが「春風馬堤曲」には美しく凝縮されており、詩人の萩原朔太郎は昭和一一年（一九三六）に『郷愁の詩人与謝蕪村』を刊行した。現代の大阪は、こうした美しい故郷のイメージを育んでいるのだろうか。

ところで春になって日が長くなると、私の場合、「春風や堤長うして家遠し」とうそぶきながら、なかなか帰宅せず、〝毛馬胡瓜《けまきゅうり》〟など復活したなにわの伝統野菜を用いた酒肴を求めて、街をほっつきまわるわけだが、近年は地震や風水害で故郷を失い、肉親を失い、自宅に戻りたくても戻れない人たちがたくさんいる。東日本大震災では、親友の家族も仙台から大阪へ一時避難していた。「春風や堤長うして家遠し」は、原作の意図とは別の意味で、現代の日本人の心をうつフレーズかもしれない。

第二四景　都市美とモダニズムの中之島

中之島公園　小出楢重『めでたき風景』　浅野竹二「中之島公園月夜」

煌々《こうこう》と月あかりに照らされた豪華な噴水。その向こうに近代建築のシルエットが連なる夜の公園風景。パリを舞台にレスリー・キャロンが主演し、九部門でアカデミー賞を受賞したミュージカル映画『恋の手ほどき』（一九五八年）にあるようなロマンチックな情景だが、描かれているのは昭和八年（一九三三）の中之島公園である。画面中央の橋が現在の「ばらぞの橋」、噴水右横の尖塔がかつての大阪市庁舎で、円《まる》いドームが二つ見えるのが大阪市中央公会堂である。

中之島公園は、明治二四年（一八九一）に大阪市営第一号の仮公園として開園し、明治三二年（一八九九）に正式な中之島公園となった。その頃の中之島は旧難波橋《なにわばし》の西側までしかなかったが、大正四年（一九一五）に天神橋上流まで埋め立てられ、噴水のある整然とした西洋式の幾何学的庭園が建設される。有名な建築家の武田五一《ごいち》の設計で野外音楽堂も建てられた。絵には描かれていないが、噴水のこちら側である。

江戸時代には、諸藩の蔵屋敷が甍《いらか》を連ねた中之島だが、近代になって大阪市の政治経済、文化芸術の重要な拠点となった。昭和のはじめにあった施設を列挙してみよう。市庁舎、日本銀行、中央公会堂、府立図書館、大阪帝国大学、新大阪ホテル、朝日新聞社、朝日会館のほか、大阪駅前に移転する前の中央郵便局も中之島にあった。現代も大阪市立東洋陶磁美術館、国立国際美術館、フェ

スティバルホールなどがある。

それらの建造物群が生み出す光景は、かつての蔵屋敷時代とは異なる最先端のモダンな都市風景だった。洋画家の小出楢重《こいでならしげ》（一八八七〜一九三一）は『めでたき風景』（創元社、一九三〇年）の随筆「上方近代雑景」で、「大阪の近代的な都市風景としては、私は大正橋や野田付近の工場地帯も面白く思うが、中央電信局中之島公園一帯は先ず優秀だといっていい。なおこれからも、大建築が増加すればするだけその都会としての構成的にして近代的な美しさは増加することと思う」と記している。

大阪市も、新しい都市建設の理念に「都市美」という言葉を採り入れ、まちづくりにいそしんだ。たとえば中之島の対岸だが、淀屋橋以西の土佐堀川沿いの道路を市民が散策する「逍遥《しょうよう》道路」として整備し、モダン都市・大阪の美しい空間を誰もが楽しめる憩いのプロムナードとした。「逍遥道路」の整備完成は昭和一二年（一九三七）で、それを自慢して「ビ

浅野竹二「新大阪風景　中之島公園月夜」（1933年、個人蔵）

ユー・オブ・グレート・オオサカ」と題された絵はがきが何種か発行されている。

ここに掲載した作品は京都の版画家・浅野竹二《たけじ》（一九〇〇〜一九九八）が昭和八年（一九三三）に出した「新大阪風景」シリーズのうち「中之島公園月夜」である。昔の名所絵とは異なる新しい大阪の都市の姿をテーマとしたこの連作では、ほかに貨客船でにぎわう築港や、ネオンに飾られた道頓堀の夜景なども取り上げている。

現在の中之島は、建物の重みで中之島自体が沈んでしまうのではないか、といった妄想を抱きそうになるほど高層建築がたくさん建ち並んでいる。土佐堀川と堂島川という二つの河川にはさまれた貴重な空間であり、景観との調和の美しさを意識した、文化的で市民の憩える地域として発展していってもらいたいと思う。

第二五景　住吉大社の典雅な時代絵巻「御田植神事」

住吉さん「すみ博」

大阪では十日戎《とおかえびす》の宝恵駕籠《ほえかご》や天神祭の船渡御《ふなとぎょ》など、エネルギッシュな祭礼の印象が強いが、六月一四日に住吉大社で行われる「御田植《おたうえ》神事」は、国の重要無形民俗文化財にも指定され、古雅にして優美な神事である。その成立は、神功《じんぐう》皇后が御田《おんだ》をつくらせたもうたことに由来すると伝えられ、田植えにおいて音楽を奏で歌をうたい、踊りや舞を演じることで穀物の霊力を高め、豊作を祈願するのである。

「御田植神事」は、植女《うえめ》らが神事奉仕の資格を得る「粉黛式《ふんたいしき》・戴盃式《たいはいしき》」からはじまり、本殿祭を終えてから行列を整え、境内の南にある御神田《ごしんでん》（約六〇〇坪）へと進んで「御田式《おんだしき》」が行われる。

御神田の舞台では、菖蒲の花飾りを頭につけた緋袴《ひばかま》姿の八乙《やおと》女《め》による「田舞《たまい》」が奉納され、つづいて能の手振りを採り入れ、雨乞《あまごい》を祈願する龍神の舞とされる御稔女《みとしめ》の「神田代舞《みとしろまい》」が舞われる。八乙女の田舞は、奈良・平安時代の古い手振りを伝える貴重な文化財で、唄われている歌詞は『枕草子』にも登場しているという。そして、花笠をかぶり早苗色の衣も鮮やかな植女より苗を渡された替植女《かえうえめ》らが、御神田に降りて田植えを進めていく。

さらに甲冑を着た武者による「風流《ふりゅう》武者行事」、童子による「棒打《ぼううち》合戦」と神事はつづき、「田植踊」や、「エー住吉さまのイヤホエ」の歌詞で知られる「住吉踊」が約一五〇人の踊り子たちによって盛大に繰り広げられる。

由緒ある神事を維持する神社や氏子《うじこ》、地域の人々などのご苦労は大変だろうが、それを後世へと守り伝える関係各位の使命

住吉大社の御田植神事。神田での田植えの様子

感とプライドも高く、眼に鮮やかに繰り広げられる典雅な時代絵巻の情景は、全国に二〇〇〇を超える住吉神社の総本社である、〝摂津国一宮《いちのみや》〟たる住吉さんの貫禄でもある。

住吉大社は今も信仰の生きるお社《やしろ》であり、ふと散策気分で訪れた時も、清浄な神域の雰囲気に身がひきしまるとともに、日々の心の迷いや憂いが癒される気がする。〝住吉造〟と呼ばれ、国宝に指定された本殿は、屋根の切妻の力強い直線なども美しく、文楽・歌舞伎の「夏祭浪花鑑《なつまつりなにわかがみ》」ゆかりの鳥居前や、川端康成の小説の舞台である反橋《そりはし》（太鼓橋）など、美術工芸や建築、演劇や文学とも関係が深い。

平成二四年（二〇一二）に、住吉区役所・すみよし博覧会実行委員会が主催する「アートdeすみ博2012――日本画が伝える住吉の美術風土」で、住吉大社の絵所《えどころ》や日本画の生田《いくた》花朝《かちょう》、中村貞以《ていい》についての座談会の司会をした。平成一九年（二〇〇七）からはじまった「すみ博」は地域の歴史・文化と現代の街や人を結ぶユニークな企画であり、地元の関心も高く、住吉の豊かな歴史を語ることが、そのまま大阪人が醸成した美意識を語るのと同じだと痛感した。年に一度の「御田植神事」も、歴史の風雪に耐えて洗練された美意識を現代に伝える神事なのである。

第二六景　北野恒富が描いた「いとさんこいさん」

「こいさんのラブコール」谷崎潤一郎『細雪』

床机《しょうぎ》に腰掛けた姉妹二人――いとさんとこいさんを描いた作品（次頁）は、昭和一〇年（一九三五）頃の大阪・船場あたりの商家の情景である。

画家は北野恒富《つねとみ》（一八八〇～一九四七）。近代大阪を代表する日本画家で、明治末から大正初期は宗右衛門町の花街などに取材した妖艶な美人画を得意とし、昭和になると、大阪の祭礼や商家の風俗を採り入れた、品格ある中にも洒脱な画風を展開した。横山大観に実力を認められ、日本美術院（再興院展）の再興にも大阪からただ一人参加し、大阪初の院展同人になった。高津宮《こうづぐう》の参道に俳人・河東《かわひがし》碧梧桐《へきごとう》の書になる恒富筆塚がある。

昭和一一年（一九三六）の改組第一回帝国美術院展に出品されたこの絵の面白さは、なんといっても、二人の姉妹の対照的な姿だろう。題名の「いとさんこいさん」だが、かつて大阪の商家では、お嬢さんのことを「いとはん」「いとさん」と呼んだ。語源は「いとけない」「いとし児」からきたという。末娘を小さな「いとさん」として「小《こ》いとさん」と呼び、それが「こいさん」となった。

画面の右側で両手を上品に前に揃え、微笑みながら腰掛けているのが長女の「いとさん」、左側に頬杖ついて寝そべっているのが末娘の「こいさん」である。二人の着物の図案も同じだが、陰陽が反転し、「いとさん」の着物はまるで月夜の草花を見るかのようで、帯の部分に用いられたレースも

繊細である。これに対して、お転婆《てんば》な「こいさん」は、着物は白く真昼の草花のようで、ぽいとぬぎすてられた履物《はきもの》も前後が揃わない〝あっちゃこっちゃ〟になっている。戦後の歌謡曲だが、フランク永井の名曲「こいさんのラブコール」（作詩・石浜恒夫、作曲・大野正雄）も、奔放で芯は強いが、恋にあこがれる可憐なイメージで「こいさん」をとらえている。

二人でどんな話をしているのだろう。映画スターのうわさ話や、ひょっとすると「いとさん」の婚礼が決まったのかもしれない……といった想像も浮かんでくる。物語の一節であるかのように姉妹の気質の違いを、絵画という形であらわした画家の手腕はさすがであり、商家の令嬢をモチーフとすることに、古き大阪によせる画家の思いが詰まっている。

この作品が、大阪を舞台とした小説家・谷崎潤一郎（一八八六〜一九六五）の代表作『細雪《ささめゆき》』にインスピレーションを与えたという説もある。『細雪』は昭和一八年（一九四三）一月から「中央公論」に連載が開始された。登場人物は、船場の暖簾を誇る蒔岡《まきおか》家の四人姉妹である。大阪の富商の娘であった谷崎夫人の松子の姉妹を題材としたとされるが、恒富は早くから谷崎や松子とも交流があ

北野恒富「いとさんこいさん」（1936年、京都市美術館蔵）

り、昭和五年（一九三〇）の谷崎の『乱菊物語《らんぎく》』にも挿絵を描いている。谷崎も恒富の「いとさんこいさん」を知っていたはずだ。

ところで男の子の場合、大阪では「ぼっちゃん」の意味で「ぼん」「ぼんぼん」「ぼんち」などと呼んだ。恥ずかしながら少年時代、私も「ぼんぼん」などと言われたくちである。世知辛《せちがら》い現代、恒富が描いた懐かしく古き大阪の面影は、今はどこかに消えてしまったようである。

第二七景　宗教都市大阪を実感する四天王寺「万灯供養法要」

盂蘭盆会　道頓堀川　キャンドルナイト

闇の中に灯っているロウソクの焔《ほのお》をじっと見ていると、懐かしい気持ちや、ほっとするような不思議な安心感が湧き起こってくる。はるか太古の昔、人類が火を自分のものとして、夜は家族で火を囲み、料理し、獣《けもの》から身を護《まも》った時の記憶だろうか。焔には、人の心にさまざまな思いを呼び覚まし、傷ついた心を癒す力がある。

毎年、大阪では夏の夜に無数のロウソクが灯される。四天王寺で催される「盂蘭盆会《うらぼんえ》」の「万灯《まんどう》供養法要《くようほうよう》」である。推古天皇元年（五九三）、聖徳太子によって同寺が創建された物語は、『日本書紀』にも記され、現在の中央伽藍《がらん》は、大陸のスタイルを伝えて金堂、講堂、五重塔が一直線上に並ぶ四天王寺式の伽藍配置と、創建時の建築様式を考証して戦後に再建された。

四天王寺万灯供養法要

金堂や五重塔を回廊が囲んだ伽藍一帯に、例年八月九日から一六日まで、先祖供養のために先祖の霊名を記して火を灯したロウソクが奉納される。その数は約一万本とも言われ、多くの参拝者の中を、僧侶たちが経典を唱え、蓮《はす》をかたどった散華《さんげ》を撒いて供養に境内を練り歩く。

ロウソクの焔で境内は熱いぐらいであり、伽藍の建物や、仏教をモチーフとした壁画（金堂は中村岳陵《がくりょう》、講堂は郷倉千靭《ごうくらせんじん》、五重塔は山下摩起《まき》ら日本画家の作）も、読経の声と線香の煙、焔と参拝者の熱気で神秘的にゆれて見える。

八月は、京都五山の大文字の送り火や嵯峨野の化野《あだしの》念仏寺の千灯供養が有名だが、四天王寺の「万灯供養法要」は、観光客ではなく、純粋に信仰心から多くの老若男女が参拝に訪れている。かつて私も母に連れられ、盂蘭盆やお彼岸には四天王寺に参拝した。鐘楼《しゅろう》の引導鐘《いんどうがね》で経木《きょうぎ》を回向《えこう》してもらい、金堂の地下より湧くという亀井堂の霊水で流し、「万灯供養法要」のロウソクも灯した。

五木寛之さんは『宗教都市・大阪　前衛都市・京都』（講談社、二〇〇五年）という著作で、名刹古社寺が多い京都ではなく、大阪のほうを宗教都市と見なしたが、四天王寺の「万灯供養法要」を体験すると、大阪という大都会に今も生きる日常的な信仰心の強さを再確認させられる。

全国で震災の犠牲者を悼む鎮魂のキャンドルナイトが開催されているが、大阪には、他にもロウソクを街に並べて人の心を癒し、なごやかにするイベントがある。宗教とはやや異なるが、かつて開催された「大阪城城灯りの景《え》」では、大阪城一帯に約二万個のロウソク行灯《あんどん》が並べられた。梅田の茶屋町や西梅田付近では、夏至と冬至の日に、スローライフを見なおす思いもこめて「10000人のキャンドルナイト」が開催され、アーティストによる美しい灯りも登場する。また、七月から八月の道頓堀では、川沿いの遊歩道にロウソクではなくLED電球を仕込んだ提灯《ちょうちん》を並べた「道頓堀川万灯祭」も開かれ、私も目立たぬように献灯させていただいている。

真夏の夜の街なかで、こうした行事が開催されるのは、閉塞した社会に日々の生活を送らざるを得ない現代人が、焔のもつ美しさに癒しの力、精神的な救済を求めていることの証《あか》しなのだろう。

第二八景　陰陽師・安倍晴明と狐の伝説

安倍晴明神社　「芦屋道満大内鑑」　上方落語「天神山」

大坂の毛馬《けま》に生まれた俳人・与謝蕪村（一七一六〜一七八四）。芭蕉の俳風を復古して江戸中期の俳壇をリードしたが、中国や日本の歴史や文学を踏まえ、物語の一場面を彷彿とさせる句をなした。

「秋立つや何におどろく陰陽師　　蕪村」

夏が終わり、秋になると、私はこの句を思い出す。とはいっても、秋が立つ「立秋」は昔の季節

寿好堂よし国による浮世絵「芦屋道満大内鑑」（上方浮世絵館蔵）

の数え方によるもので、現代では八月七日頃が「立秋」になるそうだ。句は「秋が立った。何か悪い卦《け》が出たのか占いをつかさどる陰陽師がハッと驚いている」といった意味である。現代では夢枕獏の小説が原作の映画『陰陽師』で知られるが、古代の律令制において中務省《なかつかさしょう》の陰陽寮に属したのが陰陽師で、後には祭祀や占術、呪術の全般をつかさどり、中世以降は民間で占術等を行うものも指すようになった。占いの卦は、果たして凶兆だったのか。蕪村は劇的な一瞬を映画のシーンのように句に描いている。

　この陰陽師で最も有名なのが、小説、映画の主人公にもなった平安時代の安倍晴明（九二一～一〇〇五）である。晴明が生まれた地とされるのが、安倍晴明神社（大阪市阿倍野区阿倍野元町）のあたりとされる。社伝によると同社の創建は寛弘四年（一〇〇七）で、江戸時代には大坂城代さえもが参拝するほどの格式があったが、幕末に衰えた。しかし、大正一〇年（一九二一）に阿倍王子神社の末社として認可され、現在につづいている。境内にある泰名《やすな》稲荷神社には、伝説上の晴明の父親である安倍泰名《やすな》も祀られている。

　少年時代から晴明は聡明で、占いにも卓越した力を発揮したので、超能力をもつ狐の子供ではないかという伝説が生まれた。それを題材としたのが、竹田出雲が享保一九年（一七三四）に道頓堀・

竹本座で初演した人形浄瑠璃「芦屋道満大内鑑《あしやどうまんおおうちかがみ》」である。安倍保名《やすな》が助けた信太《しのだ》の森の狐が、恩返しのために葛《くず》の葉という人間の女性に化けて保名に嫁ぎ、晴明を産む。しかし正体がばれたため、

「恋しくば尋ね来て見よ和泉なる
　信太の森のうらみ葛の葉」

の歌を障子に書き残して森に帰っていく。

「恋しくば……」の歌を障子に書く「葛の葉子別れの段」は大きな見せ場で、障子に左手で書いたり、口に筆をくわえて書いたり、アクロバティックな動きで狐の霊力を表現する。今も文楽の人気演目であり、平成二〇年（二〇〇八）、御即位二〇年で関西を御訪問中であった天皇皇后（現・上皇上皇后）両陛下も国立文楽劇場で御鑑賞されている。

「芦屋道満大内鑑」は早くも歌舞伎で上演されたほか、他の芸能にもさまざまな影響を及ぼした。「芦屋道満大内鑑」のパロディーである上方落語の「天神山」は、安居神社（大阪市天王寺区逢阪《おうさか》）が舞台となり、「恋しくば訪ね来てみよ、南なる天神山の森の中まで」を残して母狐が去るところでサゲになる。また、懐かしい芸人さんだが、三味線漫才トリオの「三人奴《さんにんやっこ》」の逆から文字を書いたり、筆を口にくわえて障子に書く「葛の葉の曲書き・障子抜け」は見事な芸であった。

話は広がったが最初に戻り、蕪村の句にいう陰陽師が驚いた卦が何か、瑞兆《ずいちょう》か凶兆か、皆さんはどう思いますか。

第二九景　大正ロマンの画家スミカズの世界

竹久夢二　宇崎純一　波屋書房「辻馬車」

〝大阪の夢二〟を謳われた画家をご存じだろうか。「宵待草」で知られる竹久夢二（一八八四〜一九三四）――。大正ロマンあふれる美人画を描き、雑誌の小さな挿絵（コマ絵）を集めた『夢二画集』や、絵はがき、「セノオ楽譜」の表紙絵でも人気を博した。夢二のいわば大阪版と言われた画家が宇崎純《すみ》一《かず》（一八八九〜一九五四）である。難波の書店、波屋書房と関係が深く、明治末から大正時代に一世を風靡したが、戦後ながらく忘れられていた。

時代の雰囲気を尊重して純一を〝スミカズ〟と書くことにしよう。スミカズは、父の代に播磨から大阪に移り、難波南海通で居酒屋、玩具屋などを営んでいたらしい。明治四〇年代、情感あふれる夢二作品に触発されて描いた「スミカズエハガキ」「スミカズカード」を家村文翫堂《いえむらぶんがんどう》から発行したほか、『絵画の手本』『続絵画の手本　森の花』『スミカズ画手本』『ポケット画手本』など絵の手本も刊行した。誰もが平易に描けるように簡潔にものの形をとらえ、家庭の日常、仕事やスポーツをする人々をはじめ、子供たちが喜びそうな動物、昆虫、魚類、植物から飛行機、船、機関車まで的確に特徴をとらえ、『北斎漫画』のように多角度から描き分けている。

スミカズが大阪の著名人だったことは、大正一四年（一九二五）、第二次市域拡張で日本最大のマンモス都市〝大大阪〟になって開催された「大大阪記念博覧会」の中心展示の一つ「女の大阪」の

陳列意匠と絵画を担当したことでもわかる。大阪の女性の百科事典を意味する「大阪婦人のエンサイクロペヂア」をテーマとし、「大阪婦人団体の活動」を中心に「大阪の女性史に輝く人々」ほか四つのセクションからなっていた。前年の大正一三年（一九二四）には、創刊されたばかりの川柳雑誌「大大阪」の表紙絵も描いている。

スミカズの作品は、前半は明治期の挿絵とアールヌーボー調を受けた竹久夢二風の〝大正ロマン〟を意識し、後半は、アールデコ調に転じた都会らしい〝昭和モダニズム〟風の作品を描いた。昭和の作品には最新の都会風俗を取り上げ、「モガ姫出勤の図」「反モダン婦人」「海水着がだんだん……」「カフエーの女」など、モダンで洒脱な雰囲気をただよわせている。

それもそのはず、小説家の藤沢桓夫《たけお》の証言では、道頓堀の高級喫茶「ライオン」に昼間、顔を出すのが「金持の旦那衆」や「画家など芸術関係の仕事の人」であり、その一人の「口髭を生やして近眼鏡をかけた小太りの人」がスミカズであった。「毎日ディレッタント生活を楽しんでいる風」があったという。都会の中に隠棲しているかのようで時代に鋭敏に反応

多彩な「スミカズカード」（大浦一郎氏蔵）。右より「浜寺にて」「木陰」「ゆきだるま」

し、心優しいイラストを描いたユニークな美術家だった。

後に波屋書房を開業し、その経営に携わった弟の宇崎祥二も、「辻馬車」など重要な同人誌の発行元として大阪の近代文学史に名を残している。現在も波屋のブックカバーはスミカズのデザインである。

最近ようやく大阪でも、戦前の爛熟した大阪らしい文化芸術が再認識され、評価されるようになった。平成二二年（二〇一〇）に大阪市立中央図書館で「大正ロマンの画家・スミカズの優しき世界宇崎純一展」が開催され、平成二四年（二〇一二）には堺市の与謝野晶子文芸館（現・与謝野晶子記念館。「さかい利晶の杜」内）で「大阪の夢二　宇崎スミカズと華やかな大阪出版文化」が開催された。

大阪には、このほかまだまだ再評価されるべき偉人たちが忘れられたまま放置されている。それを正しく評価して顕彰するのが、現代の大阪人たる私たちのつとめだろう。

第三〇景　「しゃれことば」好きの大阪人

前田勇　牧村史陽

船場の古美術商に「〝夏のハマグリ〟を知ってはりますか」と聞かれた。そのこころはいかに？

「夏は暑いのでハマグリをほっておくと身《み》が腐る。しかし貝殻は腐らない。〝夏のハマグリ〟とは身腐って貝腐らん、つまり見くさって買いくさらんという冷やかしの客を指すしゃれ言葉ですわ。

同じハマグリでも、江戸っ子の〝その手は桑名の焼きハマグリ〟と感性が違いますやろ。大阪のしゃれ言葉は、由緒ある商売のまちやからこそ発達したもので、身を削る厳しい商談でも、一言で

人間関係を和ませます。最近の大阪は〝赤子《あかご》の行水《ぎょうずい》〟――盥《たらい》で泣いてる（金が足らいで泣いてる）人も多くてギスギスしてますが、天下の台所やった大阪らしいこころのゆとりを失ったらあきまへんで……」

という話になった。

他にもこんな言葉がある。「うどん屋の釜」で湯ウばっかり（言うばっかり）、「竹屋の火事」でポンポン言う、「やもめの行水」で勝手に湯ウとれ（言うとれ）、「安物のお稲荷さん」で鳥居（取り柄）がない、「妹の嫁入り」で姉（ねえ）と相談つまり値《ね》エと相談、「うどん屋の鰹」でダシ（出し）ぬかれた、「幽霊のお手討」で死骸（仕甲斐）がない、「猿のしょん便」で木（気）にかかるなどなど。「牛のおいど」でモウの尻（もの知り）、「黒犬のおいど」で尾も白《しろ》ウない（面白うない）などもある。

しゃれ言葉の豊富さは大阪の誇りでり、前田勇（一九〇八～一九七二）『浪花しゃれことば』（むさし書房、一九五

三味線に喰われる太夫（左）と人を茶にする（右）（『諺臍の宿替』一荷堂半水作、歌川芳梅画より）

五年）、牧村史陽（一八九八～一九七九）編『大阪ことば事典』（講談社、一九七九年）など、碩学《せきがく》も真面目にそれを論じた。

私が小学生の時分、うちの親父はよく「高野山に行ってくるわ」と言って走っていた。高野山といっても弘法大師が開いた金剛峯寺ではない。「トイレの神様」という歌が流行ったのでお許し願いたいが便所のことである。トイレを意味する「かわや」の音が高野に転じたともいうし、落語には谷底に落とす天然の水洗便所が出てくる小咄《こばなし》「高野雪隠《こうやせっちん》」がある。高野山で僧籍に入り剃髪《ていはつ》するので、高野で髪を落とす……紙をおとす……という説も捨てがたい。

今回載せる図版は何がいいか悩んだが、〝雪隠の火事（やけくそ）〟で、しゃれ言葉とは逆に文字をそのまま何の解釈もせずに絵にした滑稽な作品を紹介しましょう。

幕末の大坂で刊行された「諺《ことわざ》臍《へそ》の宿替《やどがえ》」である。「人を茶にする」は、人間ティーバッグを描いて言葉そのまま。「三味線に喰われる太夫」は、脇役が主役を食うという意味だが、字句どおり絵にすると頭が三味線になった怪人が太夫にかぶりつく図となる。文章もふるっていて、「ふし」がない下手くそな太夫を、節《ふし》のないネギ（葱）に見立て、三味線が葱《ねぶか》太夫を食べると小便が臭くなるとぼやいている。

しゃれ言葉はひねりの笑い。こちらは字句どおりに真っ直ぐ解釈して笑いの別天地にワープするタイプ。五〇〇近いことわざがこの調子で絵画化されている。しかし、なんにしても昔から大阪人は尻やらトイレやら下ネタが大好きやったんですな。〝赤子のしょん便〟、つまり、ややこ（赤子）シィことです。

第三一景　元禄時代の三文豪で年末年始を思う

井原西鶴　松尾芭蕉　近松門左衛門

月日は百代《ひゃくだい》の過客《かかく》にして、年の瀬にこの原稿を書いている。元禄時代を代表する文豪、井原西鶴（一六四二～一六九三）、松尾芭蕉（一六四四～一六九四）、近松門左衛門（一六五三～一七二五）で年末年始をまとめてみよう。三人とも大坂と関係が深い。西鶴も近松も大坂が活動の本拠だが、芭蕉も南御堂前の花屋仁右衛門邸で没し、御堂筋の緑地帯に、終焉の地の碑がある。

年末といえば「節季払《せっきばら》い」で、江戸時代の商家では、盆と暮れにまとめて集金する習慣があった。それを鋭く浮世草子にしたのが西鶴の『世間胸算用』（元禄五年〈一六九二〉出版）である。大晦日に繰り広げられる貸し手と借り手の駆け引き、手練手管《てれんてくだ》を五巻二〇編に描く。副題もなんと「大晦日《おおつごもり》は一日千金」。年の瀬にしたたかに生きる庶民の姿を活写する。第一話のタイトルからして「流行小《はやりこ》袖《そで》は千種百品染《せんしゅひゃくしなぞめ》、大晦日の振手形如件《ふりてがたいかん》」で、西鶴らしいユーモアと哀感が漂っている。

一方、人形浄瑠璃の大劇作家・近松も一二月のドラマを書いている。宝永四年（一七〇七）に道頓堀で初演され、今も文楽や歌舞伎で上演される、有名な「心中《しんじゅう》重井筒《かさねいづつ》」である。舞台は一二月一五日、大坂上町《うえまち》にある紺屋（染め物屋）である。

幕が開くと、正月前なのに店にいるよりも外を出歩く主人・徳兵衛を、丁稚が替え歌で、「正月の前の際々に旦那《だんな》ン殿《どの》　外が内、お神酒過《みきすご》してうかうかと……」と小馬鹿にし、商売はお内儀のお辰

に任せっぱなしで、注文を受けた誂《あつら》え物やら、年末の支払をどうしますことやらと心配する。徳兵衛は入り婿だが、遊女お房《ふさ》と馴染みを重ね、妻のお辰に無断で借金をする。それが発覚して今後一切、縁を切ると約束しながらも、結局、哀れ二人は心中するのである。年の瀬に起こった悲劇が、近松らしい美しくも強い文章で書きあげられている。

と、話が深刻になったところで、年が明けたとして、芭蕉の正月の句を取り上げる。貞享五年（一六八八）、故郷・伊賀上野で新年を迎えた芭蕉は、行く年の名残を惜しんで大晦日から酒を呑んでいると、久しぶりの帰郷でリラックスし、寝正月になってしまった。俳聖芭蕉もまた人の子だったん

上：井原西鶴墓（大阪市中央区上本町西４丁目、誓願寺内）
中：近松門左衛門墓（大阪市中央区谷町８丁目）
下：芭蕉終焉の地碑（南御堂前の御堂筋分離帯）

ですな。そこで次の句、

「宵のとし、空の名残おしまむと、
　酒のみ夜ふかして、元日寝わすれたれば、
　　二日にもぬかりはせじな花の春」

元禄四年（一六九一）の正月には次の句も、

「三日口を閉《とじ》て、題正月四日
　大津絵の筆のはじめは何仏《なにぼとけ》」

東海道を往来する旅人の土産であった大津絵には、いろいろな仏さまが描かれたが、年始の初仕事に職人が、どの仏を選んで描くのだろうといった意味。元日から三日間、口を閉ざして句をつくらず、四日につくったという設定も、この句自体、三箇日が明けての新年の初仕事の句であることを示している。

第三二景　道頓堀ジャズの時代

服部良一　日比繁治郎『道頓堀通』　貴志康一

〝道頓堀ジャズ〟という言葉をご存じだろうか。少年時代に道頓堀の出雲屋音楽隊に入っていたポップスの大作曲家・服部良一（一九〇七〜一九九三）は、その自伝『ぼくの音楽人生』（中央文芸社、一九八二年）の第一章を「道頓堀ジャズ」と題し、戦前の道頓堀の街が、〝ジャズ〟のメッカ、ニューオーリンズのようだったと記している。服部の曲はモダンで洗練され、〝日本のガーシュイン〟とも讃えられている。ロシアから亡命した音楽家エマヌエル・メッテルに学び、大阪フィルを率いた指揮者の朝比奈隆と同門になることも面白いが、その服部が、大阪人としての愛着をこめて〝道頓堀ジャズ〟という言葉を呼び起こしているのである。

大正末から昭和初期、道頓堀のカフェーやキャバレー、ダンスホールで盛んに〝ジャズ〟が演奏された。この場合の〝ジャズ〟は、シャンソンやラテンなども含み、海外から新しく入った広い意味の軽音楽を指す言葉で、踊るための音楽、ダンスのための音楽であるという。レトロ調に記せば〝カフェ〟は〝カフエ〟であり、「道頓堀行進曲」でも〝カフエ〟の発音で歌われている。

鹿鳴館では、不平等条約改正のための欧化政策として円舞会が催されたが、明治以降、日本では、西洋音楽を摂取するに際し、動かずにじっと鑑賞する習慣ができた。周防正行監督の映画『Shall We ダンス？』（一九九六年）でも、いまだ一般の日本人は社交ダンスを踊るのが照れくさいのではないか。その習慣を最初に破り、ひろく大衆が踊りだすきっかけとなったのが〝ジャズ〟だとされるのである。

昭和五年（一九三〇）刊の案内記『道頓堀通《つう》』（四六書院、通叢書の一冊）には、「道頓堀の交響楽」の章があり、「道頓堀行進曲」の作詞者・日比繁治郎《ひびしげじろう》が「電飾《イルミネーション》と雑音の交響楽。それに一段の近代味を加えて道頓堀は、最近、昭和時代に入るとともに、一層狂燥的乱舞時代に入ってしまった（中略）ジャズ的狂燥曲が吾人《ごじん》の耳朶《じだ》をつんざくばかり」とレポートしている。クラシックでも、ベル

リン・フィルを指揮して貴志康一《きしこういち》が録音した自作の管弦楽曲「道頓堀」に〝ジャズ〟の雰囲気があるかもしれない。

当時の道頓堀には、松竹座ジャズバンド、河合ダンス団、フィリピン人のカールトン・ジャズバンドや、カフェー専属の赤玉ジャズバンド、美人座ジャズバンドがあり、曲では「オリエンタルダンス」「バレンシア」「マイブルーヘブン（私の青空）」「テルミー」「アラビアの唄」などが一世を風靡した。

カフェーやキャバレーの広告チラシにも、〝道頓堀ジャズ〟の街の熱気が記録されている。昭和二年（一九二七）三月に道頓堀・中座東隣に開店した「南地《なんち》赤玉」のチラシ広告には、黒人のジャズバンドが登場し、最もモダン、メロディーの珍客、異国情調の代表などと宣伝され、同年一〇月に道頓堀川に面して登場したキャバレー「道頓堀赤玉」のチラシにも「ジャズバンド毎日演奏」と記された。店の内装も「ローマ大宮殿」「伊太利ベニス情調」「古代エジプト風」などを謳い、エキゾチシズムに満ちている。

「道頓堀赤玉」は、後に心斎橋・そごうや難波の新歌舞伎座（現在はホテルとして改築）で知られる建築家・村野藤吾《とうご》が増改築し、パリのムーラン・ルージュを模した風車のネオンのまわる姿が溝口

右：川柳雑誌「番傘」表紙写真より、道頓堀とキャバレーの夜景
左：大阪で発行された流行歌の歌詞集『カフェーの唄』

健二の映画『浪華悲歌《なにわえれじい》』に写されている。織田作之助の小説『雪の夜』にも、「あたりの空を赤くして、ぐるぐるまわっているのを、地獄の鬼の舌みたいや」と風車が登場し、「突如としてなかから楽隊が鳴ったので、びっくりした拍子に、そわそわと飛び込み、色のついた酒をのまされて、酔った」と主人公に体験させている。

盛り上がった〝道頓堀ジャズ〟だが、大正一五年（一九二六）一二月二五日に大正天皇が崩御されたにもかかわらず、クリスマスと重なって踊り騒いでいたことで、次第に警察に締めつけられることになる。ついに大阪からダンスホールはなくなり、神崎川を越えて隣県、阪神国道沿いの尼崎、杭瀬《くいせ》へと移っていった。

道頓堀というと演歌のイメージがあるかもしれないが、世界に開かれ、モダンで躍動した音楽の街であったことは再認識されてもよい。往年の活気が道頓堀にふたたび戻らんことを。Play Once More Again!（もう一回！）

第三三景　釣鐘づくし音色いろいろ

四天王寺の引導鐘　釣鐘屋敷　釣鐘まんじゅう　みおつくしの鐘

三月はお彼岸である。大阪でお彼岸といえば四天王寺……、四天王寺といえば、愛犬の供養に四天王寺の引導鐘《いんどうがね》を撞《つ》くと、「くわーん」と犬の鳴き声のように鐘が鳴り、「ああ。無下性《むげっしょう》にはどつけんもんや」で終わる落語「天王寺詣り」である。四天王寺には私もよく母に連れられ、先祖の名を書いた経木を鐘堂で供養してもらい、亀の井に流しにいった。

釣鐘は大阪とゆかりが深い。鶴満寺《かくまんじ》（大阪市北区長柄東）の釣鐘は、西暦換算で一〇三〇年の銘のある朝鮮銅鐘《どうしょう》で国の重要文化財だし、学生時代の文化財調査で、高津《こうづ》（大阪市中央区）付近で鋳造された梵鐘《ぼんしょう》が東京の寺院にあって驚いた。『摂津名所図会』には、高津付近の南瓦屋町の瓦職人の工房が載り、瓦職人と同様に、型をつくり、かまどの火を操る鋳物師《いもじ》も付近にいたのである。

さらに鐘といえば大晦日が楽しみだ。毎年、高津宮《こうづぐう》で新年のカウントダウンを迎えるが、周囲からたくさんの除夜の鐘が鳴り響いてくる。付近は中寺町《なかでらまち》で、寺院の数に煩悩の数一〇八つを掛けると、いくつの数の鐘が響いているのだろう。煩悩の数も無数である。それに、音色も寺ごとに違う。不思議な梵鐘のハーモニーが大晦日の夜空に交錯する。

大阪ゆかりの釣鐘の話を三つしよう。まず、釣鐘屋敷をご存じだろうか。寛永一一年（一六三四）三代将軍家光は、大坂の地子銀《じしぎん》を免除する布告をだす。その御礼に設けられたのが釣鐘屋敷（大阪市中央区釣鐘町）で、江戸時代を通じて時刻の鐘が鳴らされた。大正一五年（一九二六）に新築された大阪府庁の屋上に釣鐘は移されたが、昭和六〇年（一九八五）に地元の要請から鐘は釣鐘町に戻され、ふたたび時を告げるようになる。次が、四天王寺にあった世界最大の大釣鐘である。明治三六年（一九〇三）に開催された第五回内国勧業博覧会は日本最初の世界博でもあったが、同じ時に聖徳太子一三〇〇年の御遠忌《ごおんき》を記念して鋳造されたのが、高さ七・八メートル、直径四・八メートルの大釣鐘である。制作は、同じく高津付近にあった今村鋳造所。各種の大阪案内やチラシにも描かれ、大阪

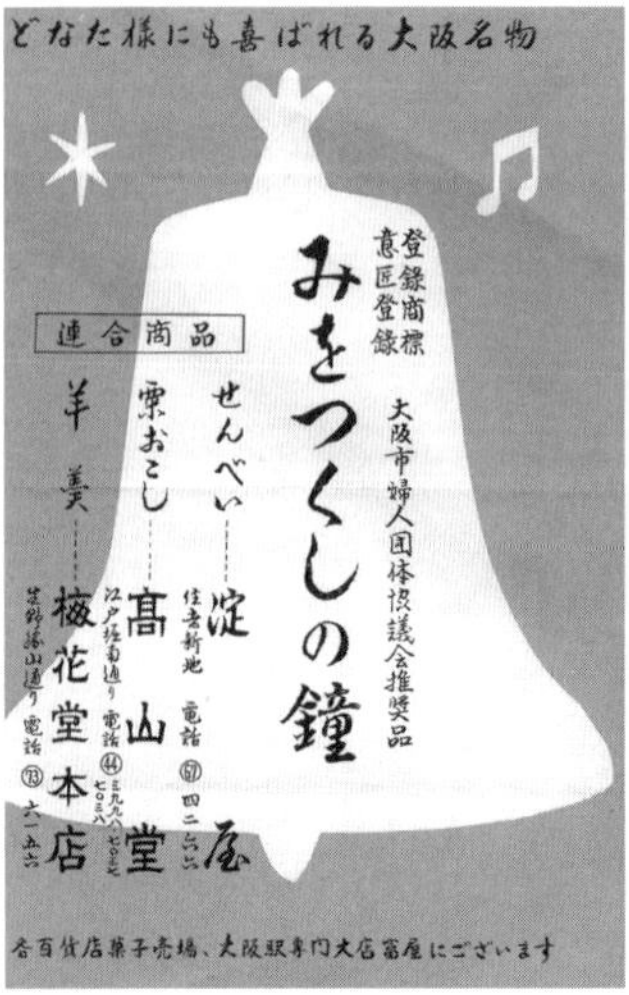

遊覧の名所となった。鐘楼《しゅろう》も巨大で、日本画家・湯川松堂《しょうどう》が天井画を描いている。戦争で大釣鐘は供出されたが、鐘楼は戦死者を供養する「英霊堂」として残されている。完成記念に販売されたのが、今も四天王寺の名物「釣鐘まんじゅう」である。なお、鐘が大きすぎて実際に鳴ったのは、開眼供養《かいげんくよう》と供出時の法要の二回だけとされる。「見かけは立派だが、いつも黙っている」ような人を揶揄する時、大釣鐘にたとえることもあったらしい。

右上：映画『みおつくしの鐘』試写会パンフレット

左上：同パンフレット裏面の「みおつくしの鐘」菓子広告

下：釣鐘屋敷（大阪市中央区釣鐘町）

そして、大阪市民の誰もが知るのが「みおつくしの鐘」だ。洋式の銅鐘で、昭和三〇年（一九五五）に青少年保護のため、婦人団体協議会が募金を集め、毎夜一〇時を告げる鐘を大阪市に寄付して旧市庁舎の塔に設置した。鐘の口径は約一・二六メートル、全長約一・八二メートル、重さ約八二五キログラム。鐘には市章のみおつくしと母子像、手をつなぐ子供たちがデザインされ、次の銘文が浮彫りにされている。

「鳴りひびけみおつくしの鐘よ／夜の街々にあまくやさしく／〝子らよ帰れ〟と／子を思う母の心をひとつに／つくりあげた愛のこの鐘」

終戦復興から一〇年。まだまだ社会は貧しく、非行に走ったり、厳しい生活環境に置かれていた子供たちも多かったのだろう。浦辺《うらべ》粂子《くめこ》や西村晃《こう》が出演した教育映画『みおつくしの鐘』が制作され、せんべい・栗おこし・ようかんなど三種類のお菓子「みおつくしの鐘」も販売された。

釣鐘とお菓子はいつの時代にも結びつきやすいものなんですね。釣鐘型のスイーツやショコラも、どこかにあるのかも……。

第三四景　桜咲く国のカクテール

OSK日本歌劇団　少女歌劇団　岸本水府

春爛漫の花見の宵の酔い心地、桜にちなんだ話である。

戦前の大阪のモダニズムを伝える広告やパンフレットを調べていて、中之島に架かる大江橋の北側に建つ堂島ビルディング（略して堂ビル）にあったレストラン「サロン・タカハシ」のワインリスト・メニューが目についた。堂ビルは、大正一二年（一九二三）に市庁舎の対岸に竣工し、最上階に屋上庭園を自慢するホテルがあった。「サロン・タカハシ」の本店は心斎橋だが、海外からの来客も意識してか、メニューを見るとシャンパンやウィスキー、ブランデー、ワイン、ジンなど充実し、カクテルだけで二十数種がリストアップされている。

驚いたのが、リストにある〝桜咲く国のカクテール〟である。大阪のモダニズムを象徴するカクテルには、大正中期に道頓堀に開店し、画家や音楽家、役者など、芸術家の拠点となったカフェー「キャバレー・ヅ・パノン」に名物「五色の酒」があり、赤（ストロベリー・リキュール）、緑（ペパーミント）、白（マラスキノ）、黄（キュラソー）、茶（ブランデー）など、五種類の比重の異なるリキュールが五層になった美しいカクテルだった。

〝桜咲く国のカクテール〟の何に驚いたのか。ご存じの方には今さらだが、この名前は、現在のOSK日本歌劇団の源流であり、大正一一年（一九二二）に大阪で創設され、宝塚歌劇団、松竹歌劇団（SKD）と並ぶ三大少女歌劇の一つである松竹楽劇部が、昭和五年（一九三〇）に道頓堀の松竹座公演「春のおどりさくら」で発表して以来、テーマソングとしてきた「桜咲く国」と同じだからである。

〝桜咲く国、桜、桜、花は西から東から……〟と歌われる「桜咲く国」の作詞は、大阪を代表する川柳作家の岸本水府《すいふ》（一八九二～一九六五）、作曲は松本四良《しろう》である。岸本水府は川柳雑誌「番傘」を

COCKTAIL （カクテール）

80	Salon	サロン高橋カクテール	¥ 1.20
81	Cherry-land	櫻咲く國のカクテール	1.00
82	Maple-land	紅葉する國のカクテール	1.00
83	Absinth	アブサン	1.20
84	Alaska	アラスカ	1.00
85	Bamboo	バンブー	.70
86	Bacardi	バカデー	.70

創刊して文芸の世界で活躍するとともに、コピーライターとしても活躍し、「福助足袋」「寿屋（現・サントリー）」「桃谷順天館」などの広告や、「グリコ」では広告部長をつとめて「一粒三〇〇メートル」のアイディアにも関わったともいう。道頓堀には水府の句碑がいくつかあり、田辺聖子さんに評伝『道頓堀の雨に別れて以来なり――川柳作家・岸本水府とその時代』があって有名である。

「サロン・タカハシ」のリストには、〝桜咲く国のカクテール〟の次に〝紅葉する国のカクテール〟がある。これにも水府が関係したかは不明だが、値段はコーヒーが五〇銭、国産ビールが七〇銭に対してどちらも一円であり、カクテルの英語名はそれぞれ〝Cherry-land〟〝Maple-land〟であるのが

上：「サロン・タカハシ」のカクテルメニュー（部分、¥1.20は１円20銭の意味）
中：法善寺横丁のバー「路（みち）」にて再現を試みた「五色の酒」
下：「春のおどり」パンフレット

かわいらしい。「桜咲く国」は今もOSK日本歌劇団の象徴であり、ご興味のある方は、メニューにある堂ビル一階の高橋食堂「電話北五八九〇」へお問い合わせを……と言いたいが、むろん電話は通じない。春の夜の昔話である。

第三五景　商売繁盛の神様メルクリウス

大阪市中央公会堂　OMMビル　大阪市章

大阪の商売繁盛の神として信仰を集めるのが、「十日戎《とおかえびす》」で賑わう「えべっさん」や、店舗や事務所に神棚がある「お稲荷さん」だが、近代大阪に祀られた日本伝来ではない商売の神様といえば、通天閣おなじみのビリケンさんのほかにも、商都の象徴にふさわしい、それこそ商工会議所の公認と言えそうな神様がいた。メルクリウス（Mercurius、英語名マーキュリー）である。

古代ローマの浴場設計技師がタイムスリップして現代日本に出現する、ヤマザキマリさんの漫画『テルマエ・ロマエ』が人気を博し、阿部寛・上戸彩主演で映画化されて、物語の舞台であるイタリアでも封切られたが、メルクリウスも古代ローマの神である。ギリシア神話のオリンポス一二神の一人であるヘルメスと同一視され、ヘルメスの特徴である翼のある丸い帽子をかぶり、翼のあるサンダルを履いて、二匹の蛇が巻きついた「カドゥケウス」と呼ばれる杖を持った若者である。父である最高神ユピテル（Jupiter、英語名ジュピター）の使者をつとめるほか、雄弁であり、商業や盗人の

神、旅人の守り神とされた。

　大阪とメルクリウスがどこで結びついているかを知るには、中之島に行き、大阪市中央公会堂の屋根を見上げるのがよいだろう。正面の円形の屋根の上で、ミネルヴァとともに商業の神としてメルクリウス（公会堂では「メルキュール」と記している）の銅像が大阪の街を見下ろしている。大正七年（一九一八）竣工時の銅像は戦争中に供出されて失われ、現在ある像は近年の公会堂修復で再現されたものだが、当初の像をつくるにあたって下図を描いた洋画家の松岡壽《ひさし》の原画（大阪中之島美術館蔵）にもメルクリウスの特徴的な姿が描かれている。

　それだけではない。昭和三年（一九二八）に認可された旧制大阪商科大学（現・大阪市立大学）の校章も、メルクリウスの翼が市章のみおつくしとともにデザインされている。これは一橋大学の前身である東京高等商業学校が、明治二〇年（一八八七）からメルクリウスの杖を校章に用いたことにさかのぼり、メルクリウスの杖は、東京高商の以後に設立された各地の商業学校の校章にも用いられた。大阪商科大学の場合は、大正一二年（一九二三）に第七代大阪市長と

右：大阪市中央公会堂正面のアーチ状の屋上にあるメルクリウス（左）とミネルヴァ（右）の像

左：大大阪記念博覧会のポスター（1925年）

なった関一《せきはじめ》が、東京高商の教授から大阪市に招かれていたこととも関係するかもしれない。二匹の蛇は叡智を象徴し、翼は世界をまたにかけて活躍することを意味している。

さらに大正一四年（一九二五）、大阪毎日新聞社主催、大阪市後援で開催された「大大阪記念博覧会」で一〇万枚も印刷されたポスターにも、オリンピック選手のように聖火のたいまつを持つメルクリウスとおぼしき青年が描かれている。メルクリウスの翼のある帽子をかぶっているし、聖火と混同して描かれたきらいもあるが、高く掲げられた右手が持つのは翼と二匹の蛇の形から「カドゥケウス」の杖だとわかる。

また、昭和一〇年（一九三五）に心斎橋筋に竣工した、そごう百貨店の外壁を飾った藤川勇造の彫刻「飛躍」の青年像も、背中に翼をつけており、メルクリウスと結びつくかもしれない。なかなか近代の大阪人は気宇壮大、国際色豊かで洒落てたんですな。いやいや戦後も、昭和四七年（一九七二）に天満橋のOMMビル（大阪マーチャンダイズ・マートビル）の前に、大阪万博のイタリア館に出品された彫刻家ジャン・ボローニャ作品「メルクリウス」（フィレンツェ、国立バルジェルロ美術館蔵）の立派な複製が置かれている。

さて、古代ローマで五月一五日は商人の祝日「メルクリウスの日」であった。季候《きこう》の良いこの時期、散策がてら商売繁盛の祈願をかねて、中之島で公会堂の屋根を眺め、OMMビルへと足を延ばすのはいかがだろう。

第三六景　世界に名を馳せた戦後大阪のアバンギャルド芸術

具体美術協会　グタイピナコテカ　吉原治良

「オオサカがとんがっていた時代――戦後大阪の前衛美術焼け跡から万博前夜まで」という展覧会を平成二五年（二〇一三）に大阪大学総合学術博物館で開催した。大阪を考えるうえでこのテーマは重要だ。

大阪が繁栄した黄金時代はいつだろう。太閤さんの昔にさかのぼらないでもよいが、大正末に第二次市域拡張し、人口・面積とも東京市を抜いて日本第一、世界第六位のマンモス都市〝大大阪〟になった時代もピークの一つだろう。この時は地下鉄や御堂筋など都市基盤だけではなく、文化都市の建設を市民全員で進めようという気概があり、天守閣復興や市立美術館や電気科学館も建設されている。

しかし、戦争が勃発し、大阪も戦時体制に組み込まれて、空襲で焼き尽くされてしまう。昭和二〇年（一九四五）の夏の暑い晴れた日、焼け野原に立った大阪の美術家たちが、戦後、どのように美術を復興し、世界に発信しようとしたかが展覧会のテーマだった。

現代の大阪は「お笑い」と「こなもの文化」の街のように言われているが、戦後は尖端的な〝アバンギャルド（avant-garde）〟――前衛芸術の拠点であった。昭和二〇年代、美術団体が結成され、斬新な表現を求めて試行錯誤を重ねていく。池田遊子《ゆうし》の「生活美術連盟」、瑛九《えいきゅう》の「デモクラート美術

グタイピナコテカ前に立つ吉原治良（1962年）

家協会」も大阪を本拠に設立され、京都の日本画の革新団体「パンリアル美術協会」も大阪市立美術館で展覧会を開催する。

なかでも大阪を拠点に、当時から世界で評価が高く、近年も見直しが進んでいるのが「具体美術協会」である。吉原治良《よしはらじろう》（一九〇五～一九七二）を中心に結成され、元永定正《もとながさだまさ》、白髪一雄《しらがかずお》、村上三郎、嶋本昭三、田中敦子らが活躍した。

足でカンバスに描く白髪の作品や、無数の電球を吊り下げた田中の電気服のように、彼らの作品は独創的で、〝とんがった〟精神が生み出す芸術であった。昭和三七年（一九六二）には、中之島の朝日新聞社の近くに吉原製油の蔵を改装した「グタイピナコテカ」が開館し（ピナコテカは絵画館の意味）、世界からジャスパー・ジョーンズやラウシェンバーグなどの画家や、ジョン・ケージなどの前衛作曲家が来訪する。

東京の批評家たちから無視されていた「具体美術協会」が、フランスの批評家ミシェル・タピエによって知られ、海外から評価が高まったことも有名だ。近年もポンピドゥー・センターやニューヨーク近代美術館、グッゲンハイム美術館などで回顧展が開かれた。

現代日本は、美術館も博物館も採算性のことを言い過ぎる。大阪にしても、もっと精神的に大事にすべきものもあるだろうし、世界に名を馳せた戦後大阪の芸術運動も知らずに、現代大阪の文化を論じるのはあまりにも不勉強である。……ということで企画した展覧会だが、タイトルをみて「つまり今の大阪は衰退しているというわけですな」とつぶやいて帰った入館者がいた。実際そうかもしれない。いや、そのままで終わらないことを願って開催したんですが……。

第三七景　大阪くらしの今昔館で「肝だめし」

怪談　上田秋成『雨月物語』　大念仏寺「幽霊博物館」

「〝怪談〟や〝お化け屋敷〟で涼みましょと言われても、夏の暑さに熱中症や地球温暖化問題を考えた方が、ゾッとして怖い」と言われそうだが、なにせ蒸し暑い日本である。幽霊や妖怪などの怖い話を聞いたり、見世物興行の〝お化け屋敷〟で涼しくなるというのは夏の風物詩であり、どこか懐かしくもある。

大阪は〝怪談〟と関係が深い。古くは、曽根崎に生まれ、医者を開業していた上田秋成《あきなり》（一七三四～一八〇九）が、近世文学の金字塔である怪異小説集『雨月物語』を書いている。『雨月物語』は名匠・溝口健二監督によって映画化され（一九五三年公開）、ベネチア国際映画祭では銀獅子賞をとっているので世界に知られた物語であろう。他に、「婆々畳《ばばあだたみ》」「禿雪隠《かむろせっちん》」などネーミングのセンスがなんともな大坂城の〝怪談〟があったり、国文学者の高田衛《まもる》先生が江戸から明治の〝怪談〟を集めた『大坂怪談集』（和泉書院、一九九九年）も刊行されている。実話怪談のブームに火をつけた『現代百物語新耳袋』の著者・木原浩勝、中山市朗の両氏も大阪芸術大学の出身で、全一〇巻に及ぶ同シリーズ

橘義陳『宝つかみ取』（文化9年〈1812〉）の挿絵

に大阪を舞台としたエピソードも数多く収録され、〝怪談〟を楽しむイベントも各所で行われるようになった。

読んだり聞いたりして想像力を刺激される〝怪談〟に対して、体ごと五感で恐怖を体験する空間が〝お化け屋敷〟だろう。私の子供時分、近所の神社の夏祭りには二軒もお化け屋敷が出て、「こわくない愉快なお化け屋敷、楽しいお化け屋敷」と呼び込んでいたのが印象的だった。

天神橋筋六丁目駅前にある「大阪くらしの今昔館（大阪市立住まいのミュージアム）」も、かつて夏になるとボランティアさんたちの手づくりで「今昔館で「肝だめし」」を開催したことがある。大阪くらしの今昔館には幕末の少し前、一八〇〇年前の大坂の町並みが再現されており、復元された町家が密集する大坂の町に、傘化け、提灯《ちょうちん》お化け、火の玉や幽霊、妖怪が跳梁跋扈《ちょうりょうばっこ》した。お化け役もおどかし方のツボを心得ている上に面白くもあり、建物が仮設ではなく本物だけに迫力があったろう。

また、平成二五年（二〇一三）の大阪歴史博物館の特別展「幽霊・妖怪画大全集」が好評だったように、幽霊、妖怪を描いた絵も人気がある。融通《ゆうずう》念仏宗の総本山、平野区の大念仏寺では、地域が一体となった「平野町《ひらのまち》ぐるみ博物館」の一環として毎年八月の第四日曜日に「幽霊博物館」を開館する。幽霊が残した「亡女《もうにょ》の片袖」と、「累怨霊《かさねおんりょう》の図」「平 知盛《たいらのとももり》亡霊図」など、幽霊画の掛け軸一二点が公開される。

ここに掲載した図は、仏教書『宝つかみ取』（文化九年〈一八一二〉刊）にある亡霊図である。文化六年（一八〇九）、淀屋橋南詰の讃岐問屋の船頭・金松屋《かなまつや》吉兵衛が「助けてくれ、恐しや恐しや」と錯乱した。商用で谷町から農人町付近を歩いていると、「我を負うてくれよ」の声がして何かが背中へ飛びつき、重さは山のごとく、悪寒《おかん》が止まらなくなった。そこで四国八十八箇所を二一回も巡礼したという、霊験あらたかな本書の著者である橘義陳《ぎちん》の登場である。「邪霊散《じゃれいさん》」なる薬を用いたら三日目に回復したという。薬の名前も怪しげだし、宗教宣伝の書物だろうが、プロレスラーなみの体型なのに弱った船頭とドクロ顔の坊主の奇怪な姿が妙にリアルである。私も雑用に追われ、こんな弱った顔で歩いているかもしれないと思うと、それはそれでゾッとする。

第三八景　生誕一〇〇年でよみがえる『夫婦善哉』

織田作之助『それでも私は行く』『可能性の文学』

大阪の小説家は多い。ノーベル賞作家の川端康成、「直木賞」の直木三十五をはじめ、梶井基次郎や野間宏、今東光《こんとうこう》、国民的作家である司馬遼太郎、山崎豊子、田辺聖子をはじめ、小田実《まこと》や開高健もエネルギッシュだった。小松左京、筒井康隆はSFから豊穣な文学に達し、さらに黒岩重吾、藤本義一も懐かしく、現在も多くの作家が純文学から大衆文学まで、幅広いジャンルで活躍している。

とりわけ大阪人から親しまれているのが、通称〝オダサク〟こと織田作之助（一九一三〜一九四七）である。

織田は大阪市南区（現・大阪市天王寺区）生玉前町に生まれ、旧制高津《こうづ》中学校（現・大阪府立高津高校）から第三高等学校（現・京都大学）に入学する。演劇に興味を抱くが、フランスの文豪スタンダールに刺激され、小説家を目指した。後には郷土の大先輩である井原西鶴にも触発される。昭和一三年（一九三八）に処女作『雨』を発表し、翌年に文芸雑誌「海風」掲載の『俗臭』が、室生犀星《むろうさいせい》の推薦で芥川賞を最後まで争った。昭和一五年（一九四〇）には、代表作として知られる『夫婦善哉《めおとぜんざい》』が改造社の第一回文芸推薦作品となり、本格的に文壇デビューした。

終戦後、『六白金星』『アド・バルーン』『世相』『競馬』を発表して一躍流行作家となる。坂口安吾、太宰治、石川淳らと〝無頼派〟と称され、読売新聞連載『土曜夫人』が佳境に入ろうとしていながらも、喀血し、昭和二二年（一九四七）一月一〇日に急逝した。墓所は楞厳寺《りょうごんじ》（大阪市天王寺区城南寺町）にある。

三四歳の若さで早世した織田作之助だが、大阪人に深く愛され、上町《うえまち》台地の口縄坂《くちなわざか》には、昭和一九年（一九四四）の「新潮」に発表された『木の都』の文学碑があるし、『夫婦善哉』の舞台である法善寺横丁には「行き暮れてここが思案の善哉かな」の句碑がある。昭和五九年（一九八四）には、大阪文学振興会により、作之助の名前を冠した文学賞「織田作之助賞」も設けられ、現在もつづいている。『夫婦善哉』に登場する千日前の「自由軒」に、

「トラは死んで皮をのこす

織田作死んでカレーライスをのこす」と書かれた額縁入りの写真が飾られているのはミナミのちょっとした名物だろう。

生誕一〇〇年となる平成二五年（二〇一三）には、NHKでも土曜ドラマで『夫婦善哉』が放送された。東映太秦《うずまさ》映画村に法善寺横丁のオープンセットをつくるほどの力の入れようで、近年発見された九州・別府が舞台の『夫婦善哉』続編も脚本に加えるなど、制作者の意欲が伝わってきた。『夫婦善哉』のドラマ化と言えば、昭和三〇年（一九五五）公開、豊田四郎監督の東宝映画作品が有名で、主人公の柳吉《りゅうきち》を森繁久彌、蝶子《ちょうこ》を淡島千景が演じた。NHKのテレビドラマでは、柳吉が森山未来、蝶子が尾野真千子であり、平成の時代の新しい『夫婦善哉』になっていた。大阪歴史博物館でも、織田文学の熱烈なファンクラブであるオダサク倶楽部を中心に、特別企画展「生誕100年記念織田作之助と大大阪」も開催された。

死の直前に書いた『可能性の文学』は、志賀直哉に代表される「私小説」を厳しく批判して話題になった文芸批評だった。小説の神様と呼ばれた志賀を批判する意気やよし。いかにも庶民的で権威に批判的な大阪人らしい批評精神である。昭和二一年（一九四六）に京都

右：トンビコートで颯爽と街を行くオダサク

左：『夫婦善哉』初版本（1940年、創元社）。装丁は田村孝之介

日日新聞に連載された『それでも私は行く』は、舞台も京都であり、サスペンス仕立てとなる内容から出来映えには賛否があるが、何事か決意を秘めて前のめりに進むようなタイトルそのものが、織田の未完の人生を象徴するようで、私は好きである。

第三九景　街に流れる大阪クラシック

小林秀雄『モオツアルト』　大植英次　朝比奈隆　貴志康一　大澤壽人　山田耕筰

昭和のはじめ、道頓堀を散策していた文芸評論家の小林秀雄（一九〇二〜一九八三）の脳裏で、モーツアルトの交響曲第四〇番ト短調の終楽章のメロディーが鳴り響いた。「僕の乱脈な放浪時代の或る冬の夜、大阪の道頓堀をうろついていた時、突然、このト短調シンフォニイの有名なテエマが頭の中で鳴ったのである」と評伝『モオツアルト』（創元社、一九四七年）の一節にある。

道頓堀というと歌謡曲や演歌の街に思われがちだが、戦前はジャズであり、劇場ではクラシック音楽のコンサートも開かれていた。小林の耳にはダンスホールのジャズや客引きの声などが聞こえていただろうが、そんな場所で、天の啓示のようにクラシックが鳴ったのが芸術の力を示して面白い。

街を歩いてクラシック音楽。こんなイベントが平成一八年（二〇〇六）からつづいている。九月の一週間を会期として、都心のビルやホテル、ホールを会場に開催される「大阪クラシック――街にあふれる音楽」である。プロデューサーは、大阪フィルハーモニー交響楽団の音楽監督をつとめ、現在は同楽団桂冠指揮者の大植英次《おおうええいじ》さんである。

　御堂筋や中之島界隈のビルやホテル、カフェなど三十数会場で、八十数公演が行われる。会場は、大阪市役所や中央公会堂、相愛学園、大阪弁護士会館、京阪なにわ橋駅アートエリアB1、証券取引所アトリウム、中之島フェスティバルタワーほか多彩である。

　演奏は、大阪フィルハーモニー交響楽団、大阪交響楽団、日本センチュリー交響楽団、関西フィルハーモニー管弦楽団などだが、文化芸術に無関心と言われてきた大阪という都市におけるオーケストラの歴史が、芸術を愛する先人たちの努力のたまものであることを、華やかなイベントのたびに思い返さざるをえない。

　大阪フィルハーモニー交響楽団は、昭和二二年（一九四七）、満洲から引き揚げてきた指揮者、朝比奈隆（一九〇八～二〇〇一）と関西財界の尽力で関西交響楽団として結成され、昭和三五年（一九六〇）に大阪フィルハーモニー交響楽団となる。

　日本センチュリー交響楽団は、平成二年（一九九〇）に都道府県唯一の吹奏楽団であった大阪府音楽団を発展的解消する

大阪クラシックの一場面（新ダイビルにて、撮影：飯島隆）

形で、大阪センチュリー交響楽団として設立された。豊中市に本拠を置き、平成二三年（二〇一一）に現在の名称となった。

大阪交響楽団は、昭和五五年（一九八〇）、民間の音楽愛好者によって大阪シンフォニカーとして設立された。「聴くものも、演奏するものも満足できる音楽を！」をモットーに、高名なトーマス・ザンデルリンクを客演指揮者に迎えて実力を養った。関西フィルハーモニー管弦楽団は、昭和四五年（一九七〇）設立のヴィエール室内合奏団からスタートし、企業メセナの一環として楽団が運営され、昭和五七年（一九八二）に現在名となる。ベートーベン、ブルックナー、シベリウスの交響曲全曲演奏のほか、関西ゆかりの作曲家貴志康一《きしこういち》（一九〇九〜一九三七）、大澤壽人《ひさと》（一九〇六〜一九五三）の作品も積極的に取り上げている。貴志康一は、自作「大管弦楽のための日本組曲」をベルリン・フィルを指揮して録音した天才音楽家で、組曲の第三曲「道頓堀」を聴くと、小林秀雄とは別の音楽が彼のイメージの道頓堀で鳴っていたことがわかる。

市民のクラシック音楽への愛情を考える時、昭和三〇年（一九五五）公開の映画『ここに泉あり』を思い出す。敗戦後の衣食住にも困る時代、高崎の市民オーケストラが困難を乗り越えて群馬交響楽団へと成長する姿を実話をもとに描き、岸恵子、岡田英次、小林桂樹、大滝秀治、沢村貞子のほか、日本近代音楽の基礎を築いた山田耕筰《こうさく》（一八八六〜一九六五）本人も出演して、観客動員三〇〇万人を超える大ヒットとなった。

「大阪クラシック」は芸術の香りを身近に感じることのできるイベントだが、単なる街おこしではなく、市民の音楽への純粋な愛と情熱を育む芸術祭としても、深い気持ちで味わいたいものである。

第四〇景　「大大阪地下鉄行進曲」の鉄道マン魂と風流

大阪市電気局　映画『大大阪観光』

昭和八年（一九三三）、梅田と心斎橋の間に大阪市営高速鉄道が開通した。日本最初の公営地下鉄である。

大正一四年（一九二五）の第二次市域拡張で、大阪市は東京市を抜いて人口・面積ともに日本第一位、世界第六位のマンモス都市〝大大阪〟になる。関一《せきはじめ》市長のもと現代にいたる都市基盤や文化施設が整備され、御堂筋の拡幅工事と連動して御堂筋の下に地下鉄が建設される。最初は仮駅だったが、梅田も心斎橋もすぐに天井がアーチになった駅が竣工する。将来の大阪発展を見越した豪華な駅で、開通時は短い車両が長いホームにポツンと停車していたのが、今では当初の予測を超えて窮屈なほど利用客であふれている。

地下鉄を建設したのが、当時の大阪市電気局であった。電気局は「電灯事業」と「電車及び自動車運輸事業」の二大事業を所管し、局内は「主計」「運輸」「電灯」と「臨時高速鉄道建設」に分かれていた。

中之島や道頓堀で河川をくぐるなど難工事であり、大阪市交通局（現・大阪メトロ）が昭和レトロ映像として発売していたＤＶＤには苦難の映像がまとめられている。いかに大事業であったか伝えるのが、心斎橋駅の大丸側の出口近い駅構内に取り付けられていた「清水熙《つよし》君之像」の銅板レリーフである。清水は高速鉄道建設担当部長であり、銘文末尾に「昭和十一年八月電気局同志敬誌」と刻まれている。電気局の有志が偉業を讃えてレリーフを寄贈したことに、地下鉄建設の大変さと市の鉄道マンの意地や団結力がひしひしと伝わる。

一方、地下鉄開通記念に「大大阪地下鉄行進曲」がつくられた。作曲の橋本国彦は北野中学校（現・大阪府立北野高校）から東京音楽学校に学び、同校教授となった作曲家だが、作詞の平塚米次郎《よねじろう》は、誰あろう当時の電気局長である。昭和四年（一九二九）に大阪逓信《ていしん》局長から市に移り、昭和一一年（一九三六）まで電気局長をつとめている。四ツ橋の電気科学館に、東洋で最初のカールツァイス社製プラネタリウムⅡ型をいれた局長としても知られる。

「大大阪地下鉄行進曲」のメロディーはインターネットでも聞くことができるが、

「水の都の地の底までも
進む文化の輝くところ
拓く軌道は浪花《なんば》のほこり
讃えよ地下鉄スピード時代」

とある歌詞の、最後のメロディーが「スピード時代」を賛美しながらも、なんとものんびりしてレトロな気分を満喫させる。

同じコンビでの

「春の花かえ乗場のサイン
つい誘われて地下鉄へ

　ナント結構な乗心地」

という「大阪地下鉄小唄」もあり、この局長、役人臭くないというか、作詞のできる趣味人であった模様である。

　面白いのが、昭和一二年（一九三七）に大阪市電気局と産業部が制作した映画『大大阪観光』だ。「大大阪地下鉄行進曲」がバックに流れるなか、開通したばかりの地下鉄の車両で、振り袖の令嬢たちと談笑する帽子の紳士がいる。写真で比較すると平塚米次郎と似ている。そして別の紳士が女性に席を譲るが、面長で口髭の特徴ある容貌は清水熙その人らしい。

　安全快適に乗客を運ぶ公共交通において、今も昔も乗客の乗車マナーの啓発は大切であった。最近は「歩きスマホはやめてね」というポスターを地下鉄でよく見かける。ミスター地下鉄とも言える平塚局長と清水部長が、率先して乗車マナーの啓発シーンに登場するのはありえない話ではない。民営化はさておいて、今日の地下鉄の発展を、彼らもきっと喜んでいるだろう。

右：映画『大大阪観光』（1937年）の地下鉄の場面。右端に立つ男性が平塚局長か

左：海外向けの電気局の広告「TRAFFIC ORGANS IN OSAKA TOMORROW（明日の大阪の交通機関）」にある平塚米次郎（左）と清水熙（右）

第四一景　地図で小説の舞台をたどってみると

山崎豊子『白い巨塔』　織田作之助『世相』

骨太の社会派小説で知られる山崎豊子（一九二四〜二〇一三）さんは、『暖簾』『ぼんち』など大阪の商家を舞台とした作品で名声を確立し、『白い巨塔』『華麗なる一族』『沈まぬ太陽』など社会問題をえぐる長編は、テレビや映画でドラマ化された。

感心するのが、大阪を舞台とした小説の舞台設定の巧みさである。大学での権力争いと医者のモラルを問う『白い巨塔』は、田宮二郎主演のテレビドラマが強烈だったが、原作では登場人物の住む町の設定が絶妙である。

主人公の財前五郎浪速大学助教授は、病院を営む義父の財力で夙川《しゅくがわ》に住み、恩師ながら対立する東《あずま》貞蔵《ていぞう》教授は、洛北大学病院長であった父のあとを継ぎ、芦屋の山手の豪邸に住んでいる。今は大阪近郊も変わったが、鵜飼《うかい》医学部長が宝塚、学内第三勢力を目指す野坂教授が南海沿線の浜寺（原作では諏訪ノ森駅付近）というのも、小説の連載開始の昭和三八年（一九六三）を考えると、戦前から私鉄沿線に開発された高級住宅地のイメージが見事に彼らの生き方を象徴している。

対照的に、厳正中立を旨とする病理学の大河内《おおこうち》教授は、城下町でもあった高槻の「軒先の瓦がずり落ちそうになった」質素な家、誠実な里見助教授は大阪城に近い法円坂《ほうえんざか》の公団アパートに住み、学究肌の二人の人柄を印象づける。

同様のことは、織田作之助（一九一三〜一九四七）の作品にも言える。『夫婦善哉』『世相』などに描かれた法善寺横丁、千日前、難波新地など、ミナミの町名は効果的に物語のイメージを喚起させる。

織田の『世相』を読み返して気がついたことがある。昭和一五年（一九四〇）頃の話として、主人公が小説のネタを求めて出入りする「ダイス」というスタンド・バーだが、道頓堀から太左衛門橋《たざえもんばし》を渡って笠屋町《かさやまち》を北上し、八幡筋《はちまんすじ》、周防町《すおうまち》筋《すじ》を越え、清水町《しみずまち》を左へ折れ、「心斎橋筋の一つ手前の畳屋町筋《たたみやまちすじ》へ出るまでの左側」にあったことになっている。心斎橋筋には近いが、小説ではミナミの花街や飲食店の雑踏からは少しはずれた感じだ。

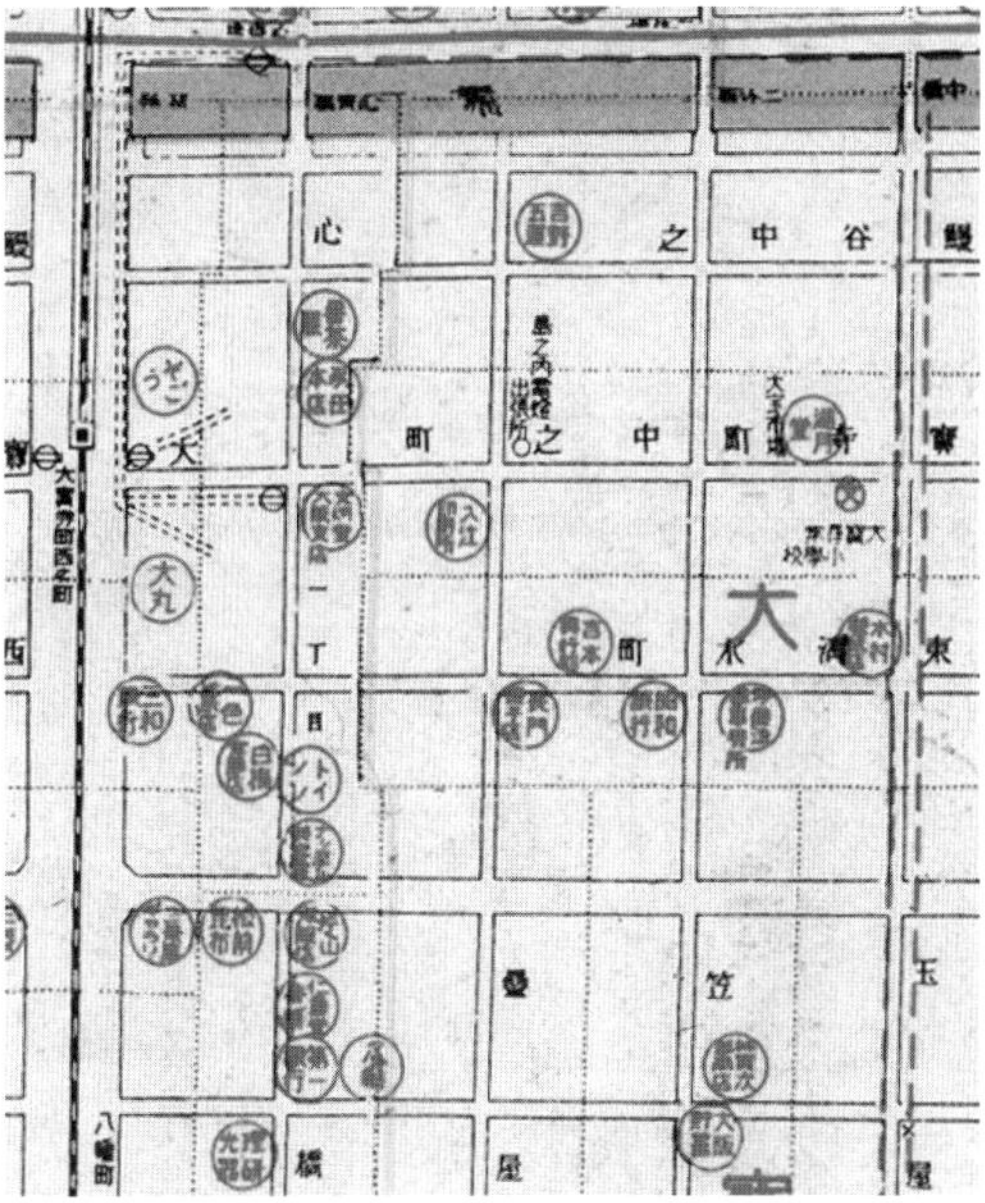

戦前の地図で調べると、なんと「ダイス」の向かいと思われる位置に「吉本興行部」と記されてあった。現在の吉本興業である。地図にある笠屋町に設立され、有名な秋田実や、戦後に織田作之助の句碑建立の発起人となる長沖一《ながおきまこと》など、文芸で活躍する人たちも所属し、織田も仲間たちとの交

「東清水町」の左に「吉本興行本部」。左上は地下鉄心斎橋駅で、大丸の右側が心斎橋筋
（「大大阪区勢地図最新の南区」創刊15周年記念夕刊大阪新聞付録、1938年より）

遊の中で、小説の舞台にこの地域をとりこんだ可能性が見えてきた。現在の町名では、大阪市中央区東心斎橋一丁目一六の街区の北側付近である。ところで、このあたりのバーが登場する別の小説をどこかで読んだと思っていたら、それが『白い巨塔』だった。

東教授と鵜飼医学部長の蜜月時代、新しい大学病院を建てるための密談を重ねたバーが「シロー」であり、所在がこのあたりなのである。大学の所在がキタに近く、顔が差すのをきらってミナミの隠れ家的な店を密談の場所に用いたのだろう。原作では、御堂筋を南にタクシーを走らせ、「清水町の角を二丁ほど東に入った」ところと記される。「清水町の角」は現在の大丸心斎橋店本館の西南の角、二丁ほど入ったところであり、織田がいう「畳屋町」の付近になる。

戦前の「ダイス」、戦後の「シロー」。むろん、どちらも虚構の小説の世界の話であるが、大阪が生んだ小説家、それも取材力のある二人が、町名の喚起するイメージを作品に取りこむことで、想像力の翼を存分に広げていることがわかって新鮮だった。

第四二景　なにわの葦はとこしえに

『難波名所　蘆分船』　小野十三郎『詩集大阪』　伊原セイチ「とこしえの舟」

古代より〝なにわ〟を象徴するのが、茅渟《ちぬ》の海と呼ばれた大阪湾の葦《あし》であった。藤原定家が編集したという「小倉百人一首」はお正月らしい優美な遊技であるが、その中にも「難波潟《なにわがた》みじかき葦

のふしのまも　あわでこの世をすぐしてよとや（伊勢）」、「難波江《なにわえ》の葦のかりねのひとよゆえ　みをつくしてや恋いわたるべき（皇嘉門院別当《こうかもんいんのべっとう》）」など、なにわの葦を詠みこんだ恋の歌がある。大坂最初の本格的な名所案内記のタイトルも『難波《なにわ》名所　蘆分船《あしわけぶね》』だ。延宝三年（一六七五）に刊行され、六巻六冊からなる本書では、大坂と近郊の名所や旧跡など七二項目が紹介されている。さらに江戸時代の大坂で〝葦〟といえば、博物学者にして膨大な蔵書を有し、文人画も描いた〝知の巨人〟こと、木村蒹葭堂《けんかどう》（一七三六～一八〇二）だろう。西長堀の市立中央図書館の横に邸宅跡の記念碑があるが、蒹葭堂という号も、自宅の井戸を掘って出た葦の根を、古歌に詠まれたなにわの葦と考えて命名された。「蒹葭」とは中国古典で葦のことである。

　しかし、いにしえの大宮人《おおみやびと》の恋歌に詠まれたなにわの葦も、近代になると少しおもむきが変わってくる。アナーキズム詩運動に加わり、戦後「大阪文学学校」を設立した詩人の小野十三《とおざぶ》郎《ろう》（一九〇三～一九九六）は、昭和一四年（一九三九）の『詩集大阪』、昭和一八年（一九四三）の『風景詩抄』などで、工場の煙突や高圧鉄塔が建ち並ぶ非人間的で凄惨な光景を臨海地区に見出し、その一帯を「葦の地方」と呼んで、抒情性を否定した新しい詩の世界を創造した。小野が「葦の地方」を発見した最初とされる「明日」は次のようにはじまる。

伊原セイチ「とこしえの舟」。高津宮境内にて

古い葦は枯れ
新しい芽もわずか。
イソシギは雲のように河口の空に群飛し
風は洲に荒れて
春のうしおは濁っている。
枯れみだれた葦の中で
はるかに重工業原をわたる風をきく。
おそらく何かがまちがっているのだろう。
すでにそれは想像を絶する。（以下略）

煤煙が空を覆った戦後高度経済成長期の公害などを思えば、すでに戦前に詩人の感性が見出した「葦の地方」は、古代からのなにわの歴史が断絶され、大工業都市へと変貌していく近代大阪が複雑にからみあったものと言えよう。

現代では、護岸整備などによる葦原の減少による保存問題もあるが、別の形でなにわの葦を再生しようとする動きがある。〝東洋のベニス〟と言われた〝水都大阪〟を再生しようと活動している「水都大阪を考える会」（代表・藤井薫）は、平成一八年（二〇〇六）の「新淀川開削一〇〇周年記念イベント」で、地域住民と一緒に淀川河川敷で葦を刈って二隻の葦船をつくり、中津と十三《じゅうそう》の両岸から進水させて淀川を渡った。葦船は五人乗りの大きいほうで七・七メートルもあり、別の機会では道頓堀川にも進出し、戎橋《えびすばし》界隈をデモンストレーションした。

この道頓堀川の源流とされる「梅川」があったのが、落語の舞台としても有名な高津宮《こうづぐう》である。平成二五年（二〇一三）の秋、その参道にあたる石段に、巨大な葦船が出現して人々を驚かせた。伊原セイチさんの「とこしえの舟」である。伊原さんは、住吉公園のポプラが切り倒されるのを惜しみ、「おおさかカンヴァス推進事業」で「きのむかうところ」を制作した芸術家で、この葦舟も実際には水に浮かべることはできないが、なかには二万年の時空を超えた吉野の神代杉が乗せられ、同宮秋祭の新しい象徴となっている。巨木をはじめ自然のもつ生命力に魅せられるとともに、制作過程も含め、さまざまな人と人の結びつきを大切にして、人を感動させる芸術作品を制作する伊原さんの「とこしえの舟」も、地域の人たちの連帯を強めることになった。

「人間は考える葦である」というフランスの思想家パスカルの言葉は有名である。現代のなにわの葦を取り巻く人たちも、時空を超えたさまざまな思いや願いを、このしなやかで軽やかな植物に託して熱く熱く語るのである。

第四三景　神樹のある風景

初午祭　巳さん

空堀《からほり》や谷町など、空襲をまぬがれた大阪の上町《うえまち》台地の近くに住んでいると、日常生活のなにげない機会に、季節の祭礼や行事など古い時代を偲ばせるものに出会うことが多い。新年早々は十日《とお》戎《かえびす》の宝恵駕籠《ほえかご》がミナミの街を練り歩き、春の彼岸の雑踏や、夏は路地の奥へと提灯《ちょうちん》が連なる地蔵盆の幻想的な夕景に、自分が古い歴史ある都市の住民であることを実感させられる。大晦日には、中寺町《なかでらまち》や下寺町《したでらまち》あたりに無数の除夜の鐘が交錯して豊かな音響空間が広がっている。

二月や三月ならば、街を歩いて遭遇する季節の風景の一つが、お稲荷さんの初午祭《はつうままつり》である。稲荷大明神は、農業や商売の神で、明治の神仏分離の下、神道では宇迦之御魂《うかのみたま》神など穀物・食物の神を主祭神とし、仏教では、狐に乗ると考えられた荼枳尼天《だきにてん》と同一視され、豊川稲荷を代表とする寺院でも祭祀されている。狐はあくまでそのお使いなのである。

大阪には、玉造《たまつくり》稲荷神社、土佐稲荷神社、産湯《うぶゆ》稲荷神社、豊川稲荷大阪別院、難波神社の博労《ばくろう》稲荷神社や高津宮《こうづぐう》の高倉稲荷神社などをはじめ、ほうぼうに有名なお社《やしろ》があるほか、ビルの屋上や商店街の一隅、路地の奥をはじめ各所に祠《ほこら》が祀られている。四月に催されることもあるが、稲荷神社では、二月最初の午の日を初午とし「初午祭」が行われる（博労稲荷神社では四月）。祭りは服部良一作曲「おおさかカンタータ」（一九七四年初演）にも歌われているが、私の家の近くにある路地も奥に祠が祀られているのであろう、季節になると路地の入口に幟《のぼり》が立ち、それを見るたびに、この一年のうつろいと大都市に残る庶民信仰の深さを再認識させられる。

もう一つ、子供の頃から私が親しんできたのが道路の真ん中に残された神樹である。樹には「巳《みい》さん」を祀った祠があり、わが家の近くでは、谷町筋を東に入った「くすのき通り（周防町筋《すおうまちすじ》）」の真ん中にある「楠木大神」や、長堀通りに面した石段に直木三十五の文学碑と並ぶ「榎木大明神」（大阪市中央区安堂寺町）が印象的である。街のランドマーク、地域に生まれ育った人たちの原風景の一つと言えようか。

「榎木大明神」は、樹齢はおよそ六五〇年と推定される槐《えんじゅ》という中国原産の木で、土地神として「白蛇大明神」の祠が祀られている。一九八八年（昭和六三）、枯死寸前の状態になった時、大阪市と地元の顕彰会「箔美会」の尽力によって樹医による延命治療がなされ、元気になった。万城《まき》目《め》学《まなぶ》の『プリンセス・トヨトミ』にも登場する。春のお彼岸前後に大祭が挙行され、祠を囲んで石段に沿って吊られた提灯が灯る景色は美しく、初午祭の幟と同様に、歴史ある都市に住む幸せを実感するのである。

大阪は金銭にドライな商工業都市というように外部の人は思いがちだが、実は今も、庶民に支えられた信仰の街なのではないか。五木寛之も著書『宗教都市・大阪　前衛都市・京都』（講談社、二〇〇五年）で大阪を「宗教都市」と論じ、中沢新一の『大阪アースダイバー』（講談社、二〇一二年）も、宗教学者の視点から斬新に大阪論を展開している。

街に住む楽しみは、買い物が便利だとか、社会的ステイタスとかいう類の問題ではない。日常生活のうちに、自分が歴史や昔の人たちの心と結びついていることを、なにげなく感じさせられることにあるのではなかろうか。

榎木大明神（大阪市中央区安堂寺町）

第四四景　女性画家が切りとる少女たちの心理劇

島成園「祭りのよそおい」

女絵師女うたびとなど多く
　浪華は春も早く来るらし
　　　　　　　　　　吉井勇

浪華の春とくれば「古今和歌集」仮名序の「難波津《なにわづ》に咲くやこの花冬ごもり今を春べと咲くやこの花」が浮かぶ。それも匂わせた歌だろう。道頓堀の賑わいや築港の夜釣りなど、京都大阪の夜の風物をテーマに文豪やジャーナリストの随筆、紀行文を集めた大正九年（一九二〇）刊行『夜の京阪』（文久社出版部）に吉井勇が発表した「浪華百首」の一首である。

無粋ながら歌の意味をくだいて記すと、大阪では女性の画家や歌人がたくさん活躍しており、浪華の女性は多感な思春期を早く迎えるようだ、といったところか。大阪ゆかりの「女絵師」「女うたびと」といえば誰だろう。歌人は与謝野晶子（一八七八〜一九四二）、石上露子《いそのかみつゆこ》（一八八二〜一九五九）が浮かぶ。女性画家なら、島成園《しませいえん》（一八九二〜一九七〇）、木谷千種《きたにちぐさ》（一八九五〜一九四七）、生田花朝《いくたかちょう》（一八八九〜一九七八）に代表されるだろう。

大阪の女性画家らしい個性的な作品を紹介しよう。大正二年（一九一三）の第七回文部省美術展覧会で入選した島成園「祭りのよそおい」（大阪中之島美術館蔵）である。祭りの幔幕《まんまく》を張る豪家の店先

の縁台に、晴れ着を着飾った三人の少女が座っている。右端には立った少女が一人。一見すると楽しい祭りの日の少女たちを描いた、類型的にいえば〝乙女チック〟で愛らしい作品に見える。しかし、この絵にはある意味、残酷なストーリーがある。

たとえばこの四人の家庭環境はどんな状態だろう。着物や草《ぞう》履《り》、扇子《せんす》などから見て左端の少女が最も裕福であり、順に経済力が落ちていく。三番目の絞りの子供は、どことなく左の裕福な少女たちに媚びを売っているように見える。右端に立つ少女は着物も粗末で、裕福な少女たちをジッと見つめ、それも顔は横向きで目しか描かれていない。

この絵のテーマは、少女たちの可憐さではなく、子供の世界に投影された大人社会の格差、残酷な現実社会の姿である。成園は堺に生まれ、船場にも道頓堀にも近い大阪市南区鍛治屋町（現・大阪市中央区島之内）で成長した。「祭りのよそおい」の心理劇は、とりわ

上：島成園「祭りのよそおい」（1913年、大阪中之島美術館蔵）

下：日本画の乗り板にのって、絵筆をとり制作中の成園

け大阪都心の日常風景だったはずであり、男性の画家ではなかなか思いつかない発想である。あなたなら、これまでの人生をふりかえって、四人の少女の誰に一番共感するだろうか。

しかし、十数年ほど前までは大阪でも地元の女性画家たちの存在は忘れられていた。大阪の文化的プライドの一翼を担う彼女たちの復権に力があったのが、大阪市立近代美術館（仮称）建設準備室（現・大阪中之島美術館に改称）である。二〇二二年度中の開館を目指して建設が進むが、平成二年（一九九〇）の準備室開設以来、約三〇年にわたって各所に会場を借り、大阪画壇の発掘と顕彰を重ねてきた。アートの世界での〝浪華の春〟を早く迎えたいものである。

第四五景　古本三昧なにわの日々

古書店　鹿田松雲堂　天牛書店　古本市　大阪古書会館　四天王寺

送られてきた古書の目録をパラパラめくり、欲しい本を探したり、稀覯書《きこうしょ》や古地図、版画などの図版を眺めるのは楽しいものだ。紙に印刷された〝書物〟には、本文の内容や歴史的価値のみならず、文字のレイアウト、装丁の美しさ、紙の手ざわりがまざりあった風合いがあり、まさに人類の叡智が結晶した総合芸術である。私のように美術に携わる人間は、オリジナルの〝書物〟が放つオーラを大切にしたくなる。

そうした古い〝書物〟に直接さわることができる古書店の存在は貴重だ、という話をすると「大阪にそんな文化が必要ですか」という自虐的な人がいてあきれるが、江戸時代以来、大阪は古書文化の一大拠点であり、今もそれは息づいている。むしろ、情報が集積する歴史ある大都市でこそ〝古書〟は盛んであり、歴史が培ってきた都市文化の精髄であると言える。

江戸時代の心斎橋筋は出版の街であったし、近代では、「海内《かいだい》の読書家、浪華に松雲堂あるを知り、足一たび大阪に入れば、必ず之を訪《と》はざるは莫《な》し」（幸田成友《こうだしげとも》）と讃えられた古書店、鹿田松雲堂《しかだしょううんどう》が有名である。

約一八〇店舗が並ぶ東京・神保町は「古書の街」で有名だが、大阪にも「古書の街」はある。日本橋筋《にっぽんばしすじ》（道頓堀以南の堺筋）は、かつての「家電の街」から最近は「オタクの街」へ変貌したが、戦前は「古書の街」だった。織田作之助『夫婦善哉』の舞台ともなった天牛《てんぎゅう》書店の天牛新一郎さんが、郷土研究誌「大阪辨《べん》」第七集（一九五四年）に寄稿した「日本橋の古本街」によると、昭和一〇年（一九三五）頃から一八年（一九四三）頃までが、戦前の大阪の古書店の最盛期で、日本橋筋に大小の古書店六四〜六五店が軒を並べていたという。

戦後も大阪の南北のターミナルに「古書の街」が開かれた。梅田では、昭和五〇年（一九七五）に阪急梅田駅の下に古書店九店を中心に「阪急古書のまち」が開業する。江戸時代の和書か

四天王寺青空大古本祭（大仙堂書店提供）

ら美術書、芸能書、宗教書、洋書など専門性の高い書店が集まり、「愛すべき道くさ風流川柳競べ」と題された開店時のチラシのキャッチコピーも、「袖ふれあうも古書の縁」などと洒脱《しゃだつ》である。平成二九年（二〇一七）に移転して「うめ茶小路」の名称で古書街となった。

難波では、昭和五五年（一九八〇）に南海ホークス（現・福岡ソフトバンクホークス）の大阪球場のスタンド下に一四店が集まり、「大阪球場なんば古書街」が誕生した。球場の取り壊しで歴史を閉じた後、移転して「南海なんば古書センター」となった。

古書店が集まって開かれる古本市も大阪名物である。百貨店の古本市もあれば、大阪古書会館（大阪市中央区粉川町）での月例「たにまち月いち古書即売会」もある。屋外での青空市では、春と秋に四天王寺で開かれる「大古本祭」が盛況で、大阪天満宮境内の古本市と合わせて、リュックサックを背負って探書にいそしむ中高年の古書マニアであふれかえっている。

今の学生は、古本は、インターネットで安く購入するものと思いこんでいる。確かに便利だが、店に行って実物を手にとり、書棚から発掘して、店主や店で知り合った古書仲間など、古書に精通した強者《つわもの》たちと情報交換を楽しみながら、〝書物〟の世界を吟味玩味するのもまた格別である。しかしまた、その楽しみを若者に伝えるべしと意気込みつつも、郵便受けにドサッと襲来する古書カタログの群れと財布の中身を睨んでは「ああ、かんにん」と思うことも、たびたびなり……。

第四六景　錦絵の中の藤、杜若、牡丹をめぐる

「浪花百景」「浪華百景」　春日神社「野田藤」　浦江聖天（了徳院）『蘆分船』

あっという間に春の梅や桜が終わり、今は四月五月の季節の花が咲き誇り、心地よい新緑の風が吹いている……と書き出してはみたが、すでに時期遅れの花だよりとなってしまったか。

緑の少ない街に思われている大阪だが、江戸時代から花の名所があった。歌川派の浮世絵師である一養斎芳瀧《いちようさいよしたき》、南粋亭芳雪《なんすいていよしゆき》、一珠斎国員《いちじゅさいくにかず》が競作した幕末の有名な錦絵「浪花百景」に初夏の花を探ってみよう。

まずは「野田藤」。大阪市福島区玉川の春日神社は、かつては「藤の宮」とも呼ばれる藤の名所で、室町将軍・足利義詮《よしあきら》や豊臣秀吉も観藤会を催し、最古の大坂案内記『蘆分船《あしわけぶね》』（延宝三年〈一六七五〉）にも「よし野のさくらに、野田の藤、高尾の紅葉」と記される。明治に日本の植物分類学の先駆者、牧野富太郎は、日本固有の藤の標準和名を「ノダフジ」と定めた。「浪花百景」では、芳瀧《よしたき》が担当して咲き誇る藤の花を描き、逍遥《しょうよう》する客がそれを愛でている。

社《やしろ》にあった藤の老木は第二次世界大戦の空襲で焼失したが、ライオンズクラブをはじめ地元の努力で復興され、現在は福島区内の学校や公園など各所で藤が育てられ、区民の花に定着した。

次が同じ大阪市福島区鷺洲《さぎす》にある了徳院《りょうとくいん》の「うらえ杜若《かきつばた》」である。浦江聖天《うらえしょうてん》と通称される了徳院は、境内の池に咲き誇る杜若で知られ、芳雪が描いた「浪花百景」も杜若に飛来したツバメを描い

てみずみずしい。周囲は遠くまで開けたのどかな田畑地帯で、茶店には風流な客が座している。同寺に、文化一一年（一八一四）建碑の芭蕉句碑「杜若語るも旅のひとつ哉」があるが、俳聖・松尾芭蕉もこの地の初夏の気分を堪能したのだろう。

最後に「吉助牡丹盛《きちすけぼたんさか》り」である。江戸時代から高津宮《こうづぐう》付近には植木屋が多く、「就中《なかんずく》高津の吉助を以《もっ》て魁《さきがけ》とす」（『摂津名所図会大成』）として、吉助こと松井吉助をその先駆に挙げている。吉助は、牡丹と秋の菊花を一般公開したので見物客で賑わった。「浪花百景」の絵師は芳雪。その手腕が楽しめるのが、遠近法を利用して、〝マンモスフラワー〟のような巨大な花に見える牡丹の下に、遠くの人物を配置し、「なんて大きな牡丹やおまへんか！」と歓声をあげているように見せるトリッキーな構図だろう。花を描く絵師にもそれぞれの創意工夫があった。

ところで「浪花百景」と〝花〟について気になることがある。「浪花百景」は全一〇〇図あるが、一〇〇枚それぞれに記されたタイトルに「浪花百景」と「浪華百景」の二種がある。「うらえ杜若」「吉助牡丹盛り」は「浪花」、「野田藤」は「浪華」である。

漢字の「花」は、くさかんむりに化けると書くことから、草が化けて花になったとする説がある。ならば「浪花」は海であったところが陸地に化けて栄えた土地といえるかもしれない。「華」は字の形から木に咲く花とか、丸い形の花を指すとか言われるが、「豪華」「華麗」「華やぐ」など形容詞的に用いられ、イメージを誘発させる文字である。私は「浪花」の字面に、まったりした印象をいだき、「浪華」に派手な都会的殷賑《いんしん》を感じるのだが、皆さんはいかがでしょう。

右上：「吉助牡丹盛り」南粋亭芳雪画
左上：「野田藤」一養斎芳瀧画
下：「うらえ杜若」南粋亭芳雪画
（いずれも「浪花百景」より、大阪市立中央図書館蔵）

第四七景　通天閣がエッフェル塔、大阪は巴里か

岡本一平「大大阪君似顔の図」　映画『大大阪観光』

七月一四日は「パリ祭」だ。モダニズム時代の大阪は、〝花の都巴里〟に似た街というイメージをアピールしようとしていた。

これでパリというには頼りないが、有名な例では、明治四五年（一九一二）、第五回内国勧業博覧会の跡地に遊戯施設のルナパークとともに、当時東洋一の高塔の初代「通天閣」が建設される。凱旋門の上にエッフェル塔をのせたデザインで、眼下に広がる新世界の街路も、パリの街路を意識して「通天閣」から道路が放射状に広がるといった念のいれようである。

つづいて大正一四年（一九二五）、大阪市が第二次市域拡張で人口・面積ともに東京市を抜き、日本第一位、世界第六位のマンモス都市「大大阪」になった時、〝漫画漫文〟で知られる岡本一平（一八八六～一九四八）が、ユーモアとエスプリにあふれる「大大阪君似顔の図」（全一五回）を大阪朝日新聞に連載する。一平の夫人は小説家の岡本かの子、子息が画家の岡本太郎である。連載第一回では、地図上の大阪市の新しい区画を顔の輪郭に決め、連載ごとにパーツが増えて顔全体ができあがる企画である。その第五回目では、新世界へ「エッフェル塔」を見物に行き、大大阪君の鼻に「エッフェル塔」が採用される。むろん初代の「通天閣」のことだが、面白いことに一平は決して「通天閣」と書かずに「エッフェル塔」で貫いている。

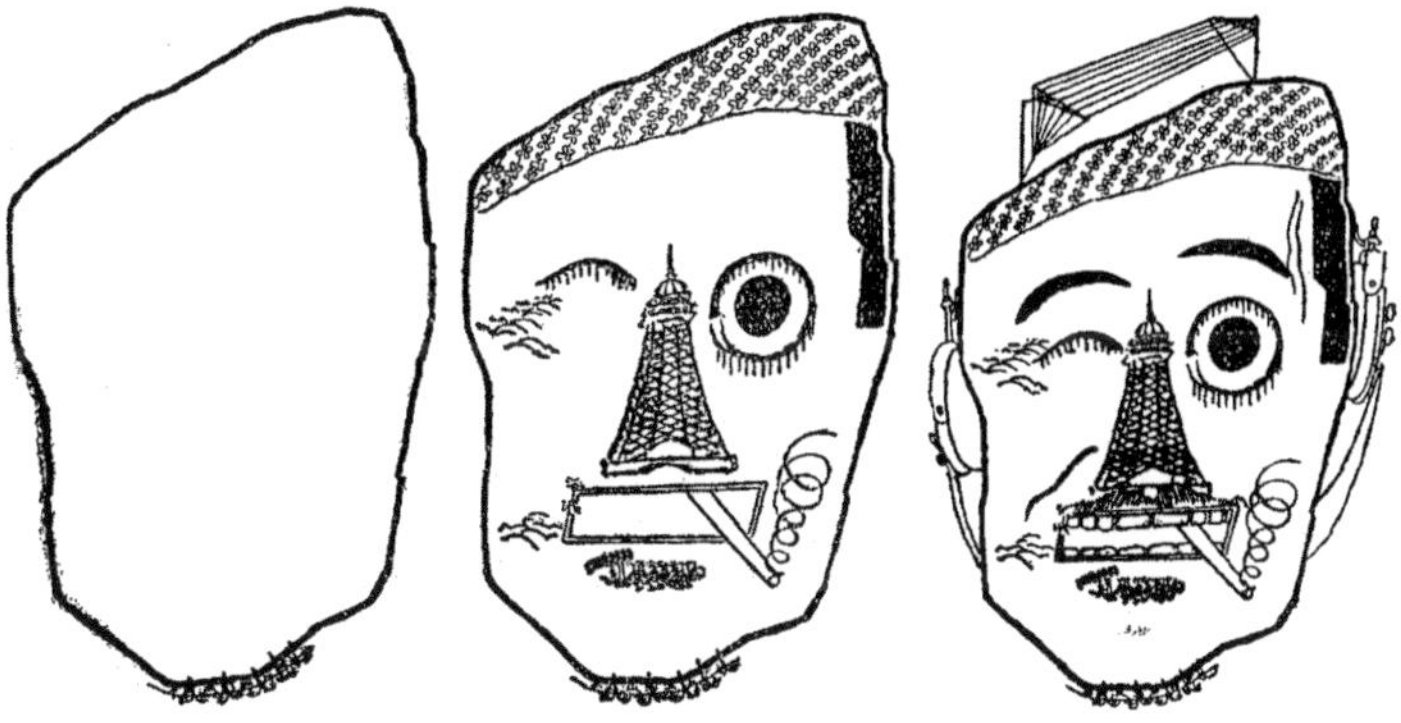

そして完成した「大大阪君」の顔は、新しく編入された新淀川以北一体の大根畑をベレー帽にみたて、工場の煙突の巻きタバコを吸う。その姿はフランスの労働者か芸術家を思わせる。商工業都市・大阪ならば、アメリカ式の金満家をモデルにシルクハットに太い葉巻をくゆらす資本家の顔でもよいのだが、一平はそうではなく、庶民的で文化的な香りを漂わせた雰囲気を、新しい〝大大阪〟に見出そうとしたのである。フランス憧憬は画家としも当然かもしれない。大正中期に在阪の洋画家が仲間と道頓堀に開いたカフェー「キャバレー・ヅ・パノン」の店名もフランス趣味だったし、夜の道頓堀にベネチアのゴンドラを浮かべたらという話もあった……あっ、これはイタリアか。

昭和一一年（一九三六）の『大阪

左：第１回は輪郭　→　中：第５回は鼻がエッフェル塔（通天閣）　→　右：第15回ついに完成（『岡本一平全集』より）

下：『大阪案内』（1936年）の装丁（外函を展開したもの）に描かれた街もパリ風

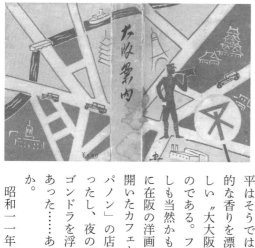

案内』（大阪之商品編輯部発行）の函の装丁にも、放射状の街路に、エッフェル塔もどきの通天閣に市役所、市章のみおつくしの標識、交通整理のポリス、大阪城天守閣、四天王寺の五重塔が描かれる。昭和一二年（一九三七）に大阪市電気局・大阪市産業部が制作した映画『大大阪観光』（大阪市指定文化財）も、セーヌ川の遊覧船のように観光艇「水都」が、シテ島を思わせる中之島から出航する。

当然のことだが現実の大阪がフランス風だったかは別問題であり、評論家の大宅壮一《おおやそういち》は「大阪は日本の米国だ」（大阪毎日新聞、一九二九年）と論じている。大宅によると米国文化は「観念文化ではなく、生活文化」「徹頭徹尾、実生活に即した文化」「政治や思想ではなくて、経済を基礎とする文化」である。大阪も同じ「生活文化」優先の傾向を帯びた街だというのだ。しかし、それも比喩であって当時の大阪人がどう思ったかはわからない。工業都市として「東洋のマンチェスター」と呼ばれた時代もあり、それなら大阪はイギリスである。

現代の大阪を、外国の都市との比較で呼ぶならばどこに似ているというべきだろうか。

第四八景　マチカネワニ化石を見よ

大阪大学総合学術博物館　待兼山

時は半世紀以上前の昭和三九年（一九六四）五月三日のこと。世間は秋の東京オリンピック開催準備に慌ただしく、大阪でも同年一〇月に開通する東海道新幹線の工事が佳境に入っていた。豊中の

大阪大学理学部校舎の建設現場に化石採集に来た一人の学生が、特徴ある骨片の化石を発見する。付近は北摂の丘陵がニュータウンとして本格的に開発される直前であり、まだまだのんびりした田園風景が広がっていただろう。

謎の化石の正体を知るべく、その学生は化石に詳しい友人と、当時、大阪市西区靭《うつぼ》二丁目の小学校を改造した建物で開館していた大阪市立自然史博物館（現在は大阪市住吉区長居公園）に持ち込み、鑑定を依頼した。当初はゾウの化石の可能性が高いとされていたが、発掘調査の過程で、なんとそれが、日本ではまだ見つかっていなかった巨大なワニ類の全身骨格化石第一号であることが判明した。「マチカネワニ」の発見である。

発掘調査により、尻尾の先端などが欠けているが、一メートルを超える頭骨をはじめ、脊椎や手足など、ほぼ全身を推測するに足る化石が発見される。体長は六・九〜七・七メートル、体重一・三トンと想定され、生息していたのは約四五万年前である。ワニは熱帯の生き物のように考えがちだが、「マチカネワニ」は温帯に生息するワニであり、後の研究から現在は「トヨタマヒメイア・マチカネンシス（Toyotamaphimeia machikanensis）」と命名された。「古事記」に登場する鰐の化身とされる豊玉姫と、発見地の待兼山《まちかねやま》丘陵に由来する名前である。

右：マチカネワニの復元図（イラストレーション：ダック・山本勉）

左：大阪大学総合学術博物館に展示されているマチカネワニの化石（大阪大学総合学術博物館提供）

実はこの化石は大阪大学総合学術博物館に常設展示されている。大学所蔵の学術標本として貴重であり、ガラスケースに横たえられた巨体の迫力と時空を超越した姿は、〝至宝〟とも言いたくなるすばらしさである。発掘後に型を取って制作された複製も十数体ほどあり、ゆかりの深い大阪市立自然史博物館には通常の複製と遊泳している姿の複製の合わせて二体が展示されている。

ワニの化石は中国でも見つかり、青木良輔氏は『ワニと龍――恐竜になれなかった動物の話』（平凡社新書）で、龍は単なる空想の産物ではなく古代中国人がマチカネワニの痕跡を見て龍を生み出したのではないかとも推測されている。また、恐竜など古代生物研究の第一人者として知られ、マチカネワニ化石骨格の完全記載論文を共同執筆された北海道大学総合博物館の小林快次教授によると、恐竜と比べてワニは見た目は地味だが、生存に適した形に進化を突きつめ、どんな環境でも耐えて生き延びることができる完成度の高い生物だという。自動車にたとえれば、生きるのに〝燃費〟のいい生物だというのは、まさに目から鱗だ。

発見五〇周年の年（二〇一四年）、マチカネワニ化石は、文化審議会において「ワニ類の進化を示す世界的にも重要な化石」と評価され、国の登録記念物として登録するよう認められた。同年には大阪大学総合学術博物館で「奇跡の古代鰐・マチカネワニ――発見50年の軌跡」（七月二五日～八月三〇日）を開催した。将来、化石をスキャンしてデータ化すれば、３Ｄによる精密な複製も作成できるし、画像を動かすことも可能だが、いつ見ても大阪大学総合学術博物館にあるオリジナルの化石は、本物だけがもつオーラを放っている。平成六年（一九九四）には、六〇万年前のキシワダワニの化石（きしわだ自然資料館蔵）も発見されており、こんな巨大な生物が、現代の中之島や道頓堀を悠々と泳いでいる情景を想像するのも面白い。

第四九景　道頓堀に幻の名水

安井道頓安井道卜紀功碑　「浪花茶里八景」　二ツ井戸　秋田屋の井戸

道頓堀開削四〇〇年の前年である平成二六年（二〇一四）、安井《やすい》道頓《どうとん》（一五三三〜一六一五）（成安《なりやす》道頓）と道卜《どうぼく》（一五八二〜一六六四）の紀功碑が地元有志によって修復を終え、除幕式が行われた。石碑は開削三〇〇年の大正四年（一九一五）に建立されたが、傷みが激しく撤去されそうになっていた。また同年、戎橋《えびすばし》筋《すじ》商店街振興組合が『戎橋とともに４００年なんば戎橋筋商店街１００周年記念誌』を刊行した。私も一文を書かせていただいたが、歴史と文化ある商店街ならではの充実した内容である。

そこで今回は道頓堀にちなんだ話である。近代的な水道が整備される以前、淀川上流で採取した水を飲料水として売りに来る「水売り」という商売もあったほど、淀川河口に開けた大阪の水質は元々よくなかった。ところが、大正時代の雑誌「道頓堀」（道頓堀雑誌社）を読んでいて驚いた。

「昔から道頓堀には名水があると云う事が云い伝えられて居るが、これは中座前の芝居茶屋、近安の地下室にある井戸から、灘の銘酒を造るべく昔ながらの名水を汲出して居るところ、大きな桶に二杯ずつ毎日汲みに来る、何と皆さんがいつも道頓堀で召上るお酒は道頓堀の名水で造られて居る

んですよ」（「道頓堀の名水」〈「道頓堀」一九一九年五月号〉）

中座前にあった芝居茶屋「近安」の井戸が名水で、酒づくりのため灘から汲みにきたというのである。さらに昭和七年（一九三二）の「郷土研究上方」道頓堀変遷号によると、「近安」の井戸こそ、『摂陽奇観』『古文鉄砲』など江戸時代の文献に残る「秋田屋の井戸」であると考証されていた。秋田屋は中座の東隣にあった饅頭屋で、浜側で芝居茶屋も営んだ。『古文鉄砲』に収録された七言絶句によると、有名な「虎屋」もかくやという和菓子屋で、店舗は「頓河名物」と詠じられている。「頓河」は中国風に道頓堀川を略して言い換えたもの。〝とんが〟の響きがどことなくかわいい。井戸は秋田屋の芝居茶屋のほうにあり、「郷土研究上方」は雨で道頓堀が濁ると水をもらいに近所の人が集まったと記す。

確かに「秋田屋の井戸」は、江戸時代の道頓堀を描いた「浪花茶里八景」にも戎橋と太左衛門橋《たざえもんばし》の間にあり道頓堀名物だったようである。（「浪花茶里八景」は「大阪春秋」一三一号の特集ミナミに複製付録あり）。しかし、近代になって上水道が整備されたからであろう。昭和七年（一九三二）、工事のため井戸は当時の価

江戸時代の道頓堀。中央やや左の「秋田井戸」が謎の井戸（「浪花茶里八景」部分、大阪市立中央図書館蔵）

格で一万八〇〇〇〇円で売却され、歴史を終えた。川から見た井戸の写真が「郷土研究上方」に掲載されているが、ほとんど道頓堀川近くにあり、これだけ川に近くて水質が良いのは不思議である。

道頓堀界隈の井戸では、国立文楽劇場の前に再現された「二ツ井戸」が有名である。また、そこから東の高津宮《こうづぐう》から上町《うえまち》にも名水があったという。現在も醸造では道頓堀の松竹座の地階に「道頓堀ビール」の醸造所があり、かつて宗右衛門町にあったキリンプラザでも地ビールがつくられていた。

「秋田屋の井戸」も道頓堀の史跡として顕彰に値する存在だろう。中之島とともに〝水都大阪〟のイメージの中核である道頓堀であるからこそ、地域の歴史と〝水〟との関係を洗いざらい調べあげ、そのエキスを街づくりに役立ててもらいたい。

第五〇景　〝時空の旅〟学童疎開

成瀬国晴　大阪大空襲

若い人に戦争は遠い昔話にしか聞こえないかもしれないが、平成二六年（二〇一四）は「学童集団疎開七〇年」であった。昭和一九年（一九四四）、都市の爆撃から子供を避難させる「学童集団疎開」が実施され、全国で四〇万人以上が疎開した。沖縄の学童など八〇〇名が乗船する対馬丸がアメリカの潜水艦に撃沈された悲劇でも知られる。

戦争を体験した世代……といっても当時、小学生であった人たちもすでに八〇歳代になっており、記憶を風化させずに次世代へ、次々世代へと語り伝えなければという使命感が強い。平成二六年（二〇一四）四月、「大阪春秋」一五四号が「国民学校と学童集団疎開70年」を特集し、同年九月はじめには、学童疎開の体験者であるイラストレーター、成瀬国晴さんの強い思いがこめられた「学童集団疎開七〇年成瀬国晴個展『時空の旅』」が、なんばパークスで開催された。

成瀬画伯は、南海難波駅に近い日本橋《にっぽんばし》三丁目に生まれ、戦前の濃厚な大阪の街の雰囲気や文化芸能の香りの中で成長された。作家の故藤本義一さんと親交厚く、読売テレビ「11ＰＭ《イレブンピーエム》」、関西テレビ「ノックは無用！」の出演や、阪神タイガース選手や力士、落語家などのイラストでも有名である。

画伯は、難波の精華国民学校（後の精華小学校）三年生の時に学童疎開を体験した。九歳の時である。昭和一九年（一九四四）八月三一日、六年から三年までの四一四人が同小学校に集合し、疎開先の滋賀県へと出発した。成瀬少年が向かったのは東押立村（現・東近江市）の東方寺である。大阪市の疎開は区で行き先が違い、画伯たち東、北、南、浪速の四区四六校の学童約一万三五〇〇人が滋賀県に疎開した。他の区も大阪府下をはじめ和歌山、奈良、京都、徳島、香川、愛媛、石川、福井、広島、島根などの府県に疎開した。

個展は出発から昭和二〇年（一九四五）秋の帰阪までを七七点の作品で構成する。都会の子がはじめて農村生活する中で、五右衛門風呂や屋外の便所のこと、家が恋しく脱走する仲間を探しにいったこと、食べ物の苦労、防空壕をつくったこと、八日市飛行場の戦闘機・隼《はやぶさ》とグラマンが空中戦になり、隼がグラマンに体当たりして落ちてきた思い出など、当時の少年の目線を大切にし、抜け落ちた記憶を求めて、現地取材や慎重な考証も重ねることで描ききっている。御神輿蔵《おみこしぐら》で日向ぼっこ中に大阪が空襲で焼けたことを聞いた「大阪が消失した日」など、空中から見下ろした構図に、ぽつねんと腰かけた少年を描き、三人のデリケートな表情に胸を突かれる。一人は笑っているが、あとの二人の沈んだ顔は……。

戦後二〇年が過ぎた頃から画伯は、終戦記念日に疎開先を訪れるようになった。訪問を重ねるごとに現地の友人もでき、疎開当時の「苦しい思い出は徐々に浄化されていった」という。

なんばパークスの個展は、当時七八歳の画伯の強い思いが力作揃いの作品に結実した、感銘深い展覧会であった。『画集時空の旅――学童集団疎開70年』（たる出版）も刊行され、「大阪市公立国民学校学童集団疎開」などの資料も付されている。

使命感をもって、忘れてはいけない体験を語り伝えてくれる人生の先輩たちに感謝するとともに、これを大きな財産として受けとり、将来に伝えることは、後の世代に託された使命である。

成瀬国晴画伯の「大阪が焼失した日」。日向ぼっこしていた時に大阪が空襲で焼けたことを聞く

第五一景　ネオンサインの大阪は、今も昔も光の街

道頓堀グリコサイン　映画『大大阪観光』　織田作之助『雪の夜』

道頓堀の名物が「グリコ」の広告である。モダニズムを謳歌する昭和一〇年（一九三五）、戎橋《えびすばし》南詰西側に初代の「グリコ」のネオン塔が建設された。高さ三三メートル。初代通天閣（約七五メートル）の半分にあたる巨大広告塔である。トレードマークの走者と「グリコ」の文字が六色に変化し、毎分一九回点滅する花模様の電飾が飾った。戦後は昭和三〇年（一九五五）に二代目が再建され、ネオン下の特設ステージで人形のワニがピアノを弾き、人形劇やロカビリー大会が催された。平成二六年（二〇一四）のリニューアルが六代目となる。

大阪名物の一つであるこの広告は、平成一五年（二〇〇三）、大阪市都市景観条例による「大阪市指定景観形成物」に指定された。同時指定が、大阪市中央公会堂、大阪城天守閣、通天閣など観光地や、住吉大社、四天王寺、一心寺、お初天神など神社仏閣、道修町《どしょうまち》の旧小西家住宅、橋梁で桜宮橋、港大橋、菅原城北大橋など、大阪を代表する建造物ばかりである。

六代目は、今までのネオン管ではなくＬＥＤ（発光ダイオード）に変わり、動画を映すことも可能となっている。省エネにも貢献するだろう。しかし、注文に応じてつくられる職人技や、色彩の鮮やかさと温かみをもつネオン管には、独特の芸術性と郷愁があることも忘れられない。ネオンはフランスで開発され、大正元年（一九一二）のパリ万博で初公開されたとされる。それから十数年後に

右・左：映画『大大阪観光』のラストシーン。「浪花踊り」と道頓堀界隈のネオンサインをコラージュして賑やかなこと

は、大阪、特に「道頓堀行進曲」に「赤い灯青い灯」と歌われる道頓堀界隈は、ネオンや電球が煌々と光り輝く街となった。

昭和一二年（一九三七）の大阪市電気局と産業部制作の映画『大大阪観光』（大阪市指定文化財）には、ぐるぐる回る道頓堀のカフェーやキャバレーのネオン広告、明滅する劇場のイルミネーション、情報を伝える電光掲示板（電気科学館と戎橋北詰の二箇所）が映し出されている。交通局と関西電力の源流であるのが大阪市電気局で、映画は電力によるまばゆい光の世界を宣伝する。

道頓堀のネオンは、織田作之助の短編『雪の夜』にも登場する。「下味原町から電車に乗り、千日前で降りると、赤玉のムーラン・ルージュが見えた。あたりの空を赤くして、ぐるぐるまわっているのを、地獄の鬼の舌みたいやと、怖れて見上げ」とあるのがそれで、モンマルトルにあるキャバレー「ムーラン・ルージュ」の風車をイメージした道頓堀のキャバレー「赤玉」の風車のネオンである。その動く姿は『大大阪観光』にも登場する。

さらに戦後、「鉄道唱歌」を当世風のコミックソングで三木鶏郎《とりろう》作詞作曲の「僕は特急の機関士で　東海道の巻」（一九五一年発売）では、最後の七番の歌詞で「ネオンサイン」の大阪と歌っている。

道頓堀といっても賑わいの中心は戎橋付近にあり、東や西側の遊歩道には少し寂しい雰囲気がある。現代美術でも、ダン・フレイヴィンのような高名な〝ライト・アート〟の作家がいたが、いっそのこと、モダン大阪が誇った絢爛たるネオンの世界を質を高めて再現し、未来に文化財として伝えるためにもアーティストを世界から集め、クリスマスの季節に「世界ネオンアート・フェスティバル」でも開催するのはどうか。

国や民族によってネオン管の色感も違うはずである。テーマは「グリコ」のランナーでもいい。遊歩道にずらりと並べて、川面に映る姿を対岸の遊歩道から眺めて〝道《どう》ブラ〟する。新しい大阪名所になりませんやろかと思う新年の夢でした。

第五二景　画材と塗料の大手が本拠を置く〝色彩の都〟

ホルベイン画材　サクラクレパス　日本ペイント

色彩といえば、大貫妙子の「色彩都市」という曲が、一九八〇年代後半の深夜番組「今夜なに色」（読売テレビ）のテーマに用いられていたのを、オープニングの都会的なコラージュ映像とともに思い出す。京阪神の都市を色彩にたとえたらどうだろう。京都は寺院の紫色や神社の朱色、神戸は港のマリンブルーや六甲山の緑色といった感じだろうか。定番そのものの答えで、発想にひねりが足りない気がする。問題は大阪だろう。おそらく刺激的な色彩がイメージされ、ショッキングピンク

右：大阪が誇るサクラクレパス、往時の宣伝カー（㈱サクラクレパス提供）
左：塗り板見本衝立（日本ペイントホールディングス㈱提供）

やら派手派手しい色が連想されるのだろう。原色の多用にスペクトルが錯綜し、ごたごた重なりあって混色し、微妙な色調に仕上がる気もする。

そこで冷静にまわりを見回すわけだが、大阪は、昔からさまざまな絵の具や塗料を商う産業都市であった。それこそ〝色彩の都〟なのである。江戸時代から大阪には問屋が集まって同業種の組合を形成していたが、染料や絵の具などを扱う店も多く、近代には現在に暖簾がつづく大手の画材や塗料メーカーが登場する。

油彩画を描いた人なら誰もが知るのがホルベイン画材（大阪市中央区）である。社名はルネサンス期のドイツの大画家ホルバイン（Hans Holbein）に由来する。パリ万博が開催された明治三三年（一九〇〇）、前身の吉村商店が中之島に創業し、高価な輸入の絵の具とは別に、国産の絵の具を製造して油彩画の普及に尽くしたのである。大阪の洋画家・小出楢重《こいでならしげ》の学生時代の絵日記に、市内を乗合バスのようにめぐる巡航船で中之島に行ったことが記されているが、これも絵の具を買いに向かったのかもしれない。

また、学生時代からお世話になったのが、サクラクレパス（大阪市中央区）である。大正一〇年（一九二一）に日本クレイヨン商会として設立され、同年に桜クレィヨン商会と改称、大正一四年（一九二五）に、クレヨンの使いやすさとパステルの美しい発色をそなえた「クレパス」を開発し商標登録する。現在でも図画教育の普及に尽力してさまざまなイベントを開催するほか、平成三年（一九九一）には創業七〇周年記念として森ノ宮に「サクラアートミュージアム」を開館させた。クレパス画のコレクション約四〇〇点を含む近代日本の絵画コレクション約八〇〇点を所蔵している。

一方、建築や船舶に塗るペンキなど塗料の製造販売も大阪で栄えた産業分野である。塗料は対象物の保護・美装が目的で、色彩は二義的な問題かもしれないが、業界トップを争う関西ペイント（大阪市中央区）、日本ペイント（大阪市北区）、大日本塗料（大阪市中央区）、ロックペイント（大阪市西淀川区）などの大手メーカーが大阪に本社を置いている。実家が塗装店であった私としては、やはり大阪は〝色彩の都〟であったと自慢したい気がする。

日本ペイントは、わが国初の洋式塗料の生産工場とされる明治一四年（一八八一）設立の光明社が前身で、明治三一年（一八九八）に日本ペイントへ改称した。本社ビルにある「日本ペイント歴史館」では日本塗料史を語る貴重な資料が一般公開されている。なかでも創業時期の「塗り板見本衝《つい》立《たて》」は、東京上野にある国立科学博物館の「重要科学技術史資料（未来技術遺産）」に登録された、日本最古の色見本である。色調は地味だが、海水などによる劣化から船を守るなどの塗料の見本で、富国強兵、殖産興業に邁進した日本近代を象徴する。

話を最初の都市の色彩イメージに戻せば、それでは大阪を象徴するにふさわしい色彩は何色だろうか。「こてこての大阪でっせ」といった調子でケバケバしい色調になるのがどうも嫌である。平成二七年（二〇一五）は大坂夏の陣四〇〇年と道頓堀開削四〇〇年だったので、真田幸村の赤備《あかぞな》えと、戎橋《えびすばし》界隈を舞台とした映画『ブラック・レイン』にちなんで黒はどうか。レッド・アンド・ブラック……ずっしりと重厚な都市イメージになると思うが、いかに。

第五三景　かつて咲き誇った〝桃花〟幻想

大阪城梅林　『浪華の賑ひ』「浪花百景」野中観音　山片蟠桃

春になると人々は花を求め、オペラ「椿姫」のアリア「花から花へ」のように花の名所に足を運ぶ。二月三月は、西日本最大規模といわれる大阪城の梅林がすばらしい。大坂の陣でも活躍した片桐且元《かつもと》にちなむ「市正曲輪《いちのかみくるわ》」にあるのだが、昭和四九年（一九七四）、大阪府立北野高校開校一〇〇周年事業の一環で寄贈された八八〇本の梅をもとに開園した新しい梅林で、現在は一・七ヘクタールに一〇〇品種超、約一二七〇本の梅が植えられているという。

大阪には江戸時代にも梅の名所があり、文化初年（一八〇四）の頃、生国魂《いくくにたま》神社（大阪市天王寺区生玉町）の馬場先に、江戸・亀戸を模した大坂版の「梅屋敷」が開業している。安政二年（一八五六）刊の『浪華の賑ひ』に「園中に数株の梅を植えつらね樹下に席を設く。さる程に如月の花の頃には清香四方に薫じて道行く人も唯に過ぐるを得ず。もとより風流《みやび》の好士等むれ集いて遊観す」とあり風雅な名所だった。秋には菊でも有名だったという。大阪城の梅林が終わると、次は土佐稲荷神社

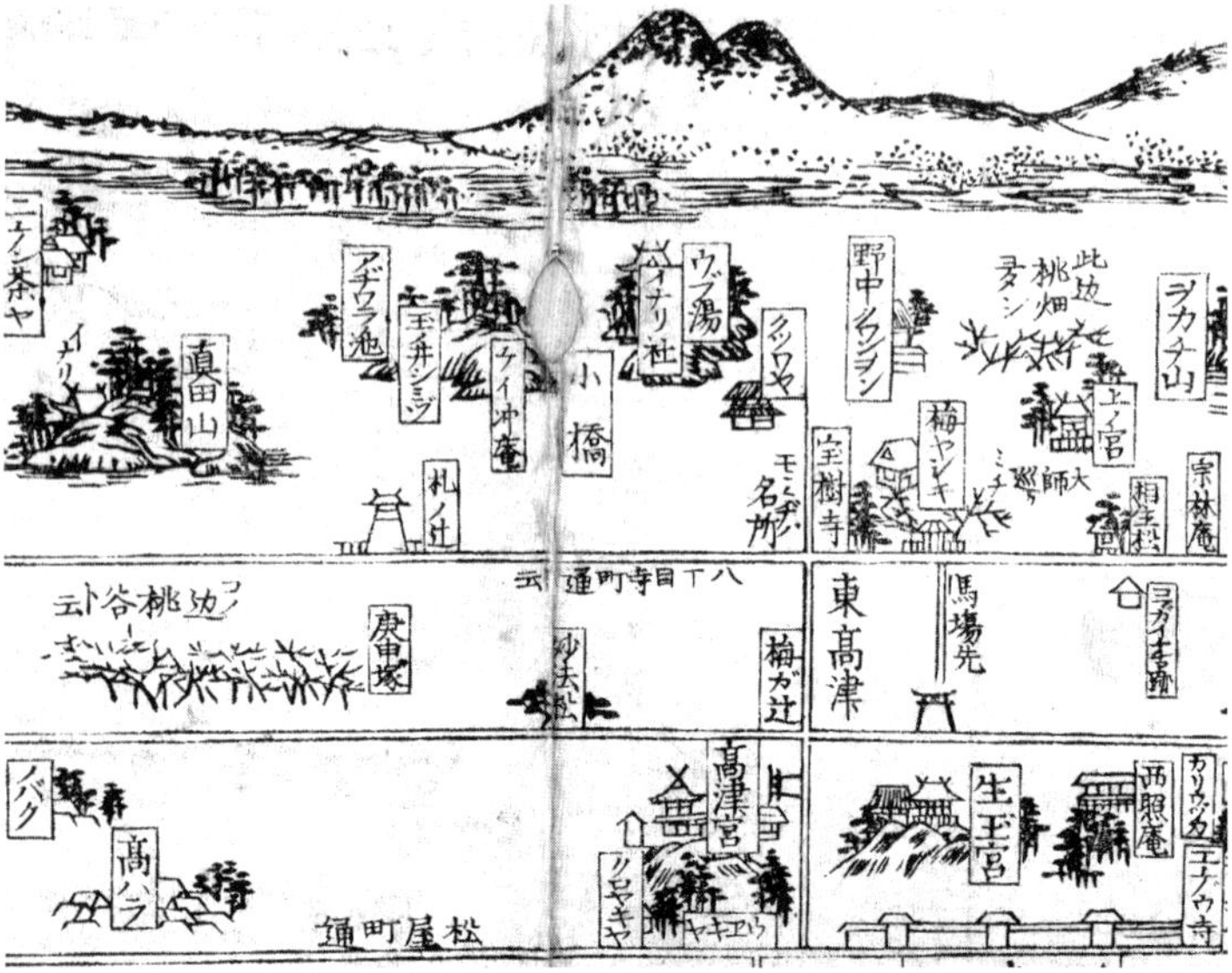

や造幣局の通り抜けをはじめとする桜花が待ちかまえている。

　しかし本来は、梅と桜の間の三月中旬には七十二候の「桃始笑（ももはじめてさく）」で知られる桃がある。かつての大坂は桃花の名所でもあった。一養斎芳瀧《いちようさいよしたき》が「浪花百景」に描いた「野中観音桃華盛《ももはなさか》り」を見ると、薄桃色の花を咲かせた桃の木に、寒さで羽毛をふくらませた二羽のふくら雀が舞い飛び、はるか

上：幕末の地図「浪華名所独案内」（部分、個人蔵）では、生玉宮の馬場先に「梅ヤシキ（梅屋敷）」があり、その上（東）に「野中クワンヲン（野中観音）」、その右（南）に「桃畑多シ」、また画面左の真田山の下（西）に「コノ辺桃谷ト云」とある
下：「浪花百景」より「野中観音桃華盛り」一養斎芳瀧画（大阪市立中央図書館蔵）

向こうまで一面の桃林がつづいている。

野中観音は、浪華三十三所観音めぐりの第十三番の札所で、近鉄上本町《うえほんまち》駅付近の東高津《ひがしこうづ》（大阪市天王寺区）にあったらしい。『浪華の賑ひ』では、「玉造小橋の辺より天王寺までの間すべて一円の桃畑なれば、この野中といえる地はまったく桃の最中《ただなか》にて、紅《くれな》い匂う花の盛りには天も酔える光景なり。されば物いわぬ花の下を人は口を休むることなくおもいおもいに謳《うた》いつれつつ樽や瓢《ふくべ》や花の枝うちかたげたる楽しみは、彼の桃源の仙境はいざしらず、その一時の栄花にて千歳も延ぶる心地なるべし」と記す。

上六周辺の上町《うえまち》台地には桃にちなんだ名称が多い。明治二〇年（一八八七）開院の市立桃山病院（大阪市立総合医療センターに統合）や、ＪＲ桃谷《ももだに》駅も明治二八年（一八九五）に大阪鉄道の駅として開設された時は桃山駅だった。大阪市立中央小学校（大阪市中央区瓦屋町）は四つの小学校の統合で生まれたが、うち二つが桃園《とうえん》小学校、桃谷小学校である（他の二校は金甌《きんおう》、東平《とうへい》小学校）。あたり一帯にかつて桃林が広がっていたイメージが浮かんでくる。

中国の「西遊記」で孫悟空が食べた不老長寿の仙桃《せんとう》が実っていたのが、仙女の西王母《せいおうぼ》の所有する蟠桃園《ばんとうえん》である。蟠桃は扁平な形をした桃だが、大坂を代表する町人学者、山片蟠桃《やまがたばんとう》（一七四八～一八二一）が号にした。また、陶淵明《とうえんめい》の『桃花源記《とうかげんき》』から〝桃源郷〟という言葉が生まれ、与謝蕪村など大坂ゆかりの文人画家たちも好んで描いている。「夜桃林《よるとうりん》を出《いで》てあかつき嵯峨の桜人《さくらびと》」という蕪村の句は京都の情景だが、「浪花百景」に描かれた風雅な世界を思い浮かべながら、桃林をイメージして春の散歩に出るのもまたよいかもしれない。

第五四景　大大阪の誇りを今に伝えるライオン橋物語

難波橋　森琴石　天岡均一　与謝蕪村「春風馬堤曲」

水都大阪を象徴する中之島には数々の名橋が架かる。〝ライオン橋〟の異名をもつ難波橋《なにわばし》はその代表であろう。北浜と西天満の堺筋に架かり、途中に中之島を挟んで全長は一八九・七メートル、幅は二一・八メートルある。

このあたりには、早くも八世紀のはじめ頃に行基により橋が架けられていたと伝えられる。しかし有名なのは、江戸時代の「浪花百景」に天神橋、天満橋とともに「三大橋」として描かれた難波橋である。幕末の中之島の東の端は「山崎の端《はな》（鼻）」と呼ばれ、陸地は現在のように天神橋どころか難波橋にも達せず、難波橋は川幅の広い大川をひとまたぎしていた。幕府管理の公儀橋《こうぎばし》で、橋の南側は、現在のように堺筋ではなく一本西側の南北の通り、いわゆる「難波橋筋」である。長さ一〇八間（約二〇七メートル）もの大型の反橋《そりはし》として構造的に中央部が高く、真ん中は展望台のように眺望が開けていた。

また、与謝蕪村の有名な「春風馬堤曲《しゅんぷうばていのきょく》」では、漢字は「難波《なにわ》」ではないが、「梅は白し浪花橋辺《なにわきょうへん》財主《ざいしゅ》の家」として登場し、鴻池善右衛門や十兵衛横町の天王寺屋五兵衛と平野屋五兵衛など富裕な商家が、あたりに多かったことを示している。

明治九年（一八七六）に鉄橋に架け替えられた頃に中之島は上流に拡張され、難波橋は中之島をまたぐようになる。昭和五〇年（一九七五）の大改修で、戦時中に金属供出で失われた欄干や橋上灯が復元された現在の橋は、もとは大正四年（一九一五）に架け替えられたものである。この時、天神橋筋六丁目まで延伸される市電敷設の反対運動が地元で起こったため、一筋東の堺筋に市電を通し、新しい難波橋が堺筋に架けられることになった。パリのセーヌ川に架かるヌフ橋とアレクサンドル三世橋を参考にしたとされるモダンな橋梁で、親柱には市章の「みおつくし」がデザインされている。渡り初《ぞ》め式の様子は、大阪の南画家である森琴石《もりきんせき》（一八四三〜一九二一）が描いた絵の下図から想像できる。戦前の大阪の最盛期、〝大大阪〟時代を代表する名橋である。

この時に難波橋に置かれたのが、異名の由来となったライオンの石像である。黒雲母《くろうんも》花《か》崗岩《こうがん》を用いて彫られ、仁王像のように口を開けた阿形《あぎょう》と閉じた吽形《うんぎょう》の二頭セットが橋の南詰と北詰に置かれ、つごう四頭の像が橋を護《まも》っている。作者は、兵庫県三田《さんだ》に生まれ、東

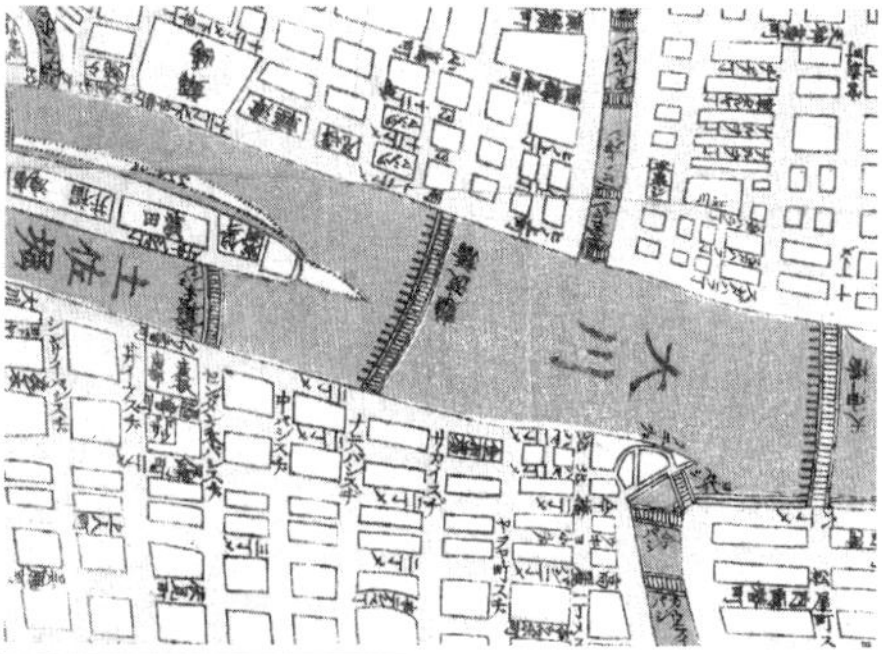

上：幕末の古地図より、難波橋が堺筋の一つ西に架かっており、中之島もまだ難波橋まで陸地になっていない頃（改正増補国宝大阪全図（部分、文久３年〈1863〉、個人蔵）
中・下：難波橋詰の４箇所に、阿（あ）と吽（うん）各２体のライオン像が配置されている

京美術学校（現・東京藝術大学）に学んで大阪で活躍した天岡均一《あまおかきんいち》（一八七五〜一九二四）である。大阪証券取引所ビル前の五代友厚像と向かいあう情景は、かつての大阪経済の強さを象徴するかのようだ。また、面白いことに大阪歴史博物館の船越幹央さんによると、相場師として成功し、「北浜の太閤」と呼ばれた松井伊助が故郷和歌山に建てた別荘六三園《ろくさんえん》（現在はがんこ和歌山六三園）には、難波橋とまったく同じ形、サイズのライオン像があるという。そこにある理由は詳《つまび》らかではないが、北浜ゆかりの相場師らしい剛毅《ごうき》な話である。

中之島には、「大阪ビルディング（現・ダイビル本館）」外壁に近代大阪を代表するもう一人の彫刻家、大国貞蔵《おおくにていぞう》の「鷲と少女の像」があるし、フェスティバルタワー外壁の陶板レリーフや大阪府立中之島図書館の北村西望《せいぼう》の彫刻、大阪市中央公会堂の屋根のメルクリウスとミネルヴァ像などもあり、橋めぐりをしながらちょっとした彫刻見学ツアーが組める。

トラでないのが残念だという阪神ファンも、難波橋のライオンの偉容には大阪の誇りとして脱帽するのではないだろうか。

第五五景　しる人ぞ知る汁屋の汁

しる市　織田作之助『夫婦善哉』『大阪発見』　麻生路郎　大久保恒次　藤原せいけん

〝B級グルメ〟が各地で盛り上がっている。かのオダサクこと織田作之助は『夫婦善哉』で、ミナミを中心とした戦前の大阪の〝B級グルメ〟を列挙するが、その一つが、心斎橋筋の旧そごう百貨店（現・大丸心斎橋店北館）から脇に入った汁屋の「しる市《いち》」だ。汁屋とは今風にいえばスープ屋ですかな。

庶民だけではなく文化人にも愛された「しる市」は、岡本一平の漫画漫文「大大阪君似顔の図」にも登場する。新しく誕生した日本第一、世界第六位の大都市・大阪の〝顔〟を漫画化するという仕事を終えての最終回。東京に帰る名残に岡本は担当のS君とうまいものを食おうとするが、前夜に贅沢したため所持金が乏しく、一杯八銭の汁屋で名残を惜しん

右上：汁屋の店内のにぎわい（麻生路郎「一ト昔前の大阪見物」『川柳漫談』所収より）
左上：汁屋の店前（藤原せいけん『続浪花風俗図絵』より）
下：岡本一平と担当のS君が「しる市」を出て名残を惜しむ様子（「大大阪君似顔の図」より）

だ。この後、大阪駅まで歩いて、朝日新聞一五回連載「大大阪君似顔の図」は大団円となる。

川柳の麻生路郎《あそうじろう》（一八八八〜一九六五）『川柳漫談』（一九二九年）や、大久保恒次（一八九七〜一九八三）『うまいもん巡礼』（一九五六年）、藤原せいけん（一九〇二〜一九九三）『続浪花風俗図絵』（一九七二年）などにも汁屋は登場し、織田も『夫婦善哉』以外に随筆『大阪発見』で、「戎橋《えびすばし》そごう横のしる市もまた大阪の故郷だ」と記し、大阪のソウルフードたることを認定する。

織田によると「しる市」は、白味噌のねっとりした汁を食べさす小さな店で、飯も酒も出さない「ただ汁一点張りに商っているややこしい食物屋」であった。「ややこしい」という大阪らしい言葉の用い方がよろしいなあ。

メニューは牛蒡《ごんぼ》の笹がきが入った味噌汁に、どじょう、鯨皮《コロ》、さわら、あかえ（赤エイ）、いか、蛸その他のかやくを注文に応じて入れてくれる。暑い時期に取材のため再訪した織田は「フーフーうだるのを物ともせず三杯」もお代りしたうえで、「何ともいえず美味い」と大絶賛。

店内はともかく狭く、「腰掛から半分尻をはみ出させた人や、立ち待ちしている人などをいれて、ざっと二十五人ほどの客」がいて、「おっさん、鯨や」「どじょうにしてくれ」と注文し、「運ばれて来るのを寿司詰の中で小さくなりながら如何にも神妙な顔をして箸を構えて」いるが、汁が来ると「顔を突っ込むようにしてわき眼もふらずに真剣に啜るのである」とする。

藤原せいけんによると、店は間口二間奥行一間。麻生路郎の本や岡本のイラストでも店内はつめつめで、大きな鍋の上に「し」「る」と記された照明の傘が吊り下げられている様子である。

面白いのが客筋で、藤原は「お店の番頭をはじめ、手代《てだい》に丁稚《でっち》といったところ」としているが、織田は別の見方をし、「しる市」の客は「驚いたことには開襟シャツなどを着込んだインテリ会社員風の人」が多かったとする。そして織田は「現代の目まぐるしい猥雑さに魂の拠り所を失ったこれ等の若いインテリ達」が、「ここを魂の安息所として何もかも忘れて、舌の焼けそうな、熱い白味噌の汁に啜りついているのではないかと思った」と分析し、「そのような下手《げて》ものに魂の安息所を求めなければならぬところに現代のインテリの悲しさ」があるとともに、「大阪のそこはかとなき愉しさ」があるとして郷土への親しみを語っている。

しかし私には若干の異論があり、「しる市」の所在は、島之内北部の心斎橋筋を少し入った鰻谷《うなぎだに》付近である。長堀川を渡ると南船場だ。当然周囲にはサラリーマンや手代が勤める会社、商店も多かったはずである。「しる市」は、ミナミで遊んだり、心斎橋筋に高級品を買い物にきた人ではなく、昼食が遅れたり、外回りや仕事の合間に小腹が空いたサラリーマンや手代がこっそり立ち寄り、手軽に空腹を癒すのにちょうどよい店だったのではなかろうか。

『夫婦善哉』にしろ『大阪発見』にしろ、道頓堀を基準に記述するミナミ派である織田は、いつも「しる市」を「戎橋そごう横」と記すので法善寺横丁や千日前の大衆店に錯覚してしまうが、本来は「心斎橋筋そごう横」が正しい。海水と真水が混ざり合う河口付近を〝汽水域〟と呼ぶが、船場など商売の街と歓楽街ミナミとが混ざり合う、都市の〝汽水域〟とも呼べそうな一角に「しる市」があったのではないか……。

インスタント味噌汁のカップを溶きながら、ふとそんな四方山《よもやま》を考えながら書いている。

第五六景　道頓堀オペラ「大阪ホフマン物語」はいかが

ＯＳＫ日本歌劇団　藤原義江　マスカーニ「イリス」

道頓堀について考えていたら、東京の〝浅草オペラ〟のような、〝道頓堀オペラ〟というのがあったか気になりだした。〝浅草オペラ〟は大正五年（一九一六）にはじまったとされ、文学者の愛好者や、〝オペラ好きのごろつき〟の意味で「ペラゴロ」と呼ばれる熱狂的なファンがいたことも有名だ。

しかし芝居町である道頓堀も歌劇と縁が深い。文楽、歌舞伎も和製のオペラみたいなものだし、近代では、松竹座に現在のＯＳＫ日本歌劇団につながる松竹の少女歌劇があったり、「マルタマ」などキャバレーも自前の小歌劇団を組織していた。名テノール藤原義江《よしえ》（一八九八～一九七六）が歌手を志したのも道頓堀だった。新国劇の役者だった彼は、道頓堀の弁天座で田谷力三《たやりきぞう》の歌を聞いて歌手に転向する。

〝道頓堀ジャズ〟という言葉が知られるようになったが、〝道頓堀オペラ〟もあってもよかった気がしてきた。

そもそも大阪とオペラだが、実はわが〝オオサカ〟は有名なオペラに登場している。イタリア歌劇の「イリス」（一八九八年初演）である。作曲者のマスカーニを知らなくても、映画『ゴッドファーザー』に用いられた「カヴァレリア・ルスティカーナ」の間奏曲をご存じの方は多いだろう。

「イリス」の舞台は吉原の遊廓で、金の亡者〝キョウト〟の手筈《てはず》で、薄幸の少女イリスに迫る若旦那の名前が、なんと〝オオサカ〟である。

〝オオサカ〟役は声をつぶす、とイタリアの大歌手から藤原義江が忠告されたほど知られた作品であり、歌劇史に〝オオサカ〟の名が刻まれていることは誇るべきことである。しかし、金満の放蕩息子を〝オオサカ〟と名付けるよう入れ知恵したのは誰か、ぼやきたくなるのも事実だ。

そこで名作オペラを大阪を舞台にした内容に翻案し、道頓堀で上演して名誉挽回、わが町の名を世界に発信したらという作戦はどうだろう。私が目をつけるのが、〝シャンゼリゼのモーツァルト〟の異名をとり、「天国と地獄」のカンカン踊りで知られるオッフェンバックの「ホフマン物語」(没後一八八一年初演)である。

原作のストーリーはこうだ。主人公の詩人ホフマンは、三人の女性に熱い恋をする。精巧につくられた歌う人形のオランピア、病気にむしばまれ、歌うと絶命する歌手のアントーニア、男の魂のみならず、鏡に映る影まで奪い尽くすベネチアの娼婦ジュリエッタの三人で、ホフマンはすべてに失恋して絶望するが、芸術の女神ミューズに救われるという物語である。

右：これもオペラの登場人物か、雑誌「道頓堀」第９号（1919年11月）の表紙の道化師（大阪市立中央図書館蔵）

左：戦前のロマンチックな「ホフマンの船唄」の楽譜

大阪に置きかえれば、人形のオランピアは、アニメの巨大フィギュアが店頭を飾る日本橋筋《にっぽんばしすじ》の物語、歌手アントーニアは、心斎橋筋の夜のストリート・ミュージシャンやカラオケの物語、ジュリエッタは、名高き「ホフマンの舟歌」が流れるなか、ネオン瞬く道頓堀をベネチアの運河に見立てて、ゴンドラで船乗り込みする物語となる。舞台はすべてミナミでドンピシャリ。題して「大阪ホフマン物語――オッフェンバックのオペラによる」はいかが。

まあ実現は難しいだろうが、夕闇せまる道頓堀で巨大なカニの看板を見上げ、ワーグナーの壮大な楽劇「神々《かみがみ》の黄昏《たそがれ》」をもじった「蟹々《かにがに》の黄昏《たそがれ》」というオペラもどないだ、と思いつくのは、ダジャレのミューズに取り憑かれた私の不幸でしょうね。♪ジャジャーン、さあ序曲がはじまった……。

第五七景 「残念石」はいつまで残念か

大阪築城400年まつり　今井祝雄「タイムストーンズ400」

平成二七年（二〇一五）に「大坂の陣400年天下一祭」のイベントが開催されたが、落城を自虐的に祝うことに大阪人として疑問を感じる私は、昭和五八年（一九八三）の「大阪築城400年まつり」をなつかしく思い出す。

あの時は大阪城で博覧会が開催され、二か月間に約五三二万人が入場した。記念事業も実施され、前年の昭和五七年（一九八二）に地元ライオンズクラブによってJR新大阪駅前に築城四〇〇年のモニュメント「タイムストーンズ400」が設置される。

大坂城石垣のために切り出されながらも、用いられなかった「残念石」を型どりし、それを原型にポリエステル樹脂とガラス繊維で成型したレプリカを二〇個積み上げた作品で、高さは約一六・五メートル。銘文には、「大阪城築城400周年を迎え、大阪城の石垣の石をモチーフにした巨石を、未来に向って積み上げ、現代に生きる、ときの想いの中に21世紀へかぎりなく発展する国際都市、大阪への自由、活力、創造のシンボルとして、真心をこめて建立したものです」と未来への希望を謳う。

作者の今井祝雄《のりお》さんは、大阪から世界に発信した前衛美術団体「具体美術協会」に参加し、大阪万博にも石のモニュメントを制作するなど、パブリックアートで活躍するアーティストである。構想では石一つが二〇年を象徴して二〇個で四〇〇年、一個一〇〇年とみれば二〇個で二〇世紀をあらわす。そして、ミレニアムで二一世紀を迎え、もう一つ積んで二一個で〝完成〟する計画だった。

しかし資金などの問題で、最後の一個は積み上げられず、現在も地表に置かれて出番を待っている。経緯は今井さんの『未完のモニュメント――まちのアートは誰のもの？』（樹花舎、二〇〇四年）に詳しい。

新大阪駅前の「タイムストーンズ400」

大坂城の「残念石」だが、本当をいえば豊臣ではなく、徳川再建の大坂城のため集められた石である。それが太閤びいきの私には残念だが、大阪の各所に残され、城内には、「残念石」を集めた刻印石広場があるし、天守閣前の「残念石」は、昭和五六年（一九八一）、石の切り出し先で、大坂城残石記念公園もある小豆島の青年会議所創立一〇周年記念事業として、大阪青年会議所とともに運んだものである。「タイムストーンズ４００」の原型は、このイベントで小豆島の黒田長政の石切《いしきり》丁場《ちょうば》から「修羅《しゅら》」（当時の木製運搬ソリ）で運ばれた。

ほかにも、落城より三〇〇年後の大正四年（一九一五）に建立された日本橋《にっぽんばし》の「安井道頓《どうとん》安井道卜《どうぼく》紀功碑《きこうひ》」と安治川の「河村瑞賢《ずいけん》紀功碑」は、どちらも川から引き上げられて碑に転用されたもの。淀川河川公園にある「毛馬《けま》の残念石」は、大坂城に転用すべく運んできた伏見城の石垣が淀川に落ちたもの。大阪市此花区の伝法《でんぽう》港には、正蓮寺川《しょうれんじがわ》の工事で発見された石がベンチとして置かれ、芦屋市立美術博物館にも「残念石」を用いたアート作品がある。

パブリックアートも「つくりっ放し、置きっ放しとならず、大切に育て上げていかなければ」と訴える今井さんだが、新大阪駅前のモニュメントは依然として〝未完〟であり、「こんなささやかな事業すら実現できない大阪の文化度および民度の向上を願うモニュメントとして立ちつづけるほかない」とも嘆いておられる。イベントを次々と企画するのもいいが、築城四〇〇年の未完成プロジェクトを完成させるのも大阪人のつとめだろう。

そこでふと思う。「残念石」はいつまで〝残念〟なのか。石の上にも三年、いや川の底にも四〇〇年。石のぼやきが聞こえてきそうだ。

第五八景　夏の味覚と文学の味わい、上司小剣『鱧の皮』

服部良一「おおさかカンタータ」「夫婦善哉」のお多福人形

大阪の夏の味覚に〝はも〟がある。この季節、飲み屋でも、はもの落とし、はもちりや、はもの天麩羅がメニューの定番だし、霜降り風の炙《あぶ》りとか鍋とか寿司とか、はも料理も種類は多彩だ。夏祭りの食べ物として「はもの洗いにひやぞうめん」が、服部良一作曲「おおさかカンタータ」(一九七四年初演)で歌われる。歌詞が「ぞうめん」と濁るのもミソだろう。わが小学校の大先輩、肥《ひ》田皓三《だこうぞう》先生からは、戦前の島之内(大阪市中央区)の夏祭りには「はもの照焼き」が食卓に出て、子供心に楽しみだったとうかがった。

きゅうりと酢であえた「はもの皮」も夏の風情を醸し出す。今ではスーパーの総菜にもあるが、雑誌「あまカラ」で知られた大久保恒次の『うまいもん巡礼』によると、「はもの皮」は本来、「すたりもの」(廃りもの、不要になったもの)であり、蒲鉾《かまぼこ》をつくるために身を使った残りの皮を売っていたという。大久保が「若い上方の人も、この味を知らない。老人からその扱いを教えられる機会を戦争でなくして、今でもたくさんあるのに、知らん顔をしているのも、無理はない」と加えるのは、戦後一〇年を経た昭和三一年(一九五六)の刊行らしい時代の気分である。

文学で〝はも〟と言えば、上司小剣《かみつかさしょうけん》(一八七四〜一九四七)だ。奈良市に生まれ、川西の多田神社で幼少期を過ごして大阪で成長した。東京の読売新聞社に入社し、大正三年(一九一四)に小説

『鱧の皮』を発表する。

主人公のお文は、道頓堀の浜側で鰻を扱い、芝居茶屋にも仕出しする讃岐屋の女将である。東京へ飛び出した亭主の福造から金を無心する手紙がきて、最後に「鱧の皮を御送り下されたく候」としたためてある。

「鱧の皮の二杯酢が何より好物だすよってな。……東京にあれおまへんてな」と、お文。今後の相談に来た叔父の源太郎も「鱧の皮、細う切って、二杯酢にして一晩ぐらい漬けとくと、温飯《ぬくめし》に載せて一寸いけるさかいな」といたってのんき。

店が一段落ついたお文は法善寺横丁に行き、甘味屋の「夫婦善哉」のお多福人形を眺め、「子供の

上：夫婦善哉の店頭に座っていたお多福（小石清撮影、「写真文化」1941年６月号）
下：織田作之助生誕100年記念の展示で大阪に里帰りしたお多福

折、はじめてこのお多福人形を見てから、今日までに、随分さまざまのことがあった」と感傷にふける。そして、小料理屋に叔父と入って、雲丹《うに》だの海鼠腸《このわた》だのの手塩皿や鉢肴を前に、手酌で三、四杯たてつづけに呑みほした。

勝手に家出したくせに、金の無心と食い意地の張った手紙で甘えてくる亭主を、お文はどう骨切りするか。

深夜の道頓堀でまだ起きていた蒲鉾屋に寄り、「鱧の皮を一円買い、眠そうにしている丁稚に小包郵便の荷作り」をさせ、結局、急ぎ足に店へ戻るのである。蒲鉾屋のモデルは、池波正太郎も愛した「さの半」とされるが、大正末ぐらいの鰻丼（並）が二五銭ぐらいなので、一円分の「はもの皮」もかなりな量だろう。しっかり者の女房と、頼りない放蕩亭主という、困ったが愛すべき人間模様を描くこの作品が、昭和一五年（一九四〇）の織田作之助『夫婦善哉』へつながることが了解できる。

ちなみに『鱧の皮』でお文は、お多福人形に「これから後、この人形は何時までこうやって笑い顔を続けているであろうか」と問いかけるが、平成二五年（二〇一三）年の「生誕１００年記念　織田作之助と大大阪」展（大阪歴史博物館）の時、当時の人形そのものが富山県の百河豚《いっぷく》美術館に現存することがわかった。『夫婦善哉』の蝶子《ちょうこ》と柳吉《りゅうきち》を経て、今なおお多福は、さまざまな人生模様を眺めて微笑んでいるんですな。

つまりは夫婦の仲が、首の皮ではなく〝はもの皮〟でつながっているという次第で、ここまで書いて〝はも〟を賞味したくなった筆者は、道頓堀で暑気払いでもいかにと、蝶子柳吉、お文福造とご同様の面々に回状《メール》をまわすべく、カレンダーを繰っているわけです。

第五九景　「負けても勝ち」心の中の真田十勇士

真田幸村　三光神社　安居神社　立川文庫

昔から大阪人には、実力がありながら敗れ去る者への名状しがたい愛惜がある。『太平記』の楠木正成、将棋の阪田三吉がそうだし、阪神タイガースびいきもその流れかもしれない。戦後の高度経済成長期を生きた私の父など、彼らの生きざまを自分に投影し、大阪で生きる励ましにしていたに違いない。

真田幸村（一五六七～一六一五）への大阪人の愛情は、さらに強い。物語で語られる幸村は痛快であり、悲愴であり、潔い。大阪人は幸村を敬愛するがゆえに、昭和六二年（一九八七）には真田山の三光《さんこう》神社に采配をふるう立像が、平成二一年（二〇〇九）には戦死した安居《やすい》神社に坐像が建立された。上本町《うえほんまち》ハイハイタウンには「大坂の陣４００年 天王寺 真田幸村博」と関連して「真田幸村緒戦勝利之碑」も建立されている。

幸村には謎が多く、本名も信繁だったらしい。英雄としての登場は、寛文一二年（一六七二）の『難波戦記』とされ、元禄の『真田三代記』を経て真田十勇士の原型が登場し、幕末明治に大衆のヒーローとなった。明治四四年（一九一一）から大正一三年（一九二四）までに、講談をもとに大阪から約二〇〇篇を刊行した立川《たつかわ》文庫にも、『知謀真田幸村』『猿飛佐助』『霧隠才蔵《きりがくれさいぞう》』などがある。

真田十勇士のメンバーは、一般には猿飛佐助、霧隠才蔵、三好清海入道《みよしせいかいにゅうどう》、三好伊三入道《いさにゅうどう》、穴山小《あなやまこ》助《すけ》、由利鎌之助《ゆりかまのすけ》、筧十蔵《かけいじゅうぞう》、海野六郎《うんのろくろう》、根津甚八《ねづじんぱち》、望月六郎が知られる。織田作之助も『猿飛佐助』（一九四五年）を書いた。織田は阪田三吉が主人公の小説も書き、自身も志の半ばで斃《たお》れた。十勇士みたいに大阪人に愛される資格十分である。

私などは、東映動画の「少年猿飛佐助」（一九五九年）が好きで、テレビの再放送で主題歌を覚えた。辻村寿三郎（旧名・辻村ジュサブロー）が人形、柴田錬三郎が原作のＮＨＫ人形劇「真田十勇士」（一九七五〜一九七七年）も懐かしい。

　幸村を思うと浮かぶ情景がある。小学校低学年の夜、母が入院した病院の待合室かどこかで、大坂の陣のテレビドラマを見た記憶である。母に確認すると、病院は、昭和三九年（一九六四）に下の弟の出産で入院した白髪橋《しらがばし》の北、大阪市西区新町《しんまち》にあった頃の日生病院らしい。東京オリンピック開幕直前で、テレビも普及しはじめていた。入院同月に朝日放送の時代劇「風雲真田城」が放送開始で、その記憶なのだろう。

　しかし、弟が生まれたことはめでたいが、母が入院した不安や寂しさはテレビを見た記憶につながっている。幸村や十勇士に私がいつも感じるもの悲しさは、悲劇的な結末以上に、少年期にすり込まれた印象のせいかもしれない。

三光神社（右）と安居神社（左）の「真田幸村公之像」

それにだいたい、少数精鋭にしても、一〇人ではすぐ全滅しそうで心許《こころもと》ない。フィクションに徹底するならばこんな新ストーリーはどうだろう。水辺の要害、梁山泊《りょうざんぱく》に一〇八人の英雄豪傑が立てこもって官軍と戦う痛快な中国の小説「水滸伝」にならい、ひとつ派手に十勇士を九八人増員し「真田百八勇士」にするのである。「水滸伝」は江戸時代に輸入され、馬琴の「南総里見八犬伝」にも影響する。棍棒《こんぼう》を振り回す三好清海入道なんて「水滸伝」の花和尚、魯智深《ろちしん》のイメージに近い。

いっそ、朝起きて真田丸を見上げたら、「六文銭」に混じって梁山泊のモットー「替天行道《たいてんこうどう》」の旗がたなびいている。山田風太郎の忍法帖と北方謙三の漢《おとこ》の世界が入り乱れたような歴史ロマンが展開し、幸村を頭領に、徳川にも豊臣にも与《くみ》せず、第三の勢力として丁々発止のかけひきがはじまる……パンパパン！（張り扇《おうぎ》で釈台《しゃくだい》をたたく音）

といった案を、上町《うえまち》台地を舞台に小説を執筆している作家の堂垣園江《どうがきそのえ》さんに勧めたら、「面白いけど、書いても書かなくても一つのことに十の文句を言うでしょ」とあしらわれた。つまり、私は文句を「十勇士（十言うし）」、すでに夢想の真田丸に入城してたんですな。家康公、お覚悟を！

第六〇景　文豪、画伯に出会う

谷崎潤一郎　北野恒富「茶々殿」　菅楯彦　野田九浦

〝ボーイ・ミーツ・ガール〟（Boy Meets Girl）という言葉は、文字どおり少年が少女に出会うの意味であるとともに、小説やドラマによくある物語の類型をあらわす成句である。月並みな話という意味にも用いられるそうだ。しかし、〝文豪・ミーツ・画伯〟、つまり、文豪が画家と出会うと、異なる二つの芸術分野の才能が丁々発止と競い合い、月並みではない優れた作品が誕生するのである。

好例が、泉 鏡花《いずみきょうか》と鏑木《かぶらき》清方《きよかた》だろう。鏡花は幽玄味あふれる小説を書き、清方は凛とした美人画を描いた。清方による鏡花の小説の挿絵や、それを題材とした幻想的な絵画は独自の境地を開いている。

かつての大阪は、朝日新聞や大阪毎日新聞（現・毎日新聞）の創業地であり、新聞の連載小説も盛んだった。東京美術学校（現・東京藝術大学）で日本画を学んだ野田九浦《きゅうほ》（一八七九〜一九七一）は、明治四〇年（一九〇七）に大阪朝日新聞社に入社し、夏目漱石の『坑夫』の挿絵を描いている。

さらに大阪ゆかりの文豪なら、関東大震災で拠点を関西に移した谷崎潤一郎

右：北野恒富が描いた『乱菊物語』の挿し絵の原画（個人蔵）

左：北野恒富「茶々殿」（大阪府立中之島図書館蔵）。谷崎潤一郎『盲目物語』の口絵に用いられた

（一八八六〜一九六五）だろう。谷崎の小説に挿絵を描いたり、本の装丁をした大阪ゆかり画家には、洋画家の小出楢重《こいでならしげ》（一八八七〜一九三一）や日本画家の北野恒富《つねとみ》（一八八〇〜一九四七）、菅楯彦《すがたてひこ》（一八七八〜一九六三）がいる。楢重は谷崎の『蓼喰《たでく》ふ蟲《むし》』の挿絵を描き、楯彦は『月と狂言師』の装丁をした。

不思議なる因縁で谷崎と結ばれていたのが恒富である。恒富の代表作「いとさんこいさん」が谷崎の『細雪《ささめゆき》』に影響した可能性が言われていることを以前に紹介したが、それだけではない。

谷崎が、大阪の富商で美術のパトロンとして知られる根津清太郎と離婚した松子と再婚し、大阪を舞台とした小説を書いたことは有名だが、それをさかのぼって清太郎と松子の結婚式の豪華な大振り袖に絵を描いたのは恒富であった。また、恒富の代表作の一つで、若き日の淀殿を描いた大正一〇年（一九二一）の再興第八回院展「茶々殿」（大阪府立中之島図書館蔵）は松子がモデルとされ、昭和七年（一九三二）刊行の谷崎の『盲目物語』（中央公論社）の口絵に用いられている。

他にも『蘆刈《あしかり》』（創元社、一九三三年）の挿絵や、『乱菊物語』（朝日新聞連載、一九三〇年）の挿絵も恒富が描いた。『乱菊物語』は恒富の没後、息子の北野以悦《いえつ》の装丁で単行本として刊行される。

恒富の孫の北野悦子さんにうかがった話では、谷崎は、恒富を主人公に、故郷の金沢を出て大阪で画家として名を成したことや、宗右衛門町などでのお茶屋遊びを小説に書きたかったらしい。しかし、あまりにも仲よくなったため、書きづらくてやめたという。

恒富の創作の原点は、道頓堀川に面した宗右衛門町など、南地《なんち》の花街であったが、今はそうした風情や情緒はない。月並みではない〃大阪人・ミーツ・恒富〃の機会が増えることを願うばかりである。

第六一景　おおさかニャンコづくし

猫塚　猫間川　まねきゃっと　上方落語「猫の忠信」　井原西鶴『日本永代蔵』

ギリシアのミコノス島など、世界の美しい風景に生きる猫の写真集や映像が人気である。大阪にも猫がたくさんいる。猫について書いてみよう。題して〃おおさかニャンコづくし〃。

まず、芸人ゆかりの「てんのじ村」界隈にある松乃木大明神（大阪市西成区太子）の「猫塚」である。三味線にされた猫の供養のため、明治三四年（一九〇一）に建立された。三味線の胴の形をした碑で、同じ境内には近松門左衛門の辞世の句を刻んだ碑もあって、猫塚芸能祭も開催されてきた。このあたり、猫の小鉄とアントニオJr.が大活躍の漫画、はるき悦巳『じゃりン子チエ』の舞台であり、通天閣にUFOが飛来するドタバタの名作、筒井康隆の『ヒノマル酒場』には、「猫が死にましてのう」とつぶやく古書店の隠居が登場する。

芸能なら、文楽に赤川次郎『三毛猫ホームズの文楽夜噺』があるし、上方落語には浄瑠璃「義経千本桜」の四段目「道行初音旅《みちゆきはつねのたび》」をパロディーにした「猫の忠信《ただのぶ》」がある。三味線の胴に皮を張られた親を慕う子供の猫が人間に化け、「わたくしの親は、あれに掛かりしあの三味線」と嘆く噺《はなし》だ。

古典では西鶴の『日本永代蔵《にっぽんえいだいぐら》』に、前世は西行《さいぎょう》法師ゆかりの金製の猫の像だったという、しぶちん親爺の話がある。

江戸時代の大坂の画人、橘守国《たちばなもりくに》（一六七九～一七四八）が『運筆麁画《うんぴつそが》』に墨画で飼い猫を描き、浮世絵師歌川芳梅《よしうめ》（一八一九～一八七九）は、「猫が熱いお茶を吹いたような滑稽な表情」を意味する諺《ことわざ》の「猫が茶を吹く」を擬人化して笑わせる。洋画家小出楢重《こいでならしげ》の画学生時代の絵日記では、島之内の長堀橋筋（堺筋）に面した小出の実家の中が猫でいっぱいだ。

今は埋め立てられたが、地名に猫を探せば〝猫間川〟がある。高麗川《こまがわ》が訛って「ねこま川」になったといわれ、大阪環状線の東側、現在の大阪市生野区から東成区を流れ、城東区で平野川に合流して大坂城の堀の役割も担っていた。天保年間（一八三〇～一八四四）の川浚《ざら》えを記念した「猫間川川浚碑」が玉造稲荷神社に建てられた。

川つながりでは、その昔、「猫橋」という橋の下から掘り出された六体のお地蔵さんを祀ったのが「猫橋地蔵」（東大阪市）である。ならば、阿吽《あうん》の獅子の石像で「ライオン橋」の異名をとる中之島の難波橋《なにわばし》も、〝大大阪時代〟らしい大きなネコ科の「猫橋」となるか。

大阪しゃれ言葉の「死んだ猫の子」は、「ニャンとも言わず」で「何も言わない」の意味。対して、もとは長堀川だった地下街クリスタ長堀の「まねきゃっと（開運招き猫）」は、彫刻なのにセンサーで「みゃあ～」と鳴く。

昭和四〇年代、小学生であった私の記憶に焼きついた光景がある。空堀《からほり》の駄菓子屋へお小遣いを握っていく途中、東横堀川の橋の上に人が集まって騒いでいる。「なんやろ?」と覗くと、川に落ちた猫をバケツで吊り下げ、すくいあげようと四苦八苦していた……。

実は平成二七年（二〇一五）の四月、わが家の猫のチャビタが死んだ。飼い主の引っ越しで置き去りにされたのを、阪神淡路大震災の直前に家の前で拾った雌猫で、享年二〇歳と五か月。人間なら一二〇歳は超えた長寿である。年を経て神通力を授かり、ご主人様をたすけてくれろと願っていたが、猫又に化ける前に天使になった。悲しい哉《かな》。しかし、この子が天寿を全うしたことで、懸命に立ち泳ぎしていた、あの時の猫の供養になった気もする。

チャビは先祖代々、大阪に住み、夏の陣では、ご先祖さまが大坂城の「犬走り」を忍者みたいに駆けまわっていたのじゃ……と勝手に思い込んでいる私だが、天国からスルスルと抜け出て、いつもの寝床に帰っておいで、チャビちゃん。

上：『諺臍の宿替』（一荷堂半水作、歌川芳梅画）の戯画。滑稽な表情を人間は「猫が茶吹く」というので、猫君もお茶を一杯、試した次第

下：松乃木大明神（大阪市西成区太子）の「猫塚」の石碑。三味線の胴をかたどっている

第六二景「オオサカ・サウダージ」心の中の大阪を探せ

中田ダイマル・ラケット　小野十三郎　木津川計

正月をどう過ごすか立ち寄ったCD店で、往年の爆笑王、中田ダイマル・ラケットの「ベスト漫才集」を入手した。名プロデューサー、沢田隆治さんが選んだ全一〇席を収め、〝青火がパァ、ボヤがボォ〟の「僕は幽霊」やら「地球は回る目は回る」など、聞けば聞くほど、なつかしい……。

ダイラケ師匠といえば、昭和五三年（一九七八）の秋、私は東京の大学にいて、心斎橋パルコの「これが漫才だ!・中田ダイマル・ラケット爆笑三夜」に行けずに残念だったことや、もっと昔、小学生の頃、土日の午後は、道頓堀の角座やなんば花月の寄席の中継とか、松竹と吉本の新喜劇をブラウン管の前で見て過ごした日々の生活の記憶もよみがえってきた。

ブラジル音楽やポルトガル歌謡のファドで用いられる〝サウダージ〟（Saudade、サウダーデとも）という言葉が浮かんでくる。単なるノスタルジーでない。憧憬、思慕、切なさも含み、両親に見守られ、無邪気に楽しい日々を過ごした過去への懐かしさや、かなわぬ憧れも含む言葉である。ボサノバの神、ジョアン・ジルベルトの名曲「想いあふれて」の原題も〝Chega de Saudade〟（シェガ・ヂ・サウダーヂ）だ。

道頓堀の近くで生まれ育った私の場合、大阪への愛情の根底にあるのは、少年時代に見た演芸や喜劇などの番組に感じる〝サウダージ〟であるらしい。他方、大阪を語りながらも郷土への愛情をあまり感じさせないテレビ番組など、制作側に〝サウダージ〟が乏しいと思えてきた。

たとえば、大阪を語るうえで、さも当然のように登場する「ヒョウ柄のおばちゃん」である。博報堂が平成一七年（二〇〇五）に、東京と大阪の主要ターミナルで約一〇万人を調査したところ、アニマルファッションの着用率は、東京四・三%、大阪三・五%で東京のほうが高かった。マスコミが喜ぶお笑いネタである「大阪はヒョウ柄などアニマル率が高い」は、旭堂南陵《きょくどうなんりょう》さんも批判しておられ（『事典にない大阪弁――絶滅危惧種の大阪ことば』浪速社、二〇一四年）、都市伝説に近い俗説であり、進んでそれを吹聴するのは、大阪への愛情とプライドが希薄な気がする。

さらに、難波生まれの詩人小野十三郎《とおざぶろう》（一九〇三～一九九六）は、昭和四二年（一九六七）の段階で、当時ドラマで「大阪らしさ」として大流行していた「がめつい」「ど根性」という言葉を本来の大阪では

右上：戎橋の上にいる３歳の筆者。昭和35年（1960）、私の記憶にある最も古い道頓堀
左上：この日は天王寺の動物園にも行った。背後には通天閣
下：昭和35年（1960）に戎橋で写された少年が、大学生の昭和52年（1977）頃に撮影した同じ戎橋。キリン会館が写る風景もすでに過去のもの

なく、「大阪を見る地方人の感傷」と断じていた。

「わが大阪庶民にも、風俗、風習、趣味、その他万端にわたって、だれかの口車にのっているとは気がつかず、大阪ふうや大阪的であることを、みずからの必要以上に自慢したがる傾向がある」と、小野はつづけて鋭く批判するのである（『大阪——昨日・今日・明日』角川新書、一九六七年）。

そして、大阪文化を、「船場型文化——伝統的大阪らしさ」「河内型文化——土着的庶民文化」「宝塚型文化——都市的華麗」に分類した「上方芸能」初代編集長の木津川計さんは、現代の大阪人は、自ら進んで誇るべき文化的伝統を壊し、大阪の都市のグレードを下げていると警鐘を鳴らす（『含羞都市へ』神戸新聞出版センター、一九八六年）。

人間それぞれ、時代や育った場所への思い、〝サウダージ〟があるだろう。世代の違いや新しく市内に入った人たちには、大阪の伝統文化を学ぶ機会が乏しく、電波で広められた「こてこて」で「厚かましく」「下品」な姿こそ、大阪らしいと信じざるを得ない事情もあったかもしれない。しかし、大阪人が自虐的に大阪を茶化す傾向が根強いのは、小野の指摘のように、大阪人のサービス精神が、悪い意味で誰かの口車にのせられ全開している気もする。

往年のしゃべくり漫才や、たこ焼きひと舟一〇個八円の記憶に〝サウダージ〟を呼び覚まされる私は、人相の変わった旧友に驚くがごとく、街の変貌にとまどい、滅亡直前の茶けた地球を眺める宇宙戦艦の艦長のように「大阪か……何もかも皆なつかしい」と、よろよろ、つぶやくばかり。「いや、そんなあほな」と元気に答える若い人たちも三〇年後は同じ心境になるかも。

第六三景　大阪発・江戸時代のグルメ本『豆腐百珍』

高津宮　湯豆腐　『摂津名所図会大成』

鍋料理に登場するのが豆腐。シンプルながら調理の工夫によって奥深い味の世界が広がる。庶民の味として定着し、古くは天明二年（一七八二）、豆腐料理を一〇〇種類も集めたグルメ本『豆腐百珍』が刊行された。

江戸時代のグルメと言えば、食通であった作家、池波正太郎を思い出し、『豆腐百珍』も江戸での出版かと思われるかもしれない。『鬼平犯科帳』『剣客商売』の舞台にもなった東京都台東区根岸には、元禄四年（一六九一）創業の豆富料理（「豆富」の字をあてる）の名店「笹乃雪」もある。

しかし、『豆腐百珍』はれっきとした上方の本、それも食い倒れの大坂で出版された。板元は大坂高麗橋《こうらいばし》一丁目の書肆、春星堂こと藤屋善七。著者の「浪華　醒狂道人　何必醇《かひつじゅん》」は、大坂で活躍した篆刻《てんこく》家の曽谷学川《そだにがくせん》（一七三八〜一七九七、墓所は大阪市天王寺区の天然寺）とされる。

『豆腐百珍』では一〇〇種類もの豆腐料理を、「尋常品」「通品」「佳品」「奇品」「妙品」「絶品」の六段階にランクづけして紹介する。

「尋常品」は、木の芽田楽、飛竜頭《ひりょうず》など、一般家庭でいつも調理する料理二六品だが、『豆腐百珍』はそこにプロの庖丁人のこつ（「包人家の訣」）を紹介する。次の「通品」は、やっこ豆腐、焼き豆腐など調理が容易なもの一〇品。「佳品」は、見た目のきれいな今出川豆腐など二〇品。「奇品」は

「人々の意のつかぬ所」を烹調《ほうちょう》した、蜆《しじみ》もどき、玲瓏《こおり》豆腐など一九品。

「妙品」は、前項の「奇品」がまだ美味を極めていないのに比べて、形も味と備わった光悦豆腐、アルコール分が抜けきるまで古酒で煮た加須底羅《かすていら》豆腐など一八品を挙げる。

「絶品」はさらに「妙品」の上を行き、豆腐の持ち味である〝真味〟を伝え、「豆腐嗜好《ずき》の人、是を味うべし」と推奨する辣料《からみ》豆腐（麻婆豆腐ではなく醤油に生姜を入れて終日煮る）、鞍馬豆腐など七品を挙げる。大尾《たいび》の百番目が「真《しん》のうどん豆腐」であり、豆腐を細長く切って、うどんのように食するもので、湯豆腐とは異なる食感が楽しめる。

気になるのが、大阪の地名がずばり入った「高津《こうづ》湯とうふ」。湯豆腐と言えば、京都南禅寺が有名だし、久保田万太郎の句「湯豆腐やいのちのはてのうすあかり」も知られるが、『豆腐百珍』の「高津湯とうふ」は、「絹ごしとうふを用い湯烹して熱葛あんかけ芥子おく」とある、あんかけである。

『豆腐百珍』は、それを賞味できる店として「大坂高津の廟《やしろ》の境内に湯とうふ家三四軒あり、其料に用ゆる豆腐家門前に

「絶景かな」と声が出そうな高津の湯豆腐屋、柏戸の外観（右）と店内（左）（『摂津名所図会大成』より、部分）

一軒あり、和国第一品の妙製なり」とガイドする。

高津宮《こうづぐう》（現・大阪市中央区）境内の湯豆腐屋は、『豆腐百珍』の口絵のほか、「柏戸」という店が『摂津名所図会大成』に絵入りで紹介される。境内が高台なので店の眺望はよく、道頓堀から大阪港までの賑わいを遠望しつつ、湯豆腐で一杯できたらしい。武士も町人も旅人も老若男女も、みんなごきげん。「柏戸」の伝統はつづき、約三〇年あまり前まで同所にあった料亭「藤壺」をご記憶の方もおられよう。

「高津湯とうふ」がいかなる風味か、縁あらば食したきものと思っていたが、高津の宮司と塩梅して、居酒屋「酒食処　吉總《きっそう》」（谷町九丁目交差点の西北地階）のご主人が「高津湯とうふ」をメニューに加えた。芥子ではないが、庶民的な優しい味でうまい。その後も『豆腐百珍続編』『豆腐百珍余録』が刊行され、豆腐料理は千変万化、一〇〇品では終わらなかった。

読者諸氏に豆腐料理を一〇〇種類食べた方はおられるだろうか。案ぜずともヘルシー指向の現代は豆腐ハンバーグもあり、知らず知らずに何十種類を喫食しているかもしれない。寒い日に鍋をつつき豆腐を掬《すく》い、昔日の浪花の通人を偲ぶのもよいものです。

第六四景　なにわの春は織田作之助文学賞

文学館　堂垣園江『浪華古本屋騒動記』

「受賞しました！」という声が携帯から飛び出した。知人の小説家・堂垣園江《どうがきそのえ》さんからの電話で、平成二七年度（二〇一五）の第三二回織田作之助賞を、三浦しをんさんと同時受賞したというのである。喜色あふれた声と同時に、目の前のスクランブル交差点がいっせいに青信号になり、お祝いの言葉を呈しながら私は雑踏に踏み出した。

織田作之助賞は、大阪市と大阪文学振興会、関西大学、パソナグループ、毎日新聞社が組織する「織田作之助賞実行委員会」主催の文学賞で、昭和五八年（一九八三）に織田作之助生誕七〇年を記念して創設された。賞は三〇回以上を数え、若手発掘の「青春賞」「U—18賞」も設けられている。大賞は熟練した実力派に与えられ、堂垣さんは『浪華古本屋騒動記』（講談社）、三浦さんは『あの家に暮らす四人の女』（中央公論新社）で受賞した。贈呈式は毎年三月、綿業会館で開かれる。

大阪市は、京都市と比べて美術家は少ないが、小説家なら圧倒的に多く生んでいると言われる。市立芸術大学がある京都に美術家が多いのは納得できるが、なぜ小説家に大阪出身が多いのか。人間の生き方の機微を突く小説は、街の雑踏の空気を嗅いで育った大阪人の得意とするところとでも言おうか。

井原西鶴、上田秋成《あきなり》にさかのぼらずとも、大阪市内生まれだけで、「直木賞」の由来となった直木

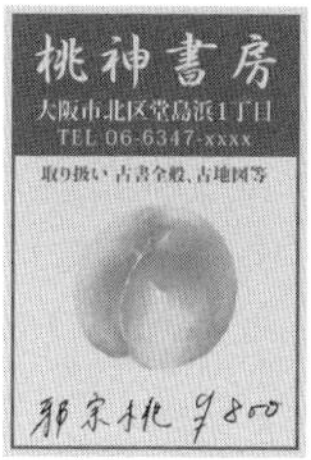

三十五、「ノーベル文学賞」の川端康成をはじめ、梶井基次郎、武田麟太郎、藤沢桓夫《たけお》、織田作之助、黒岩重吾、五味《ごみ》康祐《やすすけ》、司馬遼太郎、山崎豊子、開高健、小田実《まこと》、田辺聖子、小松左京、筒井康隆、有栖川有栖など、錚々たる作家がすぐに思い浮かぶ。

しかしまた、不思議なことに、郷土の作家を顕彰する本格的な「文学館」が大阪市にはない。司馬遼太郎記念館は東大阪市だし、個人を記念する文学館である。東京の日本近代文学館や横浜の神奈川近代文学館、鎌倉文学館などは、膨大な蔵書を蓄え、近代文学を再検証する企画展を開催している。そんな拠点が大阪にはないのだ。

実は、大阪市にも近代文学館構想があったが、立ち消えてしまった。公立の芸術大学もなく、文化施設も充実していない大阪が、どうやって今後の都市間競争を勝ち抜いていくのか心配だが、大半の大阪人には馬耳東風である。地方でも文学館の活動は熱く、以前、高知県立文学館でのシンポジウムにパネリストとして出席した時、聴衆としてつめかけた地元の文学愛好者の熱烈な反応をうらやましく思った。

さて、堂垣さんは平成八年（一九九六）に第三九回群像新人文学賞優秀作でデビューし、カナダ、メキシコ滞在を経て平成一二年（二〇〇〇）に帰国、平成一三年（二〇〇一）に『ベラクルス』で第二三回野間文芸新人賞を受賞

右：織田作之助（三木淳撮影）

左３点：小説『浪華古本屋騒動記』に登場する架空の本屋ラベル。右より団栗楼、チキチキ文庫、桃神書房

した。作品に『ライオン・ダンス』『グッピー・クッキー』などある。造詣深い南米文学に通じる匂いを漂わせながら、男性の筆かと思うほど文体はハードでエッジが立つが、『浪華古本屋騒動記』では、太閤さんのお宝探しに、老舗古書店三代目の高津と、桃神書房の啓太、チキチキ文庫のチキの三人が、古地図を手に走りまわる。個性的というか、かぎりなくケッタイな登場人物たち。これはあの店の大将やないか、いやあの御仁かも、と不思議な世界に引き込まれる。

単行本が出た時、小説に登場する架空の本屋のラベルをみんなで考えた。将来、本物の古本屋で、『浪華古本屋騒動記』を買おうとした人がラベルを見つけ、「えーっ、小説の話と思ってたら、チキチキ文庫て実在したんや」と勘違いしたら面白かろうという、これまた大阪らしい、いちびり精神を盛りこんだ戯れである。堂垣さん、まあ、何にしてもよろしおました。

第六五景　大阪人は南画が好きだったはずが……

浪華画学校　森琴石　富岡鉄斎　与謝蕪村

連続テレビ小説「あさが来た」（二〇一五～二〇一六年）が大好評であったことで、東京一極集中が進むなか、あまりに自虐的な近年の大阪人も多少、郷土に自信を取り戻したかの様子であった。私などは美術史を専攻する者として、ドラマに座敷の床の間が出てくると、舞台となった幕末明治大正の大阪で愛された絵画は何だったかと気になって仕方がない。富商の床の間に、おめでたく誰で

もわかる画題を描いた四条派などの絵が掛かっているのは普通だが、大阪人が愛した絵画ならば、もう一つ掛かっていてもおかしくないのは間違いなく南画（文人画）であろう。

本来は中国の高級官僚や知識人である〝文人〟が、山水や墨竹《ぼくちく》墨蘭《ぼくらん》などを、職業としてではなく教養の一種、余技として描いた絵画である。江戸時代半ばに本格的に日本に入り、池大雅《いけのたいが》、与謝蕪村が初期の大成者となった。とりわけ大阪は、本拠と言えるほど南画（文人画）の盛んな土地であった。

江戸時代に大坂で活躍した画人は、福原五岳《ごがく》、木村蒹葭堂《けんかどう》、十《と》時梅厓《きばいがい》、浜田杏堂《きょうどう》、岡田米山人《べいさんじん》、岡田半江《はんこう》など枚挙にいとまがない。というのも、南画（文人画）は、知的好奇心に満ちて教養高い町人たちが学ぶべき中国文化の本流であるし、中国古典への教養がないと楽しめない美術であることが、逆に彼らの創作意欲を高めるとともに、町人や武士など身分の枠を超えて、仲間たちと余暇を過ごすのに適した高級な趣味でもあった。さらに大坂の経済力が、お手本となる中国からの作品輸入を可能とし、仕事を離れて、あこがれの〝文人〟の世界に遊ぶ余裕を生み出したのである。

川端康成が愛蔵した国宝「凍雲篩雪図《とううんしせつず》」を描いた浦上玉堂《うらかみぎょくどう》や、

右：石を積む子供たち、なんだか無邪気で楽しそう。富岡鉄斎筆「聚沙為塔図」（1917年、清荒神清澄寺・鉄斎美術館蔵）

左：森琴石『墨香画譜』より（1880年、個人蔵）

田能村竹田《たのむらちくでん》らも大坂を訪れて拠点に活躍するなど、大坂は彼らにとって居心地のよい土地であり、中国趣味の濃い煎茶とも結びついて、大阪を特色づける文化として発展する。

近代も大阪は南画（文人画）が盛んで、森琴石《もりきんせき》、姫島竹外《ひめじまちくがい》や矢野橋村《きょうそん》らが活躍した。ドラマ「あさが来た」では、日本最初の女子大学設立へ主人公は邁進するが、大阪の美術界では、明治一七年（一八八四）に、実業家・樋口三郎兵衛《さぶろべえ》によって、東京美術学校（一八八九年開校）よりも早く道修町《どしょうまち》に浪華画学校が開校し、森琴石（一八四三〜一九二一）らが南画（文人画）を教える課程が設けられた。

大正九年（一九二〇）には、現在の「日展」の源流であり全国規模の公募展であった第二回帝国美術院展を見た石井柏亭《はくてい》が、会場を飾る日本画の入選作品が、大阪から入選した美人画とともに「南画が殆ど大阪で持切られて居る」と評している。

そんな南画（文人画）だが、現代の大阪は、それが自分たちの歴史であることを論じる余裕もなく、日々の生活に汲々としているようだ。自分たちの先人が築いてくれた文化的蓄積も知らず、関心も抱かずにどうやって未来を語ることができるのだろう。

宝塚市の清荒神《きよしこうじん》 清澄寺《せいちょうじ》には鉄斎美術館もある。富岡鉄斎（一八三七〜一九二四）は京都の出身だが、大鳥神社（堺市西区）の神官をつとめるなど大阪とも関係があった。明治四二年（一九〇九）、心斎橋筋二丁目時代の高島屋で誕生した高島屋美術部のためには額を揮毫し、高島屋は、何度も鉄斎の展覧会を開催している。

平成二八年（二〇一六）は与謝蕪村の生誕三〇〇年でもあったが、こうした都市文化の記憶が、今の大阪では薄らぎ忘れられているのは、まことにもってびっくりポンで、残念至極でおます。

第六六景　千両箱を抱えて走ると屋根が抜ける

大阪商業大学商業史博物館　鳥山石燕『今昔画図続百鬼』　上田秋成『雨月物語』

「いかな怪盗でも千両箱みたいなもん、抱えて屋根の上を走って逃げられるもんやおまへん」と、大阪商業大学の明尾圭造、池田治司両先生は言う。「ウソや思うなら、これを持ってみなはれ」と、なんと二千両箱を目の前にどんと置いた。といっても同大学の商業史博物館（東大阪市）にある箱は本物だが、目方は鉛を入れて二千両に合わせた体験用である。小判のサイズも時代で異なり、天保小判で計算している。一枚は重さ三匁（一匁は三・七五グラム）、二〇〇〇枚で二二・五キログラムとなる。「小学校二、三年生一人分ぐらいあります。両脇に抱えて走れば腰は抜けるし、屋根も抜ける、舟に飛び乗ったらドボンかも」と大見得を切った。さすがはその道の研究者である。

お金とは不思議なものである。その性質は本来、寂しがり屋で、お札など一人でいるのが寂しく、我々同様といった連中の財布からは逃げ出し、大勢集まりたがる。金持ちの財布に集まりやすい。ひょっとすると硬貨や紙幣にも、魂が宿っているのかもしれない。

鳥山石燕《とりやませきえん》（一七一二～一七八八）が描いた『今昔画図続百鬼《こんじゃくがずぞくひゃっき》』（安永八年〈一七七九〉刊）は、「ゲゲゲの鬼太郎」の水木しげるも参考とした妖怪画集だが、〝金霊《かなだま》〟なるものが描かれている。文字どおりお金の精霊で、石燕は、蔵の中へと空から飛び込んでくる小判や丁銀を描いて、「金だまは金気也…人善事を成せば天より福をあたふる事必然の理也」と解説した。

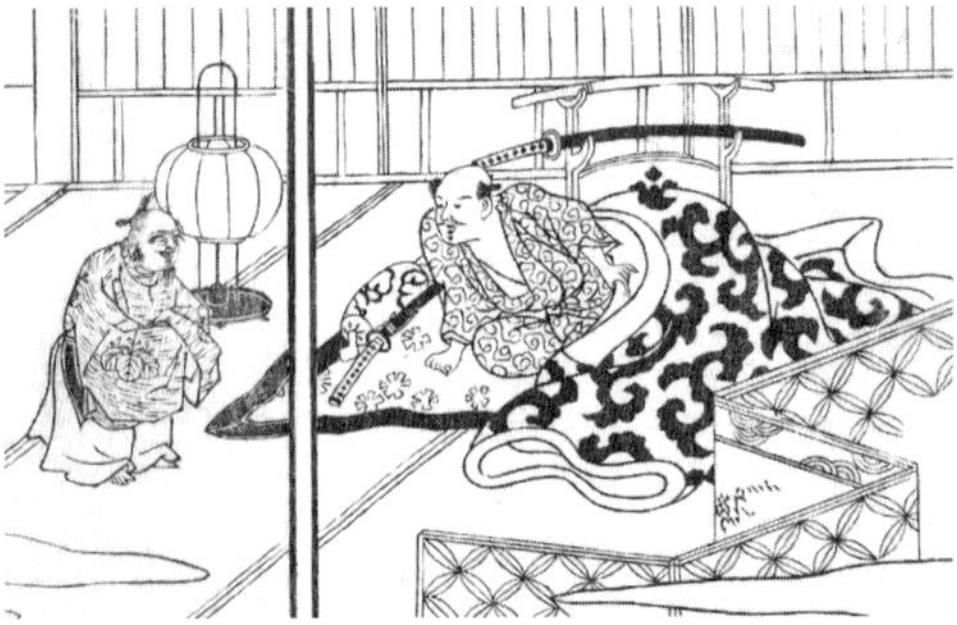

三年前の安永五年（一七七六）に刊行された上田秋成《あきなり》（一七三四〜一八〇九）の読本『雨月物語』巻之五の「貧福論《ひんぷくろん》」にも、擬人化されたお金が登場する。武辺者《ぶへんしゃ》として上杉や蒲生《がもう》家に仕え、蓄財でも高名な岡左内《おかさない》の前に、「黄金の精霊」が「ちいさげなる翁」の姿であらわれる。仏教や儒教が説く人の道とは異なる別の原理で自分たちが動いていることを語るのである。

秋成は曽根崎（大阪市北区）に生まれ、晩年京に移るまでは大坂で活躍した。精霊の衣に豊臣家の五三桐《ごさんのきり》が描かれ、家康を示す漢詩を唱えるなど、意味深長だが、政治や道徳とは異なる存在として経済や金融の法則があることを、精霊に語らせたようにも思われる。天下の経済を牛耳った大坂人の合理的な物の見方が、怪異あふれる『雨月物語』の文学者にも宿っていたのであろう。

〝がめつい〟〝金にえげつない〟といった偏った大阪のイメージを、喜んで全国発信している大阪人に出会うことがあるが、本来の大阪人はそれを嫌ってきたのではなかったか。むしろ商都でこそ培われた合理主義の精神には「黄金の精霊」のような気品があったのではなかろうか。

身内の話だが、三〇年ほど昔、心斎橋筋のさる老舗呉服店の番頭

右：鳥山石燕『今昔画図続百鬼』より「金霊」（安永８年〈1779〉刊）
左：『雨月物語』より「貧福論」の「黄金の精霊」

さんが、晴れ着を届けにこられた。家は婦人一人で、お茶を入れようと、代金を入れた封筒を応接机に置いたまま席を立ちかけたら、番頭さんに止められた。

「お金は魔物でございますから……」

支払いが双方の間で完了しないうちに、大金を残して場を離れられると、どんな間違いがおきるかわからないというのである。「お金は魔物」でも、現代の大阪の雰囲気とは印象が違う。かつては不慮の出来事を回避する合理主義精神と、それをさりげなく立ち居振る舞いにあらわす古き大阪商人の品性が残っていたように感じるのである。

話を最初に戻して、時代劇の虚構に鋭く迫る大商大博物館の展示も、竿頭一歩《かんとういっぽ》を進め、一万円札一万枚をつめこんだ一億円と同じ重さの体験用ケースも拵《こしら》えたら、千両箱とどちらが重いか軽いか。いやそれよりも、就職したばかりの若い時分に、手渡しでもらった給料袋の手触りが懐かしくなってきた。昨今は当方も財布の軽いこと軽いこと……。

第六七景　旧制大阪高等学校、浪速高等学校の〝記憶〟

第三高等中学校　大阪帝国大学

「嗚呼黎明は近づけり」「友よ我らぞ光よと」……これらの歌詞に胸を熱くされる人もおられるだろう。それぞれ旧制大阪高校と旧制浪速高校の寮歌・愛唱歌の歌詞である。

かつて各地に〝高等学校〟があった。現在の高等学校ではない。明治二七年（一八九四）と大正七年（一九一八）の高等学校令で設置され、戦後に廃止された旧制の学校である。今の高校が中等教育機関であるのに対し、国のリーダーを養成する〝帝国大学〟に進学する前段階の高等普通教育を担った。

少人数による教育が行われ、帝国大学と同程度に定員が抑えられたので、受験競争に煩わされずに大学に進学できた。学生も自由に学び、教養を深め、学生活動も盛んで独自の文化を生み出した。戦前のエリート教育や男子にかぎられたなど批判もあるが、夏目漱石や小泉八雲は第五高等学校（熊本大学の前身）で教鞭を執っているし、大阪ゆかりの作家では、川端康成が旧制第一高等学校、三好達治、織田作之助、梶井基次郎が旧制第三高等学校に在学した。

では大阪の旧制高校はどんな学校だったか。

大阪高等学校は、大正一一年（一九二二）に大阪市阿倍野区（当時は東成郡天王寺村）に開校した。国立である。鉄筋コンクリート三階建ての校舎は最新式であった。あべの筋に面して記念碑があり、同窓会が設置した「青春の像」は、平成二一年（二〇〇九）に大阪大学豊中キャンパスに移設されている。卒業生に、ノーベル化学賞の福井謙一、小説家の藤沢桓夫《たけお》、中国文学者の竹内好《よしみ》、評論家の保田《やすだ》与重郎《よじゅうろう》、漫才作家の秋田実と長沖一《ながおきまこと》、天理教二代真柱《しんばしら》の中山正善《しょうぜん》らがいる。藤沢が在学中、大高の仲間たちと刊行した文芸雑誌「辻馬車」は有名だ。

興味深いのが小説家の開高健で、昭和二三年（一九四八）、大阪高等学校に入学するが、翌年の学制改革で旧制高校が廃止され、大阪市立大学法文学部に再入学している。ちなみに小松左京も同じ年に第三高等学校に入学し、「人生で一番楽しかった年」という旧制高校時代は一年しかなかった。

浪速高等学校は、大正一五年（一九二六）に府立校として、現在の豊中市待兼山《まちかねやま》町に開設された。初代校長三浦菊太郎は「西の学習院を目指す」という言葉を残し、大阪大学豊中キャンパスにある大阪大学会館（旧イ号館、登録文化財）は、浪高本館として建設されてモダンな偉容を誇っている。サントリーの佐治敬三や大阪大学総長となる免疫学の山村雄一、民俗学者の谷川健一などを輩出した。

ところで二校開設には特別な事情があった。大阪には、明治元年（一八六八）に開設された官立洋学校の舎密局《せいみきょく》（大手前に記念碑がある）の流れを汲む第三高等中学校（後の三高）があったが、明治二二年（一八八九）に京都に移転し、帝国大学も京都に設立される。日本有数の大都会でありながら、大阪は高等普通教育の空白地となり、ようやく大正後期に大高、浪高が誕生したのである。

その後、昭和六年（一九三一）に大阪帝国大学（現・大阪大学）が開校し、昭和二五年（一九五〇）、学制改革で、一般教養教育のために大高、浪高を新制の大阪大学が包括することになる。

なお、大阪は商売、金儲けに追われ、文化や学術研究、教育などをおろそかにしがちで、いわゆる三高の京都移転を見過ごしたのも、大阪の見識のなさとする説がある。現代でも旧帝国大学（東京、京都、東北、九州、北海道、大阪、名古屋。開校順）のうち、都道

旧制大阪高校を記念した「青春の像」。大阪市阿倍野区から大阪大学豊中キャンパスに移された

府県庁所在の都市に大学本部がないのは大阪だけである。その理由は何故か。大阪と大学の関わり方の問題の根の深さに愕然とする。

第六八景　「文楽ゆかりの地マップ」でまちあるき

「夏祭浪花鑑」長町裏　下寺町

ゴンゴンチキチン、ゴンチキチン……祭り囃子が大阪市内各所で聞こえる。大阪の夏芝居といえば「夏祭浪花鑑《なつまつりなにわかがみ》」だ。延享二年（一七四五）、実際の殺人事件をモチーフに、並木千柳《せんりゅう》・三好松洛《しょうらく》・竹田小出雲《こいずも》が脚本を書き、道頓堀の竹本座で初演された。人形浄瑠璃のみならず歌舞伎でも人気狂言となり、有名な七段目「長町裏《ながまちうら》」では、高津宮《こうづぐう》の祭礼の地車《だんじり》が響くなか、遊女の琴浦を駕籠《かご》で連れ出した舅の義平次を、主人公の団七が泥田に足をとられながら殺害する。平成二八年（二〇一六）六月の国立文楽劇場「社会人のための文楽入門」でも上演された。

印象深いのが、扇町公園の仮設の芝居小屋で十八代目中村勘三郎（当時は勘九郎）が演じた「平成中村座」の熱気あふれる「夏祭」である。「平成中村座」はニューヨークでも公演し、凱旋記念公演を大阪松竹座で行った。また、平成二五年（二〇一三）の大阪松竹座「十月花形歌舞伎」では、片岡愛之助が、御神輿《おみこし》をかつぐ役に現代の高津宮の氏子《うじこ》を参加させ、私もこの時、氏子の一人として舞台を踏ませていただいた。

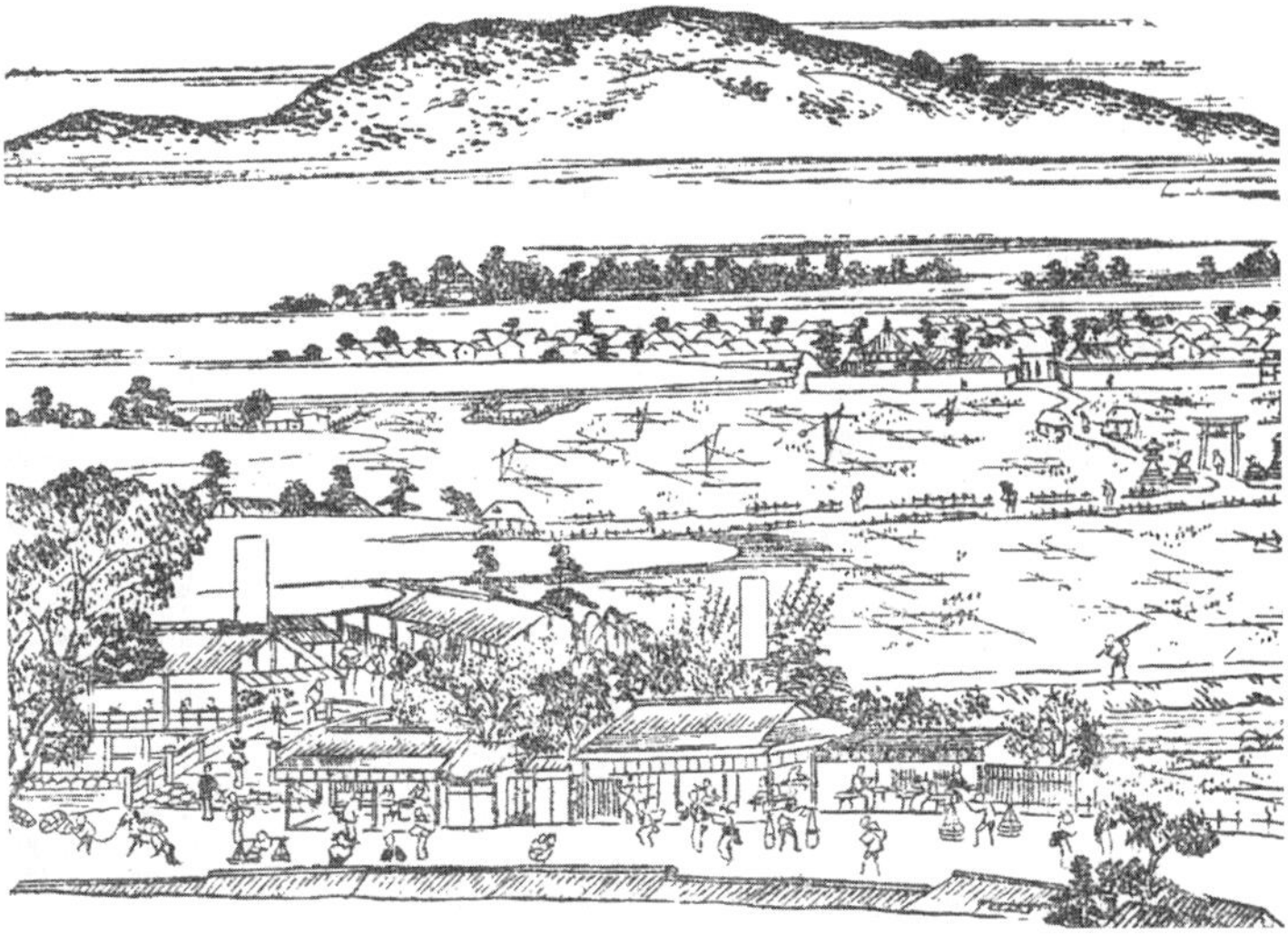

さて、世界に誇るユネスコの無形文化遺産である文楽を親しんでもらうために、大阪市は、河内《かわうち》厚郎《あつろう》さんを中心に「文楽ゆかりの地マップ」を作成した。大阪市のホームページからダウンロードでき、文楽座や竹本義太夫、曽根崎心中ゆかりの場所をめぐる街歩きコースも設けられている。

私もマップ作成に加わったが、場所の特定が難しく、「長町裏」の泥田を地図のどこに書き加える

上：暁鐘成『摂津名所図会大成』より「長町裏」（部分）
下：「文楽ゆかりの地マップ」のトップページ

かも問題だった。「郷土研究上方」夏祭号では、現在の千日前の南側、当時は関谷口と呼ばれた付近を口伝として挙げ、義平次殺しの泥田もこの付近とする。「長町」は、現在の日本橋《にっぽんばし》以南の堺筋の呼び方で、通りの裏の地域を「長町裏」と呼んだが、私には少し疑問があった。

義平次が琴浦をかどわかしたのは、祭り囃子が聞こえるほど高津宮に近い俠客《きょうかく》、釣船《つりぶね》三婦《さぶ》の家から で、現在の大阪市中央区高津か瓦屋町付近だろう。浄瑠璃は、宵闇にまぎれた義平次の逃走を「神と仏を荷い物、囃し立てたる下寺町《したでらまち》、高津宵宮《よみや》の賑いに紛れて急ぐ舅義平次」と語るので、下寺町付近を南へ逃げたことになる。そして団七は「長町裏」で義平次に追いついた。その現場を、「郷土研究上方」夏祭号がいう千日前の南側、堺筋の西側とすると、「下寺町」と離れてしまうし、駕籠が人どおりの多い堺筋を横断する必要があり、人目につきやすい危険なルートをあえてとるか疑問だった。

この問題に引っかかっていたら、暁鐘成《あかつきのかねなり》『摂津名所図会大成』に「長町裏」が描かれていた。生駒の山並みを背景に上町《うえまち》台地を経て、手前が「長町裏」で、田んぼに「夏祭浪花鑑」にも出てくる撥《は》ねつるべ式の井戸がたくさん描かれている。画面真ん中の鳥居の向こうにあるお堂が、現在も高島屋東別館の西向かいにある毘沙門堂（大乗坊）ならば、風景は堺筋西側となって、「郷土研究上方」夏祭号の説に近い。

しかし、堺筋の東側もこうした風景が広がっていたと思われるし、高津宮の御神輿が氏地《うじち》を越えて来たかの疑問も残る。ついでに言うと「文楽ゆかりの地マップ」では、団七は「八丁目さして落ちていく」ので、一丁北側の長町七丁目付近を事件現場と考えたが、団七が、泥田から紀州街道である長町へ逃走を図ったという読み方もあるかもしれない。

「文楽ゆかりの地マップ」では、堺筋西側の可能性も含みつつ、「下寺町」という言葉から堺筋の東側に幅広く印を付けた。実際の事件と創作である戯曲は別物と言えばそのとおりだが、細部にこだわるのが文楽から歌舞伎、落語にも通じる〝大阪のリアリズム〟だっせ、と新国劇の殺陣師《たてし》段平《だんぺい》のような思いで地図を検討した。今後も新しい説が唱えられるだろうし、それもまた楽しい。

第六九景　「蟻一匹炎天下」作家藤本義一のダンディズム

『鬼の詩』　川島雄三　井原西鶴　織田作之助

昨今の夏の猛烈な暑さ加減は大概《たいがい》にしてほしいが、夏をテーマに心に響く名文句がある。

〝蟻一匹炎天下《ありいっぴきえんてんか》〟作家・藤本義一（一九三三〜二〇一二）さんが好んで色紙に書いた言葉だ。

カーッと燃える太陽。灼熱の地面をチロチロ歩く蟻一匹。蒸発しそうな、蟻の小さな黒い点をジッと見つめていると、あの蟻は私かもしれないと思えてくる。涼しい蔭に身を隠そうかと思ったが、いやいや働き者の蟻のように、つらくても、もうひと踏んばり、お天道《てんと》さまの下へ出ますかと勇気づけられる。

藤本さんも大阪らしいユニークな作家である。大阪府立大学在学中から劇作家を志し、卒業前年の昭和三二年（一九五七）、ラジオドラマ「つばくろの歌」で芸術祭文部大臣賞戯曲部門を受賞し、

「東の井上ひさし、西の藤本義一」と賞讃された。大学卒業後は、「わが師」と語る映画監督の川島雄三（一九一八〜一九六三）に師事して脚本を執筆し、強い影響を受けた。映画『貸間あり』（一九五九年）の脚本は川島と共作する。急逝した川島監督を描いたのが、昭和四六年（一九七一）の直木賞候補『生きいそぎの記』であり、のちに『川島雄三、サヨナラだけが人生だ』（河出書房新社、二〇〇一年）で、川島との日々に触れた小説・随筆・対談をまとめている。

昭和四〇年（一九六五）、人気番組「11PM《イレブンピーエム》」の大阪側キャスターとなる。二五年つづいた長寿番組で、思春期の頃、大人の番組として、深夜ドキドキしながらチャンネルを回した方も多いだろう。昭和四九年（一九七四）には、大阪の落語家、桂馬喬《ばきょう》を描いた『鬼の詩《うた》』で第七一回直木賞を受賞する。村野鉄太郎《てつたろう》監督で映画化され、学生時代に当時の文楽の本拠地であった道頓堀の朝日座でこの映画を観たのが記憶に残る。

藤本さんは大阪の街と人を愛し、井原西鶴を取り上げた『サイカクがやって来た』（新潮社、一九七八年）や、川島雄三と親交があった織田作之助について、『蛍の宿——わが織田作』（中央公論社、一九八六年）を発表する。川島は織田の原作で『わが町』（一九五六年、日活）を撮影しており、オダサクを書くことは、師につながる大切なテーマだった。

さらに、若手漫才師の勉強会「笑《しょう》の会」を「村長」としてリードし、芸術祭優秀賞（一九七九年）を初の東京公演で受賞する。当時学生で東京にいた私は、B&B、ザ・ぼんちなど、新宿紀伊国屋ホールでのこの公演を見ることができた。

現在、雑誌「大阪春秋」において、イラストレーターの成瀬国晴さんから、イラストをはじめ芸術や文化、大阪のことなどをうかがう連載に、聞き手の一人として私は参加している。成瀬画伯は、「11PM」で共演した藤本さんの大親友であり、「大阪春秋」一五〇号で藤本さんについて熱く語っておられる。取材で、画伯に教えていただいたのが、〃蟻一匹炎天下〃の言葉だ。この言葉はなかなか洒落ている。じっと睨んでいると、「蟻一匹」から漢字の虫偏がとれて「義一」が浮かんできませんか。「蟻一匹」に藤本さんは男一匹ならぬ「義一」一匹の思いをこめた。

命日である一〇月三〇日の藤本さんを偲ぶ会も、「蟻君忌《ありんこき》」であり、この日に「藤本義一文学賞」の授賞式も開かれる。成瀬画伯によると、最初「蟻炎忌」の提案もあったが、統紀子《ときこ》夫人から「炎」は家の中での父らしくないと娘たちが言うので「蟻君忌」にしました、と連絡があったという。ご家庭での人柄と、ご家族のやさしい気持ちが偲ばれる話である。二年前には、蔵書や遺品を集めたギャラリー「藤本義一の書斎――Giichi Gallery」が芦屋市奥池に開設され、公開されている。

藤本さんは、作家養成スクールの「心斎橋大学総長」をつとめたり、阪神淡路大震災の震災遺児の施設建設にも尽力するなど、創作活動にとどまらず、広く社会のためにも尽くした。〃蟻一匹炎天下〃のユーモラスな六文字に秘められた、こうした大阪人らしい、優しくも毅然としたダンディズムに私は憧れる。

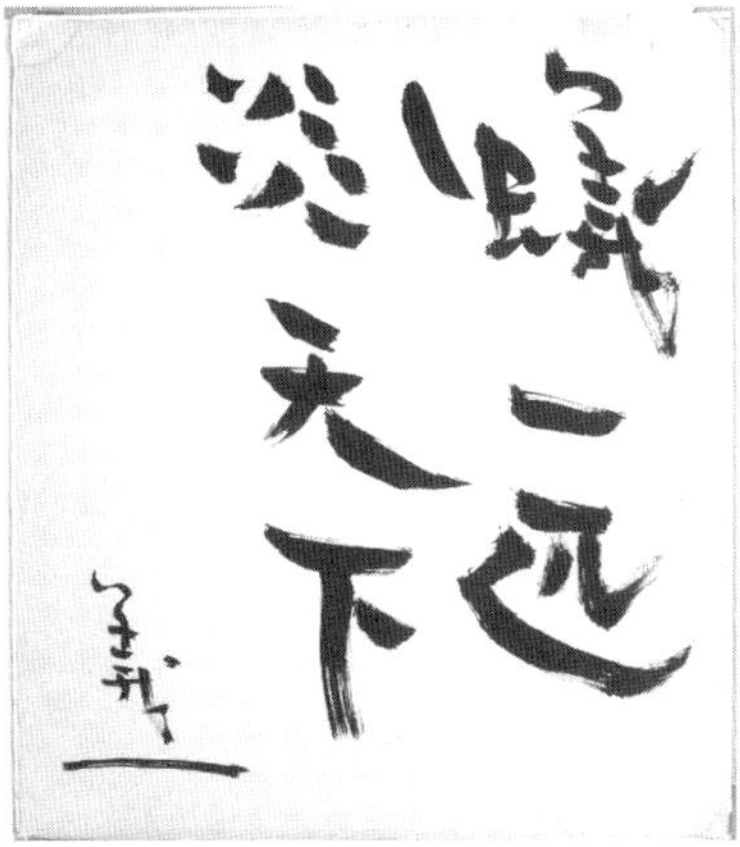

力のこもった書がすばらしい。「蟻一匹炎天下」の色紙（個人蔵）

第七〇景　傑出した大坂の天文学者たち

間重富　麻田剛立　高橋至時

〝中秋の名月〟に空を見上げていたら、平成二八年（二〇一六）は大阪の天文学にとって記念の年であることを思い出した。町人学者で天文学に通じ、幕府による寛政の改暦にも功績のあった間重富《はざましげとみ》（一七五六〜一八一六、長涯《ちょうがい》とも号す）が、文化一三年（一八一六）に没して二〇〇年なのである。大阪市が所蔵する「間重富関係資料一括」（大阪歴史博物館六五四点、大阪市立中央図書館八七点）も、国の重要文化財に指定された。

間重富は、長堀富田屋町（現・大阪市西区新町《しんまち》二丁目）に生まれた。十一棟も蔵が並んでいたことから十一屋と呼ばれた裕福な質屋の主人で、七代目十一屋五郎兵衛を名のる。商才にも長け、自らの代で蔵が四つ増え、「十五楼主人」とも号した。

大坂には、本業とは別に知的好奇心に富んで、学問に打ち込む「町人学者」の伝統がある。重富は、天文学に通じて天学家と呼ばれ、重文指定された資料も、天体の測量記録や著述、典籍、観測機器、地図絵図などで構成されている。北堀江に住む、博物学者の木村蒹葭堂《けんかどう》（一七三六〜一八〇二）とも親しかった。

江戸時代の大坂を語るには、天文学が欠かせない。重富が天文学を学んだ麻田剛立《あさだごうりゅう》（一七三四〜一七九九）は、豊後国（現・大分県杵築市）の出身で、独学で天文・医学を学び、ケプラーの第三法則を

独自に発見したとされる。宝暦一三年（一七六三）に日食を予言して名声を高めた。明和八年（一七七一）頃に大坂に移る。オランダから輸入した高倍率のグレゴリー式望遠鏡によって、日本最古の月面観測図を記すなど、理論を実測で検証する近代的な学問の姿勢を貫いた。月面には、その名にちなんだクレーター「アサダ（Asada）」がある。

剛立の弟子には重富以外に、大坂の同心であった高橋至《よし》時《とき》（一七六四～一八〇四）や山片蟠桃《やまがたばんとう》（一七四八～一八二一）もいる。全国を測量して『大日本沿海輿地全図』を作成した伊能忠敬《いのうただたか》（一七四五～一八一八）は至時の弟子であり、重富の指導も受けた。当時の日本は太陽暦ではなく、月の満ち欠けの周期に基づく太陰暦を基礎として、太陽の動きによって閏月《うるうづき》を入れる太陰太陽暦を用いていたが、不備が目立つようになり、寛政一〇年（一七九八）に新しい「寛政暦」が作成される。「寛政暦」をつくるべく、大坂から幕府天文方に招かれたのが高橋至時であり、重富も同行して、天文方と同格の待遇を受けた。

重富も観測器械を職人につくらせ、帰坂してからは、西

右：間長涯天文観測の地の石碑（地下鉄西大橋駅近くの長堀通りの中央分離帯にある）
左：間重富が考案・改良した天文観測用器具（実物大レプリカ、大阪市立科学館蔵）

長堀の富田屋橋《とんだやばし》など橋の上で天体観測したという。幕府の命により橋の通行人を止めての観測であり、大坂商人としては「ご迷惑おかけしてすんまへん」という感じだったかもしれないが、天文学者としての実力が国中に認められていたことの証《あか》しでもあるだろう。長堀通りの中央分離帯に「間長涯天文観測の地」の石碑がある。

重富や至時の名前は世界にも発信され、小林隆男氏が発見した小惑星の名称は彼らにちなんで「10832 Hazamashigetomi」「12365 Yoshitoki」である。大阪市立科学館の嘉数次人《かずつぐと》氏は、『天文学者たちの江戸時代――暦・宇宙観の大転換』（ちくま新書）で、大坂を本拠とした天文学者たちの活躍を熱く、わかりやすく描いている。嘉数さんは、いかにも江戸時代の天学家らしい風貌である。

現代の大阪にも、会社を経営したり、企業や役所に勤務しながら、学問や芸術、文化活動など多彩な分野で、趣味の域を超えて高度な活動をしている人たちがいる。そういう活動が、社会に知られ、評価されるようになれば、もとから、自らの知的関心や審美眼で突き進む「町人学者」の伝統ある大阪のモチベーションもあがるだろう。

第七一景　大阪モダニズムと私鉄沿線

前田藤四郎「香里風景」　帝塚山派文学学会　北野恒富　帝国キネマ長瀬撮影所

近代の大阪では、大正末の第二次市域拡張による〝大大阪〟成立とも関係して、文化や芸術にモダニズムが開花した。綿業会館、ガスビルなど、建築にその華やかさを実感できるし、当時の美術作品に、大阪の画家たちの熱気が確認できる。

栃木県の鹿沼市立川上澄生《すみお》美術館で開催された特別企画展「前田藤四郎と川上澄生——モダニズム版画の実験室」（二〇一六年）で、大阪モダニズムを代表する版画家・前田藤四郎（一九〇四〜一九九〇）の芸術が全国発信されたのは喜ばしい。そのカタログの原稿を書いて改めて感じたことがある。

モダニズム文化では「阪神間モダニズム」という言葉が知られる。平成九年（一九九七）に兵庫県下の美術館が連携して「阪神間モダニズム」展も開催された。しかし、戦前に前田が活動したのは船場のど真ん中、淡路町《あわじまち》や平野町《ひらのまち》である。「阪神間モダニズム」は、阪神間の住宅地が点在した都市近郊タイプのモダニズムであり、前田を語るには、大都会の中心でダイナミックに展開した都市型の「大阪モダニズム」が必要である。

そしてもう一つ、「阪神間モダニズム」が阪急・阪神沿線の文化であるのに対し、他の私鉄沿線の文化の再検証もあまり進んでいないのではないか。

たとえば戦前の京阪沿線では、大阪・京都の中間に位置する枚方に、京阪奈学研都市に相当する大学都市建設の構想があったらしく、昭和三年（一九二八）、大阪女子高等医学専門学校（現・関西医科大学）が開かれ、翌昭和四年（一九二九）、矢野橋村《きょうそん》、斎藤與里《より》らの大阪美術学校が大阪市内から枚方御殿山に移転して本格的な校舎を建設している。

昭和六年（一九三一）には、香里駅（現・香里園駅）の東に造成された宅地でハウジングフェア「香里改善住宅展覧会」が開催された。前田の「香里風景」は、ここのモデルハウスを会場にした「室内美術展」に出品されたようである。田園風景を描いた優美な作品で、都心で働くサラリーマンの需要に応え、郊外でのアートのある新しい生活を提案する。まさに都市近郊の私鉄沿線モダニズムだろう。

南海電鉄や阪堺線にもモダニズム文化がある。帝塚山や住吉は〝大大阪〟成立で大阪市に吸収されるが、文学者や画家が集まり、文化圏を形成していた。院展の中村貞以《ていい》（一九〇〇〜一九八二）は帝塚山に画室を構え、関東大震災後に京都に移住した岸田劉生《りゅうせい》（一八九一〜一九二九）も大阪での所用のおりには、聖天坂《しょうてんさか》（大阪市西成区）にあった画家仲間の斎籐清二郎宅に宿泊し、二階からの眺めを小品に描いている。近年、「帝塚山モダニズム」が唱えられ、藤沢桓夫《たけお》、伊東静雄、庄野英二、庄野潤三など文学者研究を中心とした「帝塚山派文学学会」も結成された。

大軌（大阪電気軌道）の名称で親しまれた近鉄沿線では、大正一二年（一九二三）、大阪の日本画壇の中心、北野恒富《つねとみ》（一八八〇〜一九四七）が小阪《こさか》（現・東大阪市）に五六畳敷のアトリエのある居宅を設けている。小出楢重《こいでならしげ》（一八八七〜一九三一）が、洋画家としてハイカラな神戸に近い芦屋に転居したのと同じく、日本画家として日本の古美術に関心が高い恒富が、奈良に近い近鉄沿線に転居したのは当然かもしれない。

大正五年（一九一六）には小阪に映画の撮影所が開設され、昭和三年（一九二八）に「東洋のハリウッド」と呼ばれた帝国キネマの長瀬撮影所が設立された。撮影所の跡地は現在の樟蔭学園樟徳館にあたり、近くの長瀬川には「帝キネ橋」が架かっている。

「阪神間モダニズム」は西宮や芦屋、伊丹など各市に美術館がある兵庫県下で顕彰され、発信されてきたが、前田藤四郎展のカタログを書き進めながら、「大阪モダニズム」やそのほかの私鉄沿線のモダニズム文化について、せめて地元大阪で愛情をもって発信してもらいたいとい

上：前田藤四郎「香里風景」。昭和6年（1931）に「香里改善住宅展覧会」に出品された。これも私鉄沿線のモダニズム

下：近鉄沿線のモダニズム、帝国キネマ長瀬撮影所

つも思っている。

第七二景　町人の町人による町人のための学問所、懐徳堂

山片蟠桃　重建懐徳堂　大阪大学懐徳堂研究センター

日本からのノーベル賞受賞者は一様に、成果がすぐには出ないが基礎研究の重要性を訴え、現代日本社会が、性急に実用性を求め、教育研究の予算さえも削減する傾向にあることに警鐘を鳴らす。確かに現在の大学は、運営予算や期限付きで雇われる研究者の待遇など、ますます落ち着いて教育や研究ができる状況にない。

そうしたなか、平成二八年（二〇一六）に大阪大学総合学術博物館では、第一二〇回企画展・重建懐《ちょうけんかい》徳堂《とくどう》開学一〇〇周年記念「ＫＡＩＴＯＫＵＤＯ　大阪の誇り――懐徳堂の美と学問」を開いた。「懐徳堂」は、緒方洪庵《おがたこうあん》の「適塾」と並ぶ大阪大学の源流で、享保九年（一七二四）、儒者の三宅石《みやけせき》庵《あん》を学主に、尼ケ崎町一丁目（現・大阪市中央区今橋《いまばし》四丁目）に設立された漢学塾である。二年後に将軍吉宗から公認され、官許の学問所となったが、創設は、「五同志」と称される五人の豪商の出資で実現した。運営も商都大坂の実情に応じて合理的精神に貫かれ、規則で「書生の交りは、貴賤貧富を論ぜず、同輩と為すべき事」と定めるなど、身分にこだわらず学べたり、急用があれば講義中でも退出できた。

江戸や京都では考えられない、大坂らしい町人の町人による町人のための学問所である。淀屋橋の日本生命ビル（今橋三丁目）南側に懐徳堂旧跡を伝える石碑が立つ。

教授陣は、五井蘭洲《ごいらんしゅう》、中井竹山、中井履軒《りけん》らが教鞭を執り、門下から草間直方《くさまなおかた》、富永仲基《とみながなかもと》などの優れた町人学者を輩出する。日本文化を研究した海外の研究者に授与される「山片蟠桃《やまがたばんとう》賞」（第一回受賞はドナルド・キーン）に名を残す山片蟠桃もそこで学んだ。

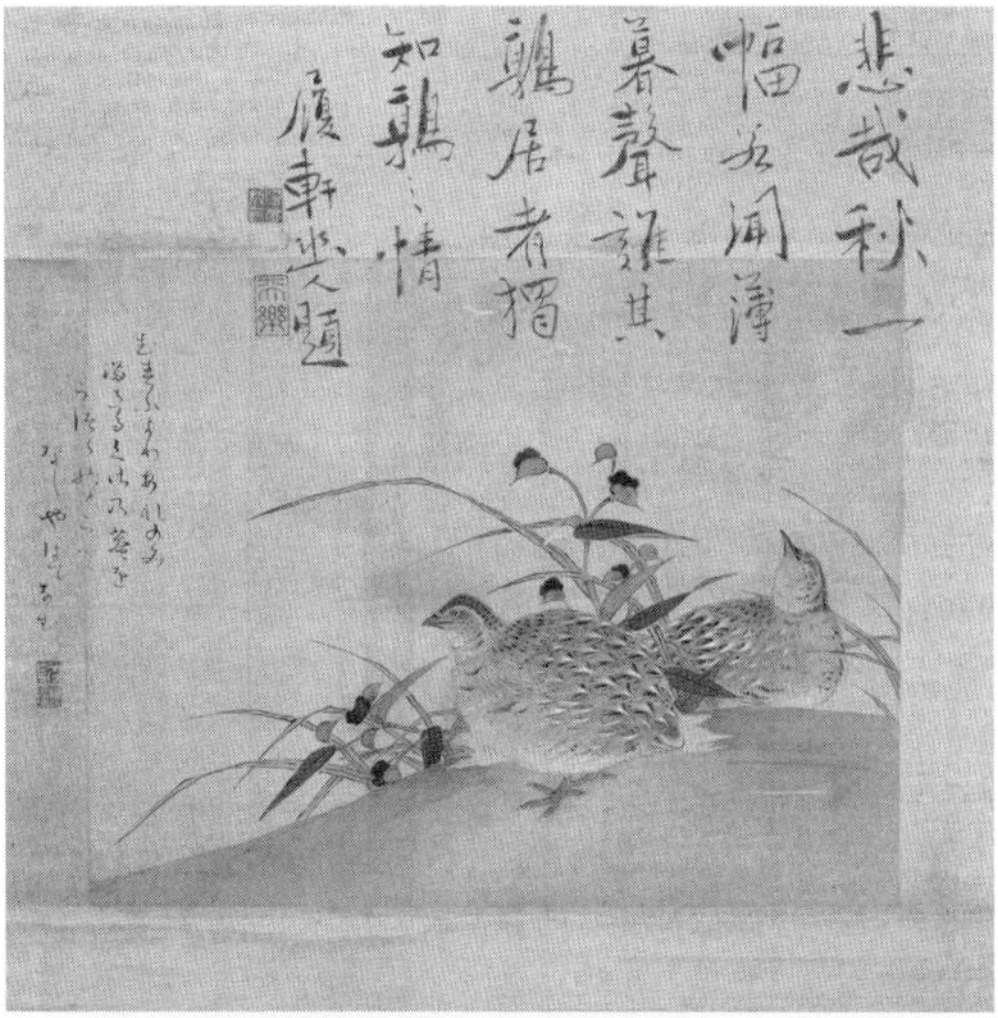

上：絵からはみ出して賛をする浪花の文人たち。「中井履軒・上田秋成合賛鶉図」（一般財団法人懐徳堂記念会蔵）

下：重建懐徳堂の復元模型（大阪大学大学院文学研究科蔵）

明治維新で懐徳堂は閉校となるが、中井家や大阪朝日新聞の主筆、西村天囚《てんしゅう》が政財界に働きかけ、大正五年（一九一六）に「重建懐徳堂」として再建される。広く人々に門戸を開いた「市民大学」と言われる。昭和二〇年（一九四五）の大阪大空襲で、重建懐徳堂は焼失するが、貴重資料約三万六〇〇〇点は無事で、戦後、大阪大学に寄贈されて「懐徳堂文庫」となる。

このことから大阪大学は、懐徳堂を自校の精神的源流と位置づけ、一般財団法人懐徳堂記念会と協力し、公開講座などの各種事業を展開している。市民や社会と大阪大学を結ぶ拠点・組織として平成二〇年（二〇〇八）に設立された「21世紀懐徳堂」も、その名にちなんで命名されている。

重建懐徳堂開学から一〇〇年目を記念した展覧会は、漢学塾なのでいくぶんか難しいように思われたかもしれないが、懐徳堂にはめられていた谷文晁《たにぶんちょう》の襖絵《ふすまえ》など美術品も展示された。また常設展には、建物の中をコンピュータグラフィックスで再現した「バーチャル懐徳堂」もあって、結構面白い。所蔵資料は、大阪大学懐徳堂研究センターのホームページの「ＷＥＢ懐徳堂」でも公開されている。

そこで最初の話に戻る。ここ数年、ノーベル賞受賞者が必ずインタビューで訴えるのが、過度の成果主義に傾き、基礎研究をおろそかにする日本の教育・研究現場の現状である。日々の商売で明け暮れる町人たちが純粋に学問を愛し、自らの資質向上と学問の普及に資力を惜しまなかった懐徳堂の存在を、受賞者たちはどう思うだろう。実利優先の街としか思われていない大阪にあって、懐徳堂の存在は、むしろ現代にこそ大阪が誇るべきことではなかろうか。

第七三景　三都三府のプライド

広瀬旭荘『九桂草堂随筆』『大大阪イメージ』

『二都物語』（A Tale of Two Cities、一八五九年刊）は、フランス革命期のパリとロンドンを舞台としたディケンズの長編小説だが、日本にも〝三都〟という言葉がある。幕府直轄の大都市「江戸」「京都」「大坂」を総称した呼び方である。これら三都市は、歴史的にも文化的にも強い個性をもって繁栄し、「天下の貨七分は浪華にあり、浪華の貨七分は舟中にあり」の名言を残した広瀬旭荘《きょくそう》（一八〇七〜一八六三）も、『九桂草堂随筆《きゅうけいそうどうずいひつ》』で各都市の違いを語っている。

明治から昭和初期にかけては〝三府〟という言い方もあった。東京が都になるのは、戦時体制強化の非常措置によるもので、東京府、京都府、大阪府を〝三府〟と呼んだのである。徳富蘆花原作の「不如帰《ほととぎす》」の覗きからくりも「三府の一《いち》の東京で、波に漂うますらおが、はかなき恋にさまよいし……」と歌いはじめる。

〝三都〟に私は数学的な説明を考えている。素数（prime number）のような都市と見なせはしないか。素数は自然数のうち、1かそれ自身でしか割れない数字だ。2、3、5、7、11、13……とつづく。4は2で割れ（2×2）、6も2と3で割れる（2×3）ので素数ではないが、3は素数だ。〝三都〟も、その都市固有の要素以外で分割できない性質の都市と解釈してみるのである。

逆の事例を挙げれば、京都市観光協会の呼びかけで昭和六〇年（一九八五）、「小京都」を称する都

市が集まり「全国京都会議」が発足した。「小京都」とは、千年の王城の地、京都になれないが、環境や歴史が京都に似た街という意味、つまり素数の都市、京都に2や3を掛けた都市と言うこともできる。平成八年（一九九六）からは、関東の川越市、栃木市、佐原市（現・香取市）が「小江戸サミット」を開催する。これも江戸に2や3を掛けた街だろう。

「小京都」「小江戸」は、それ以上分割できない素数都市〝三都〟を模倣した都市である。「西遊記」で孫悟空が釈迦の掌から逃げ出せなかったように、江戸や京都の枠組みからは抜け出せない。そこに問題意識を感じ、金沢、高山、盛岡などは「全国京都会議」を退会している。

では大阪はどうだろう。明治末ぐらいから大阪は、工業力において「東洋のマンチェスター」と呼ばれた。イギリスの工業都市マンチェスターにいくらかの数字を掛けた「小マンチェスター」であることを自慢したわけだが、一方国内的には「小大阪」を自称した街が存在した。

大阪歴史博物館の船越幹央さんによると、かつては東北の大阪（郡山）、関東の大阪（下館）、四国の大阪（今治）、山陰の大阪（米子）、北陸の大阪（高岡）など、全国に大阪を冠した都市のイメージが展開していたらしい（船越幹央「「大阪」と呼ばれた街――模倣する都市と模倣される都市」『大大阪イメ

大阪市民の誇り、大阪市中央公会堂。全国にも大阪市中央公会堂を模したとされる建築があるとか

ージ』創元社、二〇〇七年所収)。

また、全国に「〇〇銀座」があるように、「〇〇心斎橋」「〇〇の千日前」もあったという。一九七〇年代中期の話だが、高校のクラス合宿で岐阜県の山間部に行くバスに乗り換えるため、駅で降りたところ、「〇〇の心斎橋」という看板を見た記憶がある。イメージを誘発する言葉で都市を見直すことは新鮮だし、街をよくするうえで参考になる。他都市に2や3を掛けた街ではなく、歴史や文化を基軸に大阪以外の何ものでもない街を市民自らつくっていくべきであろう。

第七四景 「野良犬会」は吠える

藤本義一『鬼の詩』 今東光『悪名』 今東光資料館

文学の力は大きい。織田作之助賞に関連して、優れた作家たちを輩出している大都市であるのに、大阪市内に公立の本格的文学館がないことを嘆き、藤本義一さんを取り上げて、地元大阪の文学を大事にするべきでは、と気炎を上げていたら、奇しき因縁か、平成二九年(二〇一七)に今東光《こんとうこう》資料館(八尾市本町)で企画展「続・東光と交流したひと——今東光と藤本義一」が開催された。藤本義一さんの記念館「藤本義一の書斎——Giichi Gallery」(芦屋市奥池町)との共催企画である。

今東光(一八九八〜一九七七)は、谷崎潤一郎を生涯の師と仰ぎ、戦前は新感覚派の作家として活躍するが、既成の文壇に反発して天台宗の僧侶となる。昭和二六年(一九五一)、天台宗総本山延暦寺座主《ざす》の直命で天台院の特命住職となったことで、八尾に移り住み、「河内はバチカンのようなところ」「歴史の宝庫」と驚嘆した。その驚きを原動力に作家として復活、昭和三一年（一九五六）、『お吟さま』で第三六回直木賞を受賞し、『河内風土記』『こつまなんきん』『悪名《あくみょう》』など、一連の「河内もの」を発表した。

しゃべり方がなんともガラッパチで、面白い和尚であったことを覚えているが、そんなうわべとは異なる学僧であり、中尊寺貫主《かんす》にもなって国宝の金色堂の昭和大修理を実現させた。

参議院議員になった時は、学生時代からの親友であった川端康成が選挙事務長をつとめている。勝新太郎、田宮二郎主演の映画『悪名』のシリーズは、よく見たなあ。シリーズ第九作の『悪名太鼓』は藤本さんの脚本という。

さて、藤本さんが『鬼の詩《うた》』で直木賞を受賞した時、第三回「野良犬会」で受賞を祝い、みんなで寄せ書きをした屛風がある。「野良犬会」は、「鎖に繫がれていない犬、首輪のない犬たちの会」を標榜し、特定の出版社に縛られないで執筆する作家の集まりで、昭和四八年（一九七三）に結成された。寄せ書きしたメンバーは、会長・今東光、副会長・柴田錬三郎、事務長が梶山季之《としゆき》、会員に、井上ひさし、黒岩重吾、田中小実昌《こみまさ》、長部《おさべ》日出雄、戸川昌子、野坂昭如、山口瞳、藤本義一、吉行淳之介らで、それぞれが言葉を贈っている。藤本さんの直木賞受賞は結成の翌年にあたり、屛風には「祝藤本義一君」と今東光が大書して、ひと癖もふた癖もある他のメンバーもなにやら一言ずつ書いている。

藤本さんが東光に会ったのは学生時代のことだという。将来の進路は決まっていなかったが、大阪府立大学で農業経済学を専攻し、河内木綿研究の第一人者である武部善人《よしと》教授について、木綿や河内ぶどうの調査に河内をまわっていた。学生は藤本さんただ一人。その調査のおり、天台院に立ち寄り、気さくな東光和尚と何時間も話し込んだらしい。

「中外日報」のシナリオ懸賞で藤本さんが「佳作」となり賞金をもらいに行った時は、後の同社の社長でもあった東光和尚が、「なにやらムニャムニャと賞状の文面を読み、ワハッハとなにが一体おかしいのやら笑われて」、賞金が手渡されたという。二人は親子のような、歳の近い親友同士のような、なんとも面白い交流をつづけ、学生時代の調査から河内の女性が乳母《うば》として大阪で働いていたことを知る藤本さんは、「河内の乳母の話はまだ書かないのか」と、いつも和尚からハッパをかけられた。

今東光資料館は八尾市立図書館内に設けられ、展示もコンパクトで規模も大きくはないが、この館が文化発信に果たす役割は大きい。地域への思いの深さがあらためて偲ばれる。やはり文学館は熱いのである。

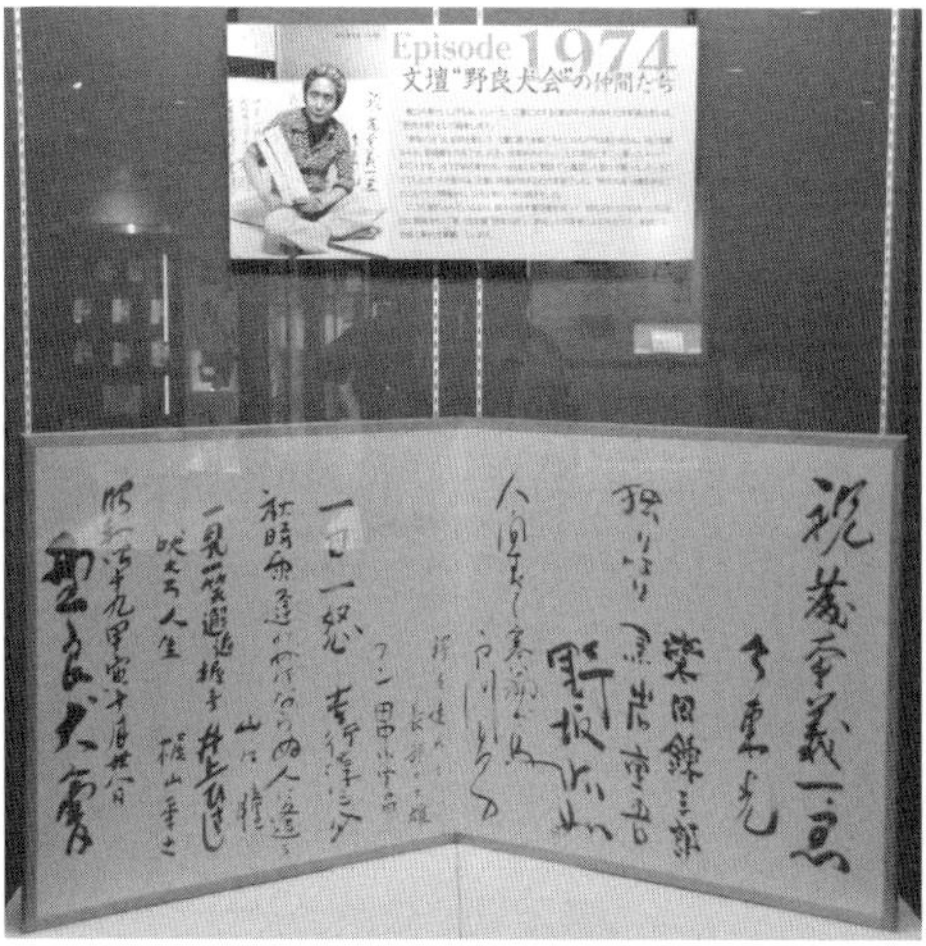

今東光資料館での企画展で展示されていた野良犬会の屏風

第七五景　「十円玉は旅がらす」銅とゆかりが深い大阪

銅座　泉屋　銅吹所　造幣局　造幣博物館　ギザ十

高校の同期会の年賀状に、我々の学年も還暦を迎えるので、それを祝賀する会を秋に開催したいとの案内があったが、結局参加できなかった。もうそんな歳になったかと感慨は深いが、私は早生まれなので、ＪＲ大阪環状線にたとえれば、大阪駅から内回りで出発して、仲間の大半はぐるりとまわって大阪駅に戻ったが、私はまだ天満、桜ノ宮あたり。天王寺発の外回りならば、天王寺に到着する前の寺田町付近にいるようなものだ……と、いつも思っている。そんな案内をもらったせいか、子供時代を思い出すことが多くなったし、最近、十円玉の収集に凝りだしたのも気になった。

自動販売機に入れた硬貨が戻ってくることがある。首をかしげながら見ると、すり切れ、ちびって、軽く小さくなった硬貨である。製造年代の刻印が、私の生まれた昭和三三年（一九五八）だったらたまらない。そんな十円玉を見つけると、私と同様に還暦を迎えるまでの歳月を、社会の中でぐるぐるまわって摩耗したのだ、と感無量になる。

昭和二六年（一九五一）から昭和三三年（一九五八）に製造された十円は、縁にギザギザの溝があり〝ギザ十《じゅう》〟と呼ぶらしい。確かに溝もそうとう摩滅している。わが身を省みて「ご苦労さん、少しお休みなさい」という気持ちもあって、同年配の〝野生〟の十円玉を見つけると記念にとっておくことにした。

この十円玉だが、もちろん主成分が銅で、大阪は銅とゆかりが深い。江戸時代、銅を管理する役所の銅座が設けられ、全国の銅山で産出される銅は大坂の銅吹屋に集積された。かつて銅座があったとされる場所に、大阪市立銅座幼稚園や銅座公園（大阪市中央区内久宝寺町）があるし、明和三年（一七六六）に銅座が設置された今橋《いまばし》の大阪市立愛珠《あいしゅ》幼稚園の前には、「銅座の跡」の碑が建立されている。

また、住友グループの源流であり、銅吹屋の中心となった泉屋の銅吹所が、長堀川に面する鰻谷《うなぎだに》（大阪市中央区島之内）にあり、国内の約三分の一を精錬する日本最大の銅の精錬所であったことは、遺構の一部保存とともに知られている。幕府御家人ながら狂歌で有名な大田南畝《なんぽ》（一七四九〜一八二三）は、大坂の銅座に赴任したおり、銅山を中国で「蜀山《しょくさん》」と言うのにちなんで「蜀山人《しょくさんじん》」と号したが、大坂滞在中、木村蒹葭堂《けんかどう》や上田秋成《あきなり》とも親交を結んだり、住友が刊行した『鼓《こ》銅《どう》図録』の題字も書いている。

そして、桜之宮には造幣局（大阪市北区天満）が設けられ、ここで日本の硬貨はつくられている。造幣局には明治四四年（一九一一）の煉瓦造りの建物を改

上：「銅座の跡」の碑（大阪市中央区今橋、大阪市立愛珠幼稚園前）
下：昭和20～40年代の十円玉。どことなく疲れた感じが私をなごませる

装した「造幣博物館」があるので、関係の貴重な資料を見ることができる。見に行きたい博物館だ。

昭和二〇年代末から三〇年代前半の十円玉を眺めていると、製造したてのピカピカの顔で造幣局から旅立ち、どこをめぐってきたか想像してしまう。アベベが走った東京オリンピックや大阪万博にも行ったり、開通したばかりの新幹線の車内販売や、公衆電話で大切なメッセージを伝えるため、その身を投じたかもしれない。

還暦を迎えた後は、摩滅で自動販売機をしくじった〝ギザ十〟のふちを撫でながら、つるっとしたバブルや平成の時代の十円玉とはキャリアが違うんだよなあと、ぶつぶつつぶやくメランコリックな夜も多くなった。

第七六景　記憶の劇場、道頓堀と中之島

絵看板　蔵屋敷　具体美術協会　グタイピナコテカ

思わぬ奇襲攻撃である。「その手があったか！」と、私は膝を打って感心したのだが、それは……。

大阪大学総合学術博物館は、平成二九年度（二〇一七）の文化庁の助成で、社会人を対象にした「大学博物館を活用する文化芸術ファシリテーター育成講座」として「記憶の劇場」を開講した。美術や音楽、演劇、マチカネワニ化石のレプリカ作成など、さまざまなジャンルの芸術活動に関わってアート・マネジメントができる人材を育てるプログラムである。六つの班に分かれ、私は「地域

文化の発信・顕彰とメディアリテラシー」というプログラムを担当した。

メディアリテラシー（media literacy）とは、世の中に氾濫する膨大な情報を、何が正しく、何が間違っているかなど、主体的に吟味して真偽を見抜き、それを活用する能力のことだ。活動テーマの対象には「大阪の街」そのものを選んだ。

歴史ある文化的都市にもかかわらず、大阪はマスコミなどがリードする過度の〝面白イメージ〟で語られがちである。大阪が培ってきた文化的価値を現地取材によって自分の目でとらえなおし、その魅力を発信・顕彰する小冊子を作成するのが、わが班の課題だ。

対象地域は、近代以降に中央公会堂など文化施設が集積した中之島と、江戸時代以来、大阪随一の繁華街である道頓堀の二地区に限定した。この二地域は、最近の呼び方で「水の回廊」と呼ばれる川筋でつながっている。現地調査として、道頓堀から木津川、中之島、東横堀から再び道頓堀に戻る調査クルージングも行ったり、中央公会堂の特別室で蓄音機がどのように響くかのミニコンサートもした。「月刊島民」を刊行する１４０Ｂ《いちよんまるびー》の代表取締役、中島淳さんの指導も得て、小冊子の完成後には活動成果を展覧会に仕立て、大阪大学総合学術博物館で公開した。

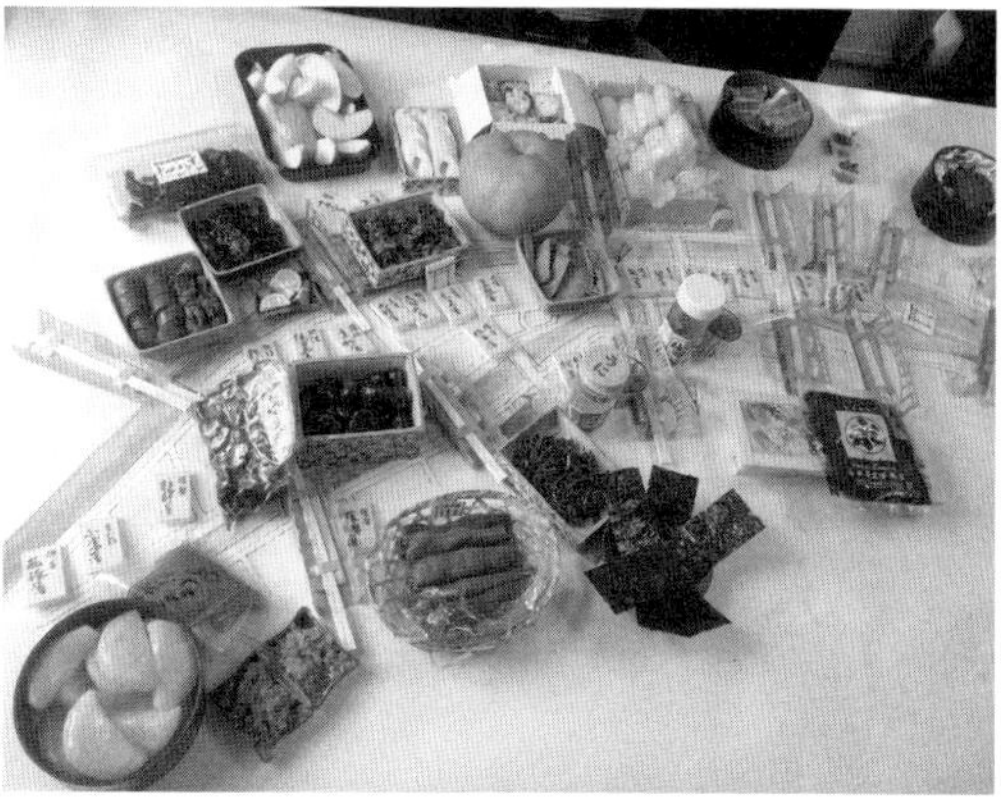

「中之島お結びIsland」プロジェクトで中之島の地図の上に展開する蔵屋敷

上方浮世絵館の見学や「街はミュージアム！」として道頓堀班が注目したのが、田辺聖子さんの評伝でも有名な岸本水府《すいふ》が川柳で「大阪に住むうれしさの絵看板」と詠んだ、文楽、歌舞伎、映画など劇場の絵看板だった。相手は天下の繁華街、道頓堀である。何を中心テーマにするか熱い議論がくりかえされ、まとまるかなと心配だったが、「どうとんぼり」か「とんぼり」か「どどんぼり」か迷いつつ、一冊仕上げたのは社会人の底力である。通りで発見したさまざまな看板、店から突きだす排気筒に着目したのも面白い。

かたや中之島班は、吉原治良《よしはらじろう》をリーダーとした具体美術協会の本拠地「グタイピナコテカ」に注目した。パリのシテ島やベルリンの博物島など、世界の大都市の中央に位置する中州にはアートが詰まっている。それに触れて欧米の都市と比較し、「大阪中之島美術館」の建設が動き出した未来の中之島へ期待をこめた。加えて、中之島班の面白い企画は、「中之島お結びIsland」である。江戸時代の中之島には全国諸藩の蔵屋敷が密集していた。それを身近な感覚で疑似体験するという趣旨の昼食会が企画された。参加ルールは、メンバーが実際に中之島にあった蔵屋敷の代表となり、各自担当の藩の名産品を持ち寄って、机に広げられた中之島の地図の蔵屋敷の位置に並べ、それをおかずに、米俵の形に握った〝おむすび〟を食べるプロジェクトである。

因州鳥取を担当した私は、名産品がどこで入手できるか迷ったが、フェスティバルタワーに鳥取の農産物や加工品を扱うアンテナショップ「麒麟のまち」があり、巨大な梨、とうふちくわを買って持参した。現代の名産品であるのはやむなしとして、仙台の牛タン、薩摩のそらまめ、宇和島のじゃこ天、岡山のきび団子、熊本の馬肉バーベキュー、明石の釘煮などが中之島の絵図にところ狭しと並べられた。

これまで私は、幕末の錦絵「浪花百景」の堂島や中之島を語り、近代の中之島についても何度も書いたり語ってきたが、こんな発想はなかった。じわじわと企画の味わいがしみ出してくる。大学と社会との交流は、こうした形でも新鮮な関係を開拓していくことが可能なわけだ。

展覧会でも、この昼食会の様子を再現したジオラマが展示された。橋の欄干を切り抜いた手づくり感がなんともたまらない。「早速、お殿さまにご注進せねば」と蔵屋敷の役人になった気持ちでつぶやいた。

第七七景　大坂を愛した〝当今第一風流宗匠〟田能村竹田

木村蒹葭堂　頼山陽　広瀬淡窓　広瀬旭荘

「風流人ですね」とほめられたら、照れながらも内心喜ぶのが人情だが、江戸時代、掛け値なしで「当今第一風流宗匠《とうこんだいいちふうりゅうそうしょう》」と呼ばれたのが、田能村竹田《たのむらちくでん》（一七七七〜一八三五）である。

竹田が生まれた豊後国直入郡竹田《たけた》村（今の大分県竹田市）の岡藩初代藩主は、摂津国茨木城主・中川清秀の次男中川秀成で、文禄三年（一五九四）に播磨の三木城から移り、竹田の先祖も現在の尼崎市園田の田能村から移住した。

少年時代から優秀で、二二歳で藩の学校である由学館《ゆうがくかん》に教員として出仕し、幕府の命令で『豊後国志』の編纂に携わった。享和元年（一八〇一）、江戸に行く途中、大坂に立ち寄る。四天王寺の五重塔の見物を誘われたのを断り、博物学者で文人として有名な木村蒹葭堂《けんかどう》を訪問して刺激を受けたが、江戸からの帰路、大坂に寄ると蒹葭堂は没しており、五重塔も焼失していたという。

大坂では、浦上玉堂《うらかみぎょくどう》、岡田米山人《べいさんじん》、岡田半江《はんこう》、上田秋成《あきなり》、篠崎小竹《しのざきしょうちく》らと知りあったほか、生玉《いくたま》の持明院《じみょういん》で出会った頼山陽《らいさんよう》とは〝御神酒《おみき》どっくり〟と呼ばれるほど仲がよく、生涯の友となった。中村真一郎の名著『頼山陽とその時代』に詳しい。温和な竹田だが、晩年には大塩平八郎との議論で熱くなることもあった。

岡藩で農民一揆が起こり、藩政改革を要求する建言書を出すが受け入れられず、竹田は三七歳で隠居する。以降、各地を遊歴し、詩をつくり、絵を描き、煎茶を楽しんだ。山水、花鳥など作品は繊細かつ色彩も鮮明で美しい詩情にあふれ、重要文化財も多い。

竹田を「当今第一風流宗匠」と評したのが、同じ豊後の儒者、広瀬淡窓《たんそう》（一七八二～一八五六）である（実弟の広瀬旭荘《きょくそう》は「天下の貨七分は浪華にあり。浪華の貨七分は舟中にあり」の名言を残す）。故郷の竹田市に残る居宅の「旧竹田荘」のつくりも洒脱である。

竹田は大坂と関係が深く、風光を愛した心の故郷というべき土地が吹田である。村の代官で友人の井内左内を訪ねて「吹田村寓居図」などを描いた。しかし悲しいかな、竹田は吹田滞在中に発病し、岡藩の蔵屋敷（中之島の現・フェスティバルタワーのあたり）で没した。織田作之助の文学碑がある口縄坂《くちなわざか》を上った夕陽丘（大阪市天王寺区）の浄春寺《じょうしゅんじ》が墓所である。平成二九年（二〇一七）、吹田市立博物館が開館二五周年記念「田能村竹田展――吹田・なにわを愛した文人画家」で、大坂を愛したこの偉大な文人を取り上げた。

私が感動するのが、病に倒れてからの絶筆ともされる漢詩「不《ふ》死《し》吟《ぎん》」である。

一昨不死又昨日（一昨死せず、また昨日）
昨日不死又今日（昨日死せず、また今日）
今日不死又明日（今日死せず、また明日）
若許不死日又日（かくの如く死せず、日また日）
騰々々不死（とうとうとうとして死せず）
踏尽今年之三百六十日（踏み尽くす今年の三百六十日）
又明年之三百六十日（また明年の三百六十日）

一昨日、死ななかったので昨日があり、昨日も死ななかったのでまた今日がある。今日も死ななかったので明日もある。死なずに日々が過ぎ、生命が湧き上がるように死なない。今年も三百六十日を踏みつくした。来年の三百六十日も生きていくぞ……といった感じだろう。

人生の最後の諦観なのか、生命への讃歌なのか。なんだか感動的で、とて

田能村竹田の絶筆となった「吹田村寓居図」（天保6年〈1835〉、竹田市歴史文化館蔵）

もよい。

第七八景　ようやく開かれた大回顧展、北野恒富ルネサンス

「道行（朝露）」「淀君」「いとさんこいさん」「星（夕空）」

北野恒富《つねとみ》（一八八〇〜一九四七）は、少年時代に金沢から来阪し、大阪で画家として独立した。横山大観の誘いで日本美術院の再興に大阪から最初に参加した同人であり、作品も大阪の特色を濃厚に示して、東京の鏑木《かぶらき》清方《きよかた》、京都の上村《うえむら》松園《しょうえん》と並んで三都を代表する美人画家として知られる。

美術史を専攻する私のライフワークの一つが、近代大阪画壇を代表する北野恒富の研究である。平成二九年（二〇一七）のあべのハルカス美術館「没後70年北野恒富展――なにわの美人図鑑」にも監修者として参加させていただいた。その立場から言うのもなんだが、信じがたいことに、これが恒富没後七〇年を経て大阪市内ではじめて開かれた回顧展である。

すでに平成一五年（二〇〇三）には東京で大回顧展が開かれているにもかかわらず、地元の大阪ではなぜ回顧展が開かれなかったのか。この問題を掘り下げることが、現在も大阪が抱える文化芸術の発信力低下の問題を考えるうえで重要だろう。

展覧会では、恒富の作品から資料まで可能なかぎり網羅した。明治末から大正前期の恒富は、南《なん》地《ち》の花街を本拠に妖艶な美人画に特色を発揮する。「心中天網島《しんじゅうてんのあみじま》」を題材にした「道行（朝露）」

（福富太郎コレクション資料室蔵）は、「画壇の悪魔派」と呼ばれた初期の名作で、洋画風の写実にアールヌーボー調の装飾を加味し、独特の退廃美をつくりだす。大坂夏の陣から三〇〇年を経た大正中期には、歴史を題材に格調高い作品を描き、大正九年（一九二〇）に落城の淀殿を描いた「淀君」（耕三寺《こうさんじ》博物館蔵）は恒富畢生《ひっせい》の力作である。

昭和になると、「いとさんこいさん」（京都市美術館蔵）で商家の姉妹を対照的に描いて、谷崎潤一郎の『細雪《ささめゆき》』執筆を刺激したとされ、「星（夕空）」（大阪市立美術館蔵）も、船場界隈の商家の夕涼みを、大阪らしい「はんなり」とした情感で描く。

これらの名作に加えて、高島屋や菊正宗のポスターや小説挿絵の原画など、多様なジャンルにまたがる膨大な点数が出品された。大阪の画家の実力を理解できる展覧会であり、大阪人ならば、恒富を知らずに大阪を語るなかれと自慢したくなるはずだ。これほど優れた芸術家が、これまで自ら愛した大阪で忘れられていたのが不思議である。

右：アトリエにて、恒富の制作風景
左：恒富はポスターでも大活躍した

そういえば長年停滞していたが、二〇二一年度中の開館を目指し、大阪市の新美術館（大阪中之島美術館）コンペの結果が「北野恒富展」と同じ年に発表された。当初一九九〇年代にオープンするはずだった美術館で、恒富の展覧会は本来、その開館記念を飾るべき性質のものだ。

美術館で思い出すのが、昭和一一年（一九三六）に天王寺の大阪市立美術館が開館するのに際し、都市問題研究誌「大大阪」が識者による新美術館への期待を特集し、恒富が語った言葉である。

「大阪の人々が、一般に美術に無関心と云うだけ位の事なら、少しく教養のある人なら、容易にできる観察である。その無関心、無理解さが、如何に甚だしいものであるかは、矢張り大阪に永らく住んで、作家生活を経験してきたものでなければ、深刻な体験を持たない。如何に物質万能だとて、余りだと最初は情けない思いがするが、はては憤激の念ともなり、やがてはあきらめに移り行くのである」（北野恒富「日本的大阪的なものを――美術館の誕生に寄せて」）

画家として恒富は大阪という土地に、ある種の絶望感を抱いていた。しかし、大阪市の新美術館建設で少し希望の灯が見えてくる。

「今度、大阪に美術館が出来た。誠に衷心より喜びに堪えぬ処である。その運用如何に依っては、私共の抱いている、大阪人の美術に無理解な態度についての、あきらめの感情は棄て去る事が出来るかもしれない。否、これを機縁として、大阪人士に美術教育を普及せしめるよう、お互に努力せねばならぬと思うのである」（同前）

恒富の回顧展もしかり、動き出した新美術館の建設もしかり。当の大阪人が大阪の文化芸術を深く知り、それを応援しなくては、大阪の未来は明るくない――八〇年あまり前も今もその状況はつづいている。

第七九景　万灯祭から絵行灯幻想

道頓堀川万灯祭　食満南北

夏になると道頓堀川の両岸に、ずらっと提灯《ちょうちん》を並べて点灯した美しい景観が出現する。「道頓堀川万灯祭」である。「大阪ミナミ地域の活性化、水辺の賑わいづくり」をテーマにミナミの商店街が連携した「いっとこミナミ実行委員会」が主催し、道頓堀川の遊歩道「とんぼりリバーウォーク」の深里橋《ふかりばし》（四つ橋筋）から日本橋《にっぽんばし》（堺筋）までの約八〇〇メートルが千数百個の提灯で飾られるのである。会期は七月一日から八月三一日まで。宵闇の川面に映る提灯の明かりは幻想的で、大阪の新しい夏の風物詩として定着しつつある。

もともとミナミでは、法善寺の水掛《みずかけ》不動にいつも提灯が吊られているし、ご当地キャラの招き猫「みにゃみん」がいる千日前の商店街も、夏にはたくさんの提灯を吊りさげる。近年のこの界隈は外国人観光客が増加し、深夜でも人どおりが絶えない不夜城ぶりに、こちらが海外旅行して異国に迷い込んだ錯覚にさえ陥るが、夏のこの期間は、子供の頃、夏休みでお盆に田舎の祖父母の家に帰ったような、なんとも懐かしく、ホッとするような気分になる。

こうしたミナミの提灯の灯りを見て思い出すのが、作家・五木寛之の「こころの新書」の一冊にある『宗教都市・大阪　前衛都市・京都』（講談社、二〇〇五年）である。大阪は、理想を追うよりも厳しい現実社会を肯定し、そこを生き抜くために知恵を絞って活動する商人の町として発展してきた。リアリズムの街なのであるが、五木さんによると、こうした商売を支える精神的な根底には、石山本願寺以来の人々の信仰心があったというのである。

ドイツの社会学者マックス・ウェーバーは『プロテスタンティズムの倫理と資本主義の精神』（一九〇四～一九〇五年）で、プロテスタントの禁欲主義が、逆に近代資本主義の成立に影響を与えたことを論じたが、商売に対する勤勉さに信仰心がなければ、単なる弱肉強食の無軌道な利潤追求の世界に堕してしまうわけだ。

そう言われてみると、大阪が商都として発展してきた精神的背景には、日々の生活での勤勉さがあったし、全国に知られた十日戎《とおかえびす》や天神祭などの祭礼も、観光客誘致を目指しているというよりも、地元の人たちの篤い信仰心に支えられて、毎年盛大に催されているのが理解できる。

ガイドブック風にいえば「道頓堀川万灯祭」も、観光客誘致の〝光と水のページェント〟となるのだが、繁華街の雑踏の真ん中にあって、どこか心が洗われるような気持ちが湧くのも事実である。精神的なものを呼び起こされるのだ。献灯料金から、東日本大震災や熊本地震に義援金を出しているのも、闇を照らす灯りが人間の琴線に触れるからだろう。私も提灯を出させていただいている。提灯に記すのは本名では気恥ずかしいので、天国に旅立った愛猫にちなむ書斎の名称にしている。それを眺めるために道頓堀に出かけることが多くなり、ビールで乾杯する機会も増えるのだが、それはそれでまたうれしい。

ところで道頓堀と灯りの話とくると、もう一つ思い出すことがある。川柳作家で、初代中村鴈治郎《がんじろう》の座付き作者でもあった食満南北《けまなんぼく》（一八八〇〜一九五七）の絵行灯《えあんどん》である。

戦前の堀江（大阪市西区）の花街は、菅楯彦《すがたてひこ》、生田花朝《いくたかちょう》、須磨對水《すまたいすい》、山口艸平《そうへい》、赤松雲嶺《うんれい》ら在阪画家を中心に絵行灯を街なかに飾る行事が名物だった。それが一時中断したのを南北は復活させ、鴈治郎、福助、市蔵、延若《えんじゃく》ら歌舞伎俳優にも揮毫《きごう》を依頼し、自らも洒脱な絵を描いた。

戦後も南北の絵行灯は有名で、昭和二三年（一九四八）、新聞社の後援で開催された「道頓堀まつり」では、南北が描いた絵行灯が、道頓堀、千日前、法善寺、戎橋《えびすばし》周辺など南地《なんち》一帯に飾られた。

しっとりして〝はんなり〟した絵行灯の風情は、大阪人の心の奥底に根を張り、心の安らぎをもたらす。「道頓堀川万灯祭」がミナミの街の景色によく馴染むのもまた、古くからの芝居町として発展してきたこの街の、歴史の記憶を呼び覚ますからであろう。

右：水辺に多数の提灯が並ぶ道頓堀川万灯祭

左：昭和初期の堀江での絵行灯（NPOなにわ堀江1500提供）

第八〇景　物見台と大阪発の屋上ビアガーデン

大阪第一生命ビル　織田一磨　北野恒富「星（夕空）」

夏はビールが美味い。灼熱の日中の仕事を終えての夕暮れ、涼しいところで一息ついて飲む最初の一杯が爽快だ。昔は大阪で夏のビールといえば、百貨店やビルの屋上に設けられたビアガーデンで、大きなジョッキを仲間と傾けるのが楽しみだった。

日本で最初に屋外でビアガーデンを開いたのは、明治時代の横浜だそうだが、日本初の屋上ビアガーデンは、大阪駅前にオープンした「アサヒビアガーデン」（ニユートーキヨー経営）とされる。場所は、昭和二八年（一九五三）五月に竣工した大阪第一生命ビルである（現在の建物は平成の建築）。屋上で開催されたオートバイ展示会で生ビールを出したら好評で、本式のビアガーデンが誕生したらしい。

旧大阪第一生命ビルは、高さ制限が三一メートルで当時の建築基準法に例外規定を適用し、一二階建て、高さ四〇・七五メートル。開業当時、日本一の高層建築であった。二代目通天閣の誕生はその三年後だし、戦前からの阪急百貨店は八階建てである。日本一の高層建築にできた日本初の屋上ビアガーデン。さえぎる高層建築も少なく、夕風も通って涼しかっただろう。そういえば、日本一の高さのあべのハルカスにもビアガーデンがあるようだ。

では、それ以前、大阪の都心ではどんな避暑の仕方があったのだろう。よく知られるのが、中之島や大川での夕涼みである。夕方に橋の上で川風にあたったり、屋形船で涼をとるのである。
家から一歩も出ない涼み方もあった。屋根にある物干し台での納涼である。大阪で思春期を過ごした版画家の織田一磨《かずま》（一八八二〜一九五六）は、「物干台生活」と呼んでその楽しみを次のように語る。

「大阪市中は人家極めて密接している。従って庭園等も先ず無い方が普通の有様である。植物の培養等も総べて屋上に建てる。大阪市中人家の物干台生活もその特色の一ツである。写生の材料も従って屋上に迄在る事になる。夏の夕べ屋上の納涼も大阪の生活の面白味と云えよう」

（「大阪の写生地（二）」大正五年〈一九一六〉）

船場の大きな商家などでは、さらに物干し台の上の屋根に「物見台」が設けられた。火事など災害時の監視台であるとともに、夏の避暑に用いられた。天神橋筋六丁目駅前にある大阪くらしの今昔館（大阪市立住まいのミュージアム）に展示された船場市街の模型にも「物見台」が再現されている。
北野恒富《つねとみ》（一八八〇〜一九四七）の大回顧展に出品された「星（夕空）」（大阪市立美術館蔵、一九三九年）も、「物見台」を描いた大阪らしい詩情に富んだ作品

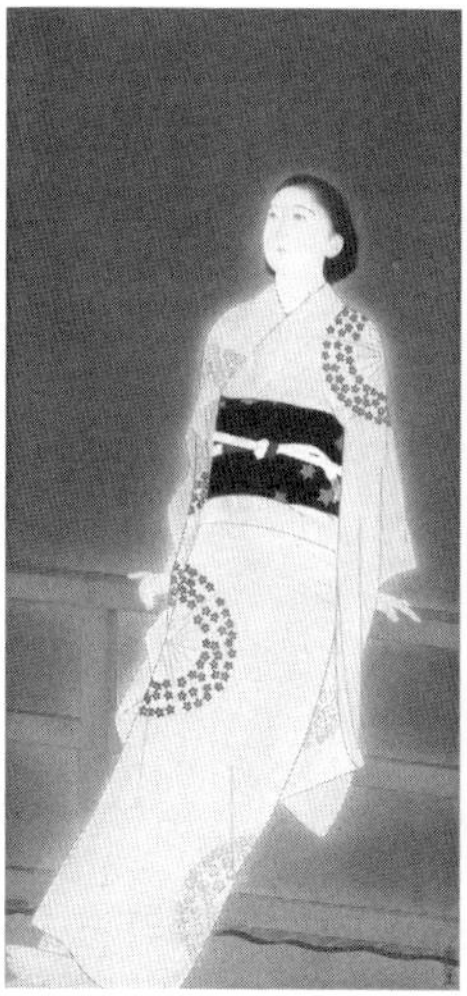

右：北野恒富「星（夕空）」の大下絵（1939年、大阪中之島美術館蔵）
左：北野恒富「星（夕空）」（1939年、大阪市立美術館蔵）

である。

女性が夕空を見上げている。視線の先には、七夕の星が瞬くのか、打ち上げ花火か、想像してしまうが、問題は女性が立つ場所である。もたれているのは建物の手摺りにも見えるし、橋の欄干にも見える。

それが疑問だったが、同図の大下絵《おおしたえ》（大阪中之島美術館蔵）が発見され、絵の舞台が明らかになった。大下絵には、完成作では省略された屋根瓦が描きこまれ、物見台であることがわかったのである。大阪の〝郷土芸術〟を模索した恒富もまた、夏の風物詩である「物見台」を取り上げ、大阪の特色ある生活や都市文化をあらわそうとした。

松屋町界隈に建つわが家にも物干し台がある。二〇年ほど前は、ここで夕涼みしながら友達とビールが飲めたのに、最近では周囲をマンションに囲まれ、風は通らず、室外機の熱気で暑いことかぎりなし。物干し台の家庭ビアガーデンは、いつの間にか灼熱地獄のサウナとなり、熱暑に酷暑の拷問台となる。夏は熱中症にご注意ください……。

第八一景　落語始祖の米沢彦八と生玉人形

彦八まつり　当世仕方物真似　軽口『鳥羽絵三国志』　川崎巨泉　宮本順三

なにやら、境内が賑わっているそうな、ひとつ参詣しようやおまへんか、ということで、九月上

旬に地下鉄谷町九丁目に近い生国魂《いくくにたま》神社に来てみると、大阪での落語の始祖とされる初代米沢彦八（?〜一七一四）にちなんだ「彦八まつり」が開かれ、奉納落語会や落語家の屋台が出て活気にあふれていた。

この催しは、京の露《つゆ》の五郎兵衛《ごろべえ》、江戸の鹿野武左衛門《しかのぶざえもん》とともに落語家の元祖である米沢彦八を顕彰する「彦八の碑」が建立されたことをきっかけに、毎年九月上旬に開催される。

かつて生国魂神社の境内は、演芸の一大拠点であった。宝永七年（一七一〇）の浮世草子『御入部伽羅女《ごにゅうぶきゃらおんな》』の挿絵を見ると、歌祭文《うたざいもん》、万歳《まんざい》、太平記読みなど、さまざまな演芸の小屋が描かれ、「当世仕方物真似《とうせいしかたものまね》」の看板を掲げた彦八の姿もそこに見られる。

「当世仕方物真似」は、武士から船頭、市井の老若男女のしゃべり方や仕草を、立烏帽子《たてえぼし》、大黒頭巾、編み笠、湯呑茶碗など小道具を用いて活写する芸であったらしく、とりわけ彦八は、大名に扮するのが得意だったようだ。ひょろひょろした線で人物を描いて特色ある鳥羽絵の画集『鳥羽絵三国志』（享保五年〈一七二〇〉）では、「評判の大名、大名」という宣伝文句に、烏帽子をかぶっておどける彦八が描かれている。

右：『鳥羽絵三国志』より、米沢彦八とされる人物

左：川崎巨泉『巨泉玩具帖』より「生玉人形　七種　其二」（大阪府立中之島図書館人魚洞文庫蔵）

軽口《かるくち》と呼ばれる話芸も達者で、ネタを集めて『軽口御前男《かるくちごぜんおとこ》』『軽口大矢数《かるくちおおやかず》』なども出版された。近年では、彦八を主人公にした小説、木下昌輝『天下一の軽口男』（幻冬舎、二〇一六年）もある。

その時、どこからか口上が……。

「さて、これより登場いたしますのが、生玉《いくたま》人形でござーい！」

小屋掛けしているわけではないので、気張って口上を述べずに黙って書けばよいのだが、彦八がモデルともされる大阪の玩具が「生玉人形」である。竹串を操作して両手を動かす小さな操り人形で、文楽の本拠地である大阪らしい郷土玩具だ。

元禄年間（一六八八～一七〇四）にさかのぼる可能性があるといわれるなど歴史は古く、『五畿内産物図会』（文化一〇年〈一八一三〉）には、摂津の名物として、虎屋の饅頭、四ツ橋の煙管と同じ画面に描かれている。近代では、日露戦争の時分、生国魂神社裏門付近に住んだ前田直吉が制作し、法善寺境内の駄菓子屋で販売されていたという。

「おもちゃ絵」を得意とした川崎巨泉《きょせん》（一八七七～一九四二）が、大正・昭和前期の郷土玩具を集めた『巨泉玩具帖』に生玉人形を七種類取り上げているし（大阪府立図書館「人魚洞文庫データベース」参照）、グリコのおまけを企画デザインした宮本順三（一九一五～二〇〇四）も「浪花郷土玩具集」（国立文楽劇場蔵）に「生玉人形」を描いている。

この三番叟《さんばそう》を舞うとされる烏帽子をかぶる人形だが、島之内に生まれ、大阪の文化芸能に詳しい肥田皓三《ひだこうぞう》先生は、これこそが得意の物真似で大名を演じている米沢彦八ではないかとされる。そして、先生所蔵の二体の「生玉人形」は、イラストレーターの成瀬国晴画伯と娘さんの麻美《あさみ》さんが修復復元し、生国魂神社に奉納された。生国魂神社から、米沢彦八、彦八から生玉人形、人形から生玉さんという黄金のトライアングルの復活だ。

大阪の郷土玩具は、大阪ガス㈱エネルギー文化研究所（CEL）が出している「上町《うえまち》台地今昔タイムズVol.7 伝説の生玉人形とたどるものづくりと文化の原風景」平成二八年（二〇一六）秋・冬号にも紹介され、戦災によって伝統が途絶えていた「生玉人形」は、再び現代によみがえろうとしている。「上町台地今昔タイムズ」はCELのホームページをご覧ください。

本来子供の玩具だが、ストレスの溜まった昨今は、一人で人形を操って、勤務先の諸氏をはじめ、芸能人や政治家の物真似をし、ブツブツぼやきながら遊んでしまいそう。

第八二景 〝蒹葭堂の師匠〟柳沢淇園、大坂を闊歩す

「睡童子図」 北前船

大坂と関係が深い文人が、郡山藩（奈良県大和郡山市）の柳沢淇園《きえん》（一七〇三～一七五八）である。本名の里恭《さととも》を中国風にした柳里恭《りゅうりきょう》の呼称でも知られる。

経歴は華々しく、五代将軍綱吉の御側用人《おそばようにん》、柳沢吉保《よしやす》（一六五八～一七一四）の筆頭家老の次男に生まれる。「忠臣蔵」の当事者でもある吉保は、時代劇で悪役にされがちだが、文化至上主義を進め、長崎の通訳に学んで中国語を話せたという。

淇園も多才で、「人の師たるに足れる芸十六に及ぶ」（『近世畸人《きじん》伝』寛政二年〈一七九〇〉）を謳われ、新しい傾向の中国絵画を積極的に学んだ。享保九年（一七二四）、藩が甲府から転封《てんぽう》され、郡山に移ることになる。

しばしば大坂にも訪れた。〝なにわ知の巨人〟と讃えられる少年時の木村蒹葭堂《けんかどう》に強い影響を与え、天満橋を見下ろす石町《こくまち》（大阪市中央区）に宿をとって、『金魚賦註《きんぎょふちゅう》』など数々の著述に序文を与えた。「住吉の祭見んとて浪花にしばらくやどりせし折から」（『狂歌かゝみやま』）とあり、住吉にも足を延ばしている。長堀橋の豪商の娘である後の三好正慶尼《しょうけいに》とも交流し、正慶尼が主人公の松井今朝子《けさこ》『奴の小万と呼ばれた女』（講談社、二〇〇〇年）にも登場した。

一方「京大坂ニ拙者懇意之福人多く」と書簡にあるように、顔の広さを頼られ、藩のため大坂の富商からの資金融資にも飛びまわった。「金弐百五拾両」「元銀三拾五貫目」などの数字が史料に連なり、現代ならば数千万円相当の工面を重ねていたようである。

実現しなかったが、晩年の宝暦六年（一七五六）から進められた播州―但馬間の通船計画も面白い。日本海から大坂へ物資を運ぶ北前船《きたまえぶね》の航路を短縮するため、播州を流れる市川と但馬を流れる円山《まるやま》川《がわ》を運河開削と陸路で連絡する計画で、資金援助に加わった。

書簡には、北前船の遭難による「日本之損」を憂え、計画実現が「万世の大益、諸国民之利」「諸国之益、人民之為」であると力説する。郡山藩士の枠を超え、日本全体に思いをはせるのは、幕政の中心にいた柳沢吉保の薫陶を少年時代に受けただけのことはある。

だまされて「明日損をして乞食」になっても後悔せず、「君之為を聞イても、国之為を聞イても、世之為を聞イても、人之為を聞イても、契然としてあわれともかなしいともおもわす、只金銀を握りつめて離すことなく利欲ニのミふける人」を非難する。自分の利益、金銭の損得しか考えない現代人には耳の痛い言葉である。

こう書くと、社会派の堅苦しい人物にも見えるが決して違う。上級藩士のプライドは崩さないが、泰平の世を満喫し、諸芸に遊んで人生の喜びをかみしめるエピキュリアンでもあった。

淇園の絵で私が好きな画題が「睡童子図《ねむりどうじず》」である。「手習するつくえは、いかにも長くはば広きよし」(『ひとりね』)と随筆に書いた朱塗机に、うたた寝する童子を描く。ぽかぽか暖かく、どこか懐かしい。勉学中のいねむりを戒める雰囲気もない。童子への優しいまなざしには、少年時代への感傷さえ感じられる。「睡童子図」を見ていて学生時代のことがよみがえってきた。明石藩の儒者、梁田蛻巌《やなだぜいがん》によると、淇園は酒を飲まないのに、酒豪である自分の倍はしゃべったという。酒は飲めなかったが、そんな感じでしゃべる奴も同級生にいたことを思い出す。

右：『近世畸人伝』に描かれた柳沢淇園。客を好んで郡山の屋敷から帰さなかったという伝説を絵画化している

左：柳沢淇園「睡童子図」(個人蔵)。勉強中にも、ついひとねむり

第八三景　〃水の回廊〃を船でタイムトリップ

大阪の橋　堂島川　東横堀川　道頓堀川　木津川

大阪について新発見したいなら、市内をめぐる〃水の回廊〃を船で一周することをお勧めする。〃水の回廊〃は、船場や島之内、堀江など江戸時代からの大阪市街の東西南北をぐるりと囲んだ川筋のことで、北は中之島を囲む堂島川と土佐堀川、東は東横堀川、南は道頓堀川、西は木津川である。

大阪大学総合学術博物館が社会人に開講する文化芸術ファシリテーター育成講座「記憶の劇場」で私が担当する二年目のテーマが、大阪の橋であった。市内に張りめぐらされた運河をまたぎ、街をつなぐ橋の存在感を実感するため、受講生たちと〃水の回廊〃を船で一周した。

モータリゼーションの時代だが、洋画家小出楢重《こいでならしげ》の「絵日記」などを開くと、近代でも大阪には川を航行する水上バスが日常的に用いられており、船での移動のほうが早いこともあったらしい。

天満の裁判所前の桟橋をスタート地点に、難波橋《なにわばし》、天神橋、天満橋の〃三大橋〃を過ぎ、船は上流に進んでいく。街の表情は刻々と変わり、川面から見上げるといつもとは様相が異なる。活気に満ちた橋や寂しい橋もある。潮の干満で下をくぐる時、頭を思い切りさげないといけない橋もある。

東横堀川は、高速道路の橋脚のために薄暗いのが残念だが、今橋《いまばし》、高麗橋《こうらいばし》、本町橋など、東横堀川には歴史が濃縮されている。近くに住友本宅もあった末吉橋は、豪商末吉孫左衛門ゆかりの橋で、近代に市電を渡すため豪華な橋となった。船場を過ぎると島之内になり、芸能や小説の話も増えて、同じ東横堀川の鉄橋でもどこかかわいらしい。九之助橋《くのすけばし》は落語「らくだ」ゆかりの橋、瓦屋橋の西詰には文楽のお染久松《そめひさまつ》の油屋があったとされる。

上大和橋でぐるりと舳先を西へ向け、道頓堀川に入った最初の下大和橋には、北詰に近松門左衛門「生玉《いくたま》心中」に登場する茶碗屋の喜平次の店があり、南詰には『鬼平犯科帳』で平蔵と対決する盗賊「高津《こうづ》の玄丹《げんたん》」の宿屋があった。初代桂春団治が、親の厄年の験担《げんかつ》ぎの迷信で、捨て子として拾われたのもこの付近である。

日本橋《にっぽんばし》から相合橋を過ぎて、太左衛門橋《たざえもんばし》では、ジャズの街であった道頓堀を復活させるべく、デキシーランドを演奏するクラリネット奏者の吉川裕之さんのジャズボートともすれ違った。

道頓堀川下流には、パナマ運河と同じ原理で水路の高低差を調整する水門があり、門が開くと悠然と流れる木津川に出る。目の前が大阪ドームだ。そこから北に進み、江之子島の大阪府庁跡を過ぎて、モダンな昭和橋をくぐる。中之島の西の端の端建蔵橋《はたてぐらばし》は、宮本輝『泥の河』の舞台である。

諸国の蔵屋敷がひしめいていた中之島。今は、巨大な高層建築が建ち並んでいる。川岸の観光客にみんなで手を振った人なつっこい道頓堀の情景が、記憶から消し飛びそうな圧倒

道頓堀川から戎橋を見上げると……。「記憶の劇場」の体験クルージング

的な景観だ。ビルの重さで島が沈まないかと心配になる。大阪市中央公会堂のレトロな姿にほっとして、走馬灯のように大阪の歴史と文化と空間をめぐってきたことを実感する。

クルーズ参加者が、どのように自分の〝記憶の劇場〟に架かる橋の世界をまとめたかは別の話として、〝水の回廊〟をめぐる一般向けのツアーも船会社によって企画されており、未体験の方はぜひどうぞ。別世界の大阪――いや、本来の姿であった大阪を体験できるはずである。

第八四景　高き屋にのぼりて見れば……高津の遠眼鏡屋と高台

暁鐘成　菅楯彦「絵馬堂（高津宮）」「大阪市歌」

子供の頃、デパートの屋上や観光地の展望台の望遠鏡に硬貨を投入し、遠くの景色や眼下の家や人を眺めたものである。三分ほどでガッチャンと音がしてタイムオーバーになるのだが、こうした望遠鏡の商売は江戸時代からあった。

大坂なら高津宮《こうづぐう》の遠眼鏡屋である。高台にある絵馬堂から真西に道頓堀川を見下ろせた。五座などの芝居小屋の幟《のぼり》がはためくのも見えただろう。そこで遠眼鏡（望遠鏡）を貸して使用料をとるわけだ。弥次さん喜多さんの珍道中を書いた『東海道中膝栗毛』にも登場し、遠眼鏡を覗く人の横で口舌巧みに解説もし……はるか淡路や須磨、明石が見えるのは言うに及ばず、耳にあてると道頓堀の芝居役者の声色が聞こえるようだ、とか、鼻にあてると鰻屋のにおいがするも同然、といった滑稽ながらまことに名調子である。

高津の遠眼鏡屋は、心斎橋筋に浪花土産の店も出した著述家、暁鐘成《あかつきのかねなり》（一七九三〜一八六一）の『摂津名所図会大成』の挿絵にも描かれている。この著作は原稿段階で終わり出版されなかったが、大正一五年（一九二六）、「過去の浪速文化を回顧せしめ、未来の浪速文化を生ましむべき、真に永遠の価値あるもの」を伝えたい希望のもとに着手された『浪速叢書』に、未完の稿本として収められ

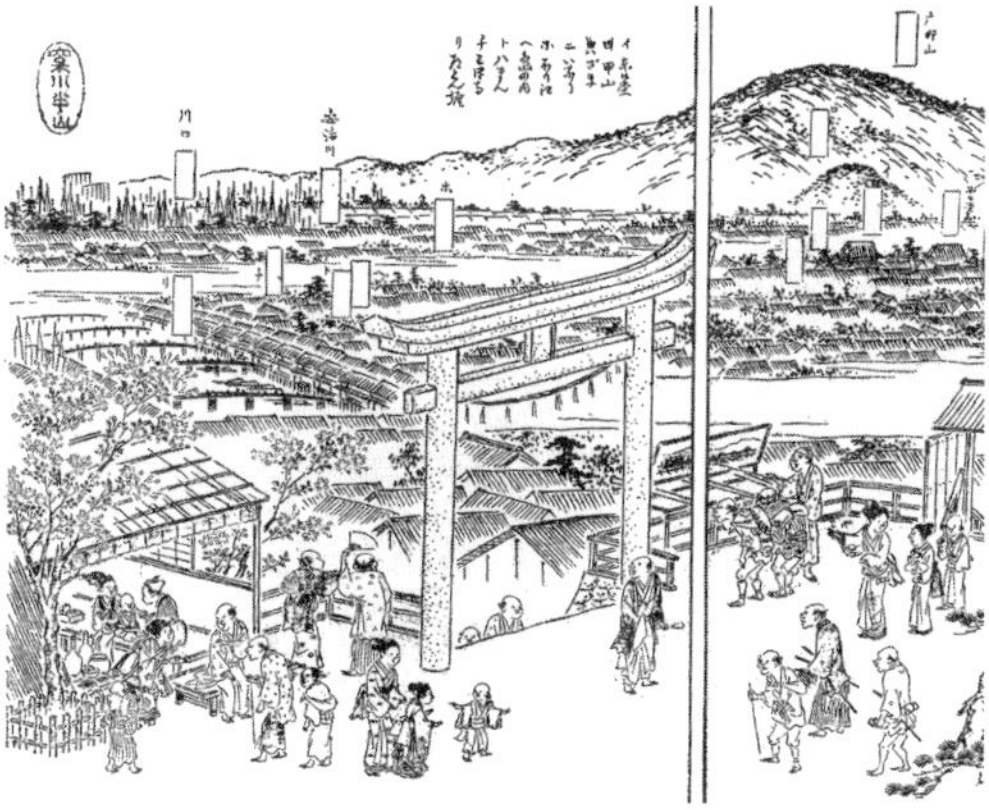

上：扇子を手に絶好調でガイドする遠眼鏡屋。菅楯彦「絵馬堂（高津宮）」（1929年、高津宮蔵）

下：高津宮の遠眼鏡屋（鳥居の右下）、眼下が道頓堀（『摂津名所図会大成』より、部分）

た。

『浪速叢書』は大阪への熱い思いから装丁にも凝り、見返しの絵は菅楯彦《すがたてひこ》（一八七八〜一九六三）、表紙の布を龍村平蔵《たつむらへいぞう》（一八七六〜一九六二）が担当した。楯彦は、昭和三七年（一九六二）制定の大阪市名誉市民の第一号になった日本画家である。楯彦が描いた「絵馬堂（高津宮）」では、望遠鏡を覗く客に名調子で遠眼鏡屋が解説している。昭和四年（一九二九）の作品なので、刊行直後の『浪速叢書』で『摂津名所図会大成』を見て触発されたのかもしれない。

画中の絵馬堂には、『古今和歌集』の六歌仙や北前船《きたまえぶね》、木刀を奉納した額があるほか、高津宮の祭神である仁徳天皇が国見をする額が掲げられている。

仁徳天皇が四方の国を眺めると、人家のかまどから炊煙《すいえん》が立ちのぼっていない。民《たみ》の疲弊に気がついて「人民之課役」（『古事記』）、租税を免除するのである。そして自身は倹約のため、宮殿が傷んで雨漏りしても修理せず、三年後に再び国見をすると煙が立ちのぼっていたという逸話である。

庶民の愛した遠眼鏡屋を軽妙に描いた楯彦だが、深いところで国見の故事と結びついている。楯彦は少年時代を大阪市西区南堀江で過ごし、橘小学校から高台尋常小学校、西区高等小学校で学んでいる。この高台尋常小学校（現・大阪市立日吉小学校に併合）の「高台」は「たかきや」と読む。元禄一一年（一六九八）、南北に堀江を区切る堀江川（埋め立てられて現存せず）に橋が架けられ、高台橋《たかきやばし》と名付けられた。南堀江に御旅所《おたびしょ》のあった難波神社の祭神、仁徳天皇にちなんだとされる。小学校も高台尋常小学校となった。

三つ子の魂、百まで。国見の故事は楯彦にとって、大阪の歴史につながると同時に、個人的な思いのこもるテーマであった。高津の絵馬堂もまた、同宮の祭神でもある仁徳天皇の国見へとイメージがふくらんでいく。

民の痛みを知って善政を行った天皇への敬慕の情は、大正一〇年（一九二一）制定「大阪市歌」の歌詞にもあらわれ、市民に郷土への誇りを喚起させた。現代の絵馬堂からはビルしか見えないが、現代人の心の望遠鏡には何が見えるのだろうか。

第八五景　大阪にガウディ発見、フェニックスモザイク

今井兼次「糸車の幻想」　大阪商工信用金庫新本店ビル

スペインのバルセロナにあるサグラダ・ファミリア教会。建築家アントニオ・ガウディ（一八五二〜一九二六）の代表作でユネスコの世界遺産になっている。ガウディ存命中に完成せず、没後一〇〇年にあたる二〇二六年の完成が予定される壮大なプロジェクトだ。できている部分も自然のモチーフを大胆に採り入れ、曲線を多用して強烈である。

大阪都心を歩いていて、突然、ガウディに出くわした。いや、正しく言えばガウディではなく、日本にガウディを最初に紹介したとされる建築家、今井兼次《けんじ》（一八九五〜一九八七）の巨大モニュメント「フェニックスモザイク「糸車の幻想」」である。昭和のはじめ、今井は早稲田大学を卒業後、東京の地下鉄駅舎設計の視察で渡欧した。大阪市立工芸学校（現・大阪市立工芸高校）が教育法を採

り入れたドイツの美術学校「バウハウス」などのモダニズム建築を学びつつも、合理的・機能主義とは異なるガウディの建築に魅了されて強い影響を受けた。

ご存じの方も多いだろうが、昭和三七年（一九六二）、長崎市に開館した西坂公園の日本二十六聖人記念館や、それと隣接する聖フィリッポ西坂教会が今井の代表作で、外壁にモザイクを施したユニークな建物は確かにガウディを彷彿とさせる。

その今井のガウディばりのモニュメントがあるのが、堺筋と本町通りの交差点にある大阪商工信用金庫（大阪市中央区本町）のビルである。ビルそのものは安藤忠雄氏の設計で建て替えられたばかりである。

本町通りから「大阪商工信金ホール」への案内のある階段をあがると、巨大な糸車が姿をあらわす。誰でも間近で見ることができ、躍動するフォルムに豊かな色彩が鮮烈で、体の底から力が湧いてくるパワフルなモニュメントである。

もともとここには、昭和三六年（一九六一）、東洋紡が「東洋紡本町ビル」を建て、地域の憩いの場として屋上を開放し、このモニュメントを設置した。「東洋紡本町ビル」も大阪市より「生きた建築ミュージアム・大阪セレクション」に指定されていた建物である。ビルの建て替え前は本町通りから見上げると、屋上にモニュメントの先端だけを眺めることができ、ぜひとも近くで見たいと思っていたのだが、地上におろされ、復元保存されたのである。

日本の繊維産業の中心地である船場には、昭和六年（一九三一）に綿業会館（重要文化財、大阪市中央区備後町《びんごまち》）が建てられ、戦後も昭和三五年（一九六〇）に村野藤吾《とうご》の設計で竣工した輸出繊維会館

（大阪市中央区備後町）の内部には、堂本《どうもと》印象《いんしょう》によって陶板壁画が制作された。「糸車の幻想」は輸出繊維会館の翌年にできている。

タイトルに不死鳥を意味するフェニックスが用いられているのは、戦争で焦土と化した街からの復興に「再生～永遠の力強さ」への思いをこめたからだという。また、今井は職人の手技を建築に残すことを意識し、自ら職人に混じってタイルを貼った。「糸車の幻想」も壺や皿など瀬戸物が貼り付けられ、欠けた陶器も用いているのは、廃棄物の再利用で「再生」をシンボリックに示したためともされる。

「糸車の幻想」の翌年にできたのが日本二十六聖人記念館だが、長崎まで行かなくても、高度経済成長期を迎えた大阪の繁栄を象徴する今井のユニークなモニュメントを近くで見ることができるようになったのはうれしい。

近年、大阪では歴史的な建造物が安易に取り壊されているような気がする。同ビルの外壁にあったモダンアート協会の創立会員、植木茂（一九一三～一九八四）の石彫レリーフ群も、新しいビルの東側壁面と駐車場に移された。地域のシンボルとして巨大モザイクやレリーフを復元保存した関係者の見識を称え、感謝したい。

巨大モニュメントのフェニックスモザイク「糸車の幻想」。高さはビルの３階分はありそう

第八六景　桃の節句と三国志

関帝廟　桂宗信『画本三国志』「浪花百景」『浪華の賑ひ』

三月は桃の節句である。人形店が建ち並ぶ松屋町には、何段飾りを誇る雛祭りの人形がたくさん陳列されていることだろう。

すでに書いたように、幕末の錦絵揃い物「浪花百景」を見ると、大坂は艶やかなる花の都であった。「梅やしき」「さくらの宮」「野田藤」「うらえ杜若《かきつばた》」「吉助《きちすけ》牡丹《ぼたん》盛《さか》り」などの錦絵の中に、桜、梅、藤、カキツバタ、牡丹などが咲き誇り、むろん桃の花もある。「野中観音桃華盛《ももはなさか》り」は現在の近鉄大阪上本町《うえほんまち》駅付近の桃畑を描き、「産湯《うぶゆ》味原池《あじはらいけ》」にある味原池（現・大阪市天王寺区小橋町《おばせちょう》）付近は、安政二年（一八五五）の暁鐘成《あかつきのかねなり》『浪華の賑ひ』に「弥生の初旬、花の頃は老若男女うち群れて野径《のみち》に充満す」と記される一面の桃畑である。俳句の春の季語でもある桃は、薄桃色の花をつけ、季節ごとに一年を分割する七十二候にも「桃《もも》始《はじめて》笑《さく》」があった。

しかし、桃というと雛祭りだけではない。松屋町の人形店が勇壮な五月人形に変わる頃、私などは劉備《りゅうび》、関羽《かんう》、張飛《ちょうひ》の英雄豪傑が義兄弟となる『三国志演義』の「桃園の誓い」を思い出す。

最近、古書店で天明八年（一七八八）刊の『画本《えほん》三国志』を入手した。「三国志」好きはなにも現代人だけではない。昔から大阪人は好きだったらしく、序文には大坂の医者で読本作家としても活躍した都《つ》賀庭鐘《がていしょう》（一七一八〜一七九四頃）の名が記され、絵を月岡雪鼎《つきおかせってい》の門人で自ら「浪華画工」を称

した桂宗信《かつらむねのぶ》（一七三五〜一七九〇）が描いている。しかしまあ、絵そのものは、かなり武骨な「桃園の誓い」だ。

大坂の本では、大岡春卜《おおおかしゅんぼく》（一六八〇〜一七六三）が描いたともされる戯画の画集のタイトルも『鳥羽絵三国志』（享保五年〈一七二〇〉）である。芸能などを題材に、手足が長く、ひょろひょろデフォルメされた登場人物たちが、なんとも洒落ている。

そして話が飛ぶが「三国志」との関係を探れば、神戸や長崎、横浜で今も信仰を集め、中華街などの観光名所である「関帝廟《かんていびょう》」が大阪にもあるのをご存じだろうか。義理堅いことから、商売の神様にもなった関羽を祀った御堂《みどう》である。

『摂津名所図会』によると、一つは安立町亀林寺《あんりゅうまちきりんじ》（現・大阪市住之江区）にあった。寺の開基は中国から日本に亡命した禅僧の東皐心越《とうこうしんえつ》で、心越が明国から招来した関羽像が関帝堂にあったという。これは心越を援助した水戸光圀も信仰し、水戸の祇園寺から亀林寺に移されたとする。寺は明治に廃され、残っていた関帝堂は水害で失われた。

もう一箇所は、四天王寺の東門を出てすぐの白駒

右：『画本三国志』（天明 8 年〈1788〉）の「桃園の誓い」（部分）。左から劉備、関羽、張飛。桂宗信の挿絵が、なにやらごつい

左：「浪花百景」より「産湯味原池」南粋亭芳雪画（大阪市立中央図書館蔵）

山清寿院（大阪市天王寺区勝山）にある。『浪華の賑ひ』には「黄檗《おうばく》派の禅刹《ぜんさつ》にして堂舎唐山の風を模せり。蜀関羽《しょくかんう》の像を祀る。応験いちじるしと云う」とある。当初は浄土宗であったが明和元年（一七六四）に黄檗僧の大成照漢《だいじょうしょうかん》を中興開山《ちゅうこうかいさん》として黄檗宗の寺院となった。大成は中国からの渡来僧で、後に、宇治の黄檗山万福寺《おうばくさんまんぷくじ》第二十一代住持《じゅうじ》（住職）となった。

清寿院には、大坂の文人で博物学者の木村蒹葭堂《けんかどう》もよく訪れ、自慢の中国絵画や新傾向の絵を展観する「書画会」が開催された。『画本三国志』を描いた桂宗信の墓が清寿院にあるのも何かの因縁だろう。関帝廟は今も信仰され、同寺のホームページに紹介されている。

それにしても、谷町六丁目付近から小橋町、桃谷から四天王寺や清寿院にかけては、桃とゆかりが深い。今は昔、「三国志」マニアの悪友同士で桃畑の見物に出かけ、よっしゃ、一つ見立てをしようと話が進んで「ワシが劉備や」「関羽でおます」「ぼく張飛」なんて、芝居気たっぷりに杯を傾けたんでしょうな。

第八七景　ロマンチックな大阪情緒を醸し出す小画集

堂本印象『いの字絵本　恋の都大阪の巻』

〝恋の都大阪〟という本をご存じだろうか。堂本印象《どうもといんしょう》（一八九一〜一九七五）が若き日に出版した、今風に言うならばイラスト画集、『いの字絵本恋の都大阪の巻』のことである。京都府立堂本印象美術館（京都市北区）があるなど、京都を代表する日本画家の印象だが、戦前から大阪とも関係が深い。

　室戸台風で倒壊して昭和一五年（一九四〇）に再建された四天王寺の五重塔に壁画を描いているし（空襲で惜しくも焼失）、昭和三五年（一九六〇）の輸出繊維会館のモザイク画や、昭和三八年（一九六三）に描いた大阪カテドラル聖マリア大聖堂の祭壇画がある。

　これらは画壇の大家となってからの制作だが、『いの字絵本』は大正元年（一九一二）に刊行された。弱冠二一歳の作品である。竹久夢二の絵本などを意識し、現在もある古書店、杉本梁江堂《りょうこうどう》の創業者、杉本要が出版した。

　明治四三年（一九一〇）に京都市立美術工芸学校を卒業後、印象は一時、龍村平蔵《たつむらへいぞう》の工房で西陣織の図案を制作する。龍村は現在の大阪市中央区博労町に生まれ、府立大阪商業学校（現・大阪市立大学）に学んだ。龍村製織所を設立して西陣織の発展に尽くしたが、船場の商人であり、活動基盤を大阪にも構えている。印象も一時、大阪に住んでいたらしく、芝居や舞踊、祭礼見物のほかモダンな新しい都市文化に触れたらしい。

　京都から大阪に移り住んだ少女の回想で、本書は幕を開ける。

右：堂本印象「がってんくび」（『いの字絵本　恋の都大阪の巻』口絵より）。右にあるのが郷土玩具の人形

左：「夕陽丘スタイル」。ブランコで遊ぶ溌剌とした女学生

この回想も、文楽の世話物を意識した印象の創作である。

「心中の都、美しい心中の都、私が一つ身の振袖姿だった頃、甫《はじ》めて京から伏見の三十石船でくだりました、母に抱れながら長い長い天の河の流れ入る所が大阪だろうと思ったものです」

大阪では、姉さんに連れて行ってもらった道頓堀で、郷土玩具の「がってん首」を見つける。練り物や土製の首を木や竹の串につけた人形のことで、印象は口絵にもそれを描く。少女が三度目に大阪に来たのは、その姉さんが心中した時で、五度目に来た時からそのまま大阪の人となった。

「京都へ帰る度《たんび》にいつも、がってん首と心中とは美しい美しいお土産でした」

と回想は結ばれ、第一図「私は今日二階に場をとりましょう」の、劇場の雰囲気と艶やかな女性の姿で画集の本体は開始される。

イラストのタイトルを挙げると、「芝居茶屋まで」「中座の客」「千日まえ」などでは、道頓堀や南《なん》地《ち》の花街、芝居町の情趣を醸し出す。「芦辺帰《あしべかえり》にて」は、南地五花街《なんちごかがい》の芸妓が演舞場で演じた芦辺踊りの帰りだろう。「浪速座の／なにわざの　隣のカフェーに／飼はれたる小鳥こそ／いらっしゃい！」は、浪花座の隣にあった有名なカフェーパウリスタ。「心さいばし」「大丸で見たひと」や落語に登場する惚れ薬を商う高津《こうづ》の黒焼屋も描かれる。「南海電車の女」「京阪電車の夜」など近代的なモチーフも多く、ブランコで遊ぶ「夕陽丘スタイル」や、「梅花のひと」「清水谷を出でて二とせのはる」は女学生がテーマである。大阪で体験した青春のさまざまな思いに文学趣味も加味して大阪の女性が描かれていく。

天下の台所、東洋のマンチェスター、大大阪など、昔からさまざまな異名があるわが街は、商工業都市としてのマッチョなイメージが強調されがちである。しかし、古典芸能も踏まえた〝恋の都大阪〟というのは、なかなかロマンチックな響きがあって、素敵である。

第八八景　大阪から世界四大文明へ、洋画家・中村貞夫の熱情

「大阪シリーズ」　小磯良平　伊藤継郎

絵画、彫刻、デザイン、ファッション、音楽、文学、演劇など、大阪からは数多のアーティストが生まれている。平成三〇年（二〇一八）に大阪大学総合学術博物館と豊中市立文化芸術センターの二会場で開催した「四大文明の源流を求めて　探究の旅、描きとめる熱情――洋画家中村貞夫」展の中村貞夫画伯も、大阪の生んだユニークなアーティストだ。

画伯は、昭和九年（一九三四）に大阪市西区の鉄工所に生まれた。戦後、優秀な小学生を集めた特別教室に通学し、同級生には、素粒子研究の権威で、高エネルギー加速器研究機構（ＫＥＫ）の高松邦夫名誉教授や、作家の筒井康隆らがいた。

大阪府立大手前高校の一年生から油彩画をはじめ、美術部の夏期講習には、有名な小磯良平《こいそりょうへい》（一九〇三～一九八八）や伊藤継郎《つぐろう》（一九〇七～一九九四）が招かれた。早くも高校三年生の昭和二七年（一九五二）、「新制作展」に初入選する。

それならば、小磯がいる東京藝術大学へ進学かと思いきや、大阪大学文学部に入学した。フラン

ス文学を専攻し、哲学演習でデカルトに触発される。「われ思う、故にわれあり」——画伯の創作哲学や絵画技法が理性的であるのは、その感化らしい。

　大正橋付近のガスタンクのある風景や難波の駅前など、市内を描き、旧大阪駅を描いた昭和二八年（一九五三）の作品も、パウル・クレーのようで幻想的である。絵中の背景にある、この三代目の駅舎をご記憶の方にはなつかしい風景だろう。手前の不思議な形は、湾曲した駅前ロータリーも連想させる。中之島のフェスティバルホールで聴いた音楽会でのチェリストを描いた作品では、黄色の背景に青や赤の原色がちりばめられ、バリバリと画面から音があふれ出すようだ。

　大学卒業後、トーマス・マンの小説『ヨゼフとその兄弟たち』を読んで、生け贄《にえ》の動物を祭壇で焼き、神に捧げる燔祭《はんさい》を知り、昭和三六年（一九六一）から「燔祭」シリーズをはじめる。自分の油彩画も「美」に捧げる燔祭であるといった感情があった。ペインティングナイフで塗り重ねられた絵の具の層を、画伯はいつも洋菓子のミルフィーユにたとえる。横から見たら、絵の具がパリッと美味しそうに見えるかもしれない。

　一九七〇年代後半、西行《さいぎょう》の『山《さん》家集《かしゅう》』を読み、吉野の桜を描いたことで大自然に関心を抱いて、抽象から具象に変化する。大峰山《おおみねさん》に分け入り、種子島、四万十川、土佐海岸などを描いた。

中村貞夫「大阪駅」（1953年）。画面上部に三代目の大阪駅駅舎を描いた富士山のシリーズを経て、宝塚造形芸術大学（現・宝塚大学）教授となる前年の平成六年（一九九四）、世界四大文明を題材とした連作へ突入する。この時、六〇歳である。タフガイとしか言いようがない。それも初の海外旅行だったらしい。第一シリーズの「エジプトシリーズ」では、ナイル川の源流から河口までの約六七〇〇キロを取材旅行した。

次が「インダスシリーズ」、七〇歳を超えて「黄河シリーズ」がスタートする。最後の「メソポタミアシリーズ」は取材中、軍の車両とすれ違うなど緊張が走るが、ノアの方舟伝説のアラト山に達した。ロシアの知人から「中村の描く富士山はアララト山そっくり」と言われ、ぜひ描きたかったそうである。

近年は、あべのハルカスなどから、大阪の街を見下ろした雄大な「大阪シリーズ」に取り組む。生涯かけてゆっくりと、しかし、新しいテーマを見出して画風を変化させていく。古今東西を問わず、時代とともに変貌することは、アーティストの力量であり、芸術家魂の発露であり、魅力である。

第八九景　堺筋は百貨店ストリート

大大阪　三越　白木屋　高島屋　松坂屋

天神橋筋六丁目駅前の大阪くらしの今昔館（大阪市立住まいのミュージアム）で開催された展覧会「大大阪モダニズム——片岡安《やすし》の仕事と都市の文化」の準備で、手元の資料をあれやこれや眺めているうち、かつて調べたり聞いたりした記憶がよみがえってきた。

たとえば「堺筋三大百貨店」と題された一枚の絵はがき。現在の百貨店の多くは、ターミナルなどに集まっているが、御堂筋が建設されるまで大阪のメインストリートは堺筋であり、三越、白木《しろき》屋《や》、高島屋、松坂屋などモダンな外観の百貨店が並ぶ〝百貨店ストリート〟だった。

高麗橋《こうらいばし》にあった三越は、松阪の商人、三井高利《たかとし》が江戸に創業した呉服店「越後屋」が源流で、元禄四年（一六九一）に大坂店を開いた。阪神淡路大震災の被害もあって、平成一七年（二〇〇五）に惜しくも大阪から撤退したが、大塩平八郎の乱で店が全焼したり、錦絵「浪花百景」にも「三井呉服店」として描かれるなど大阪での歴史も古い。

記憶に残るのが、大正六年（一九一七）竣工の地上七階地下一階のルネサンス式建築の店舗である。大正一四年（一九二五）、店の屋上で大阪放送局（現・NHK大阪放送局）が仮放送を開始した建物で、月ごとの営業案内「大阪の三越」を有名な杉浦非水《ひすい》（一八七六～一九六五）や霜鳥正三郎《しもとりしょうざぶろう》（之彦《ゆきひこ》）（一八八四～一九八二）がデザインするなど、心斎橋の大丸と並び、華やかな大大阪モダニズムを象徴する。

大正一〇年（一九二一）、堺筋と備後町《びんごまち》の角に竣工した白木屋は、現在の東急百貨店につながる。東京から来阪し、明治二六年（一八九三）に心斎橋筋、大正九年（一九二〇）から一四年（一九二五）までは阪急梅田駅ビルにも出張店を出した。備後町の新館は尖塔が特徴的な八階建てで、周囲の高層建築群とともに特色ある都市景観をつくる。昭和七年（一九三二）に閉店するなど短命だったが、床を木タイル貼りにして土足で入店できた日本初の百貨店とされる。

高島屋は京都で創業し、明治三一年（一八九八）に心斎橋筋二丁目に大阪店を開く。大正一一年

（一九二二）に堺筋と長堀通りの交差点の二筋ほど南に移転した。戦後、丸善石油があった場所である。昭和七年（一九三二）、南海ビルディングの竣工で南海難波駅の場所に南海店を設け、昭和一四年（一九三九）、長堀店を廃止して南海店と統合し、現在の大阪店となったが、長堀店では、有名な画家の個展や江戸時代の文学者や偉人を顕彰する展覧会などが開かれている。

　さらに昭和一三年（一九三八）、名古屋から明治初期に大阪に進出していた松坂屋が、日本橋筋《にっぽんばしすじ》三丁目に壮麗な近代的店舗を建設した。現在の高島屋東別館の建物がそれにあたる。堺筋に面した四店目の百貨店だ。しかし、ミナミと新世界をつなぐ中間に位置しながら交通に恵まれず、私が小学校の夏休みの工作展を家族と友達で見に行ったのは、昭和四一年（一九六六）に移転したばかりの天満橋の松坂屋だった。

　百貨店と美術の歴史を調べていて、複数の関係者から聞かされた話がある。御堂筋と地下鉄完成で大阪の南北を結ぶ中心軸が堺筋から御堂筋に変わった。その変化に機敏に対応し

上：絵葉書「堺筋三大百貨店三越白木屋高島屋」（「大阪名所絵葉書帖」より、大阪市立中央図書館蔵）

下：「大阪の三越」（1927年）。霜鳥正三郎による豪奢な雰囲気のデザイン

た高島屋は堺筋の長堀店を閉店し、御堂筋線と南海のターミナルである難波に経営を集中させる。それが英断だったという話である。

堺筋と御堂筋の間は、徒歩数分の約五〇〇メートル。短い距離だが商売には大きな影響が出る。考えてみれば当然の話だが、関係者の話しっぷりが一様に確信に満ち、自分がその時代に生きていて、まるで見てきたようで面白かった。

最近、旧高島屋長堀店のあった付近を通るたびに、〝大大阪〟時代の堺筋のイメージを夢想するが、インバウンドと大型バスの車列に圧倒され、高層の百貨店が並んでわくわくするモダン空間であった往年の堺筋を、うまく思い描くことができない。〝大大阪〟の時代は遠のくばかりなのだろうか。

第九〇景　住みやすき街、近代都市建設の精神

大大阪　池上四郎　関一　片岡安

つづけて〝大大阪〟の話である。大阪くらしの今昔館（大阪市立住まいのミュージアム）で開催された、大阪市中央公会堂竣工一〇〇年記念・特別展「大大阪モダニズム――片岡安《やすし》の仕事と都市の文化」の企画に携わって調査を進めたが、〝大大阪〟の時代はやはり面白い。

明治二二年（一八八九）に誕生した大阪市は市長を設置せず、府知事が市長職務を兼任していたのを、明治三一年（一八九八）に初の市長選挙を行い、府から独立する。大正一〇年（一九二一）には

新庁舎が中之島に建設され、市は飛躍的に成長した。大正末から昭和初期、全国で市町村合併が進み、大阪市も大正一四年（一九二五）四月一日、第二次市域拡張を行う。

この市域拡張で、人口・面積ともに東京市を抜いて日本第一位、世界第六位の巨大都市となり、それを「大大阪」と呼ぶ。ただし、都市名に「大」を冠した「大〇〇」は全国で誕生し、昭和六年（一九三一）に伏見市を合併した〝大京都〟や、その翌年に東京市が「大東京」になって大阪市を抜き返した。「大横浜」「大名古屋」「大神戸」「大札幌」から、規模の小さい「大大津」「大岸和田」などの使用例も確認できる。

「大大阪」が有名なのは、第六代市長・池上四郎（一八五七〜一九二九）と第七代市長・関一《せきはじめ》（一八七三〜一九三五）が推進した都市建設の成功が大きい。御堂筋や日本初の公営地下鉄建設など都市基盤だけではなく、福祉や文化政策にも力を注ぎ、「上を向いて煙突の数を数えると同時に下を見て、下層労働者の生活状態を観察せねばならない」というのは関の有名な言葉である。市民に敬愛され、池上は天王寺公園、関は大阪市立東洋陶磁美術館の前に銅像が建てられている。

右：「大大阪」第１巻第１号（創刊号）表紙、大阪都市協会発行、大正14年（1925）12月。市が直面するさまざまな都市問題を専門家や文化人が論じた都市問題研究誌
中：今も市を見守る池上四郎第６代大阪市長銅像。天王寺公園内にある
左：市民に敬愛された関一第７代大阪市長銅像。大阪市立東洋陶磁美術館前にある

行政やマスコミが、巨大都市になれば無条件に明るい未来が到来するようには認識していなかったことは、現代の大阪市民も肝に銘じておくべきだろう。大正一四年(一九二五)四月一日の大阪朝日新聞「大大阪記念号」は社説「大大阪の建設」で内容や質の充実が重要と説く。

「都市建設の重点は、主として外形にあって内容になく、量にあって、質になかった。(中略)この情態から脱却するために近代都市の建設はその重点を専ら内容と質におき、種々の改良事業、都市的施設を完全にせんとして努力し、わが大阪市のごときも、この点に非常なる苦心を払いつつあるがながく思うように進捗せず、市民をして切に焦躁の感を懐かしめつつある」

そして「斯くて真の大大阪の建設は、寧ろ今後の事業に属する。区域拡大のきょうの記念日は大に祝すべきの時であると同時に、大に責任を感ずべきの時である。吾人は、旧き市民も、新しき市民も、共に協同一致、市民的自覚と、不断の努力とをもって、この責任を果すべく精進せんことを切望する」として、新旧市民の協力と努力を求めた。

また、毎日新聞社主催「大大阪記念博覧会」を契機に大阪都市協会が結成され、戦後の雑誌「大阪人」につながる都市問題研究誌「大大阪」が刊行される。そこで「我等はここに大大阪主義を提唱する。大大阪が現在日本の最大都市であることは事実である。けれども未だ『我等は大大阪市民なり』として世界に誇るだけの文化都市でもなければ経済都市でもない。我等の前途は遙かである途は遠い」と市民の団結をアピールした。

展覧会では、中央公会堂の実施設計に携わった建築家で、関西工学専修学校(現・大阪工業大学)初代校長となり、大阪商工会議所会頭もつとめた片岡安《やすし》(一八七六〜一九四六)の業績と、大大阪の時代の多彩な文化や建築が紹介されたが、都市基盤の整備のみならず、福祉や社会事業の推進や、大学、美術館、科学館など文化施設が建設された背景には、関市長の名言に象徴される、住みやすい街づくりと世界に誇る文化都市、経済都市建設の理想があったのである。

第九一景　再発見はステンドグラスと商業の神様の杖

大大阪　先代大阪市庁舎　メルクリウス　カドゥケウス

もう一度〝大大阪〟である。ミュージアムへの思いは人それぞれだが、博物館活動の基本中の基本として調査研究が重要であることを思い知らされた。大阪くらしの今昔館（大阪市立住まいのミュージアム）の特別展「大大阪モダニズム——片岡安《やすし》の仕事と都市の文化」に協力して調査した結果、大阪市役所の庁舎で保管されていた先代庁舎のステンドグラスと、円形のシンボルマークが彫り込まれた部材の一部が再発見され、以前からの疑問が少し解けたのである。

市庁舎のステンドグラスは現在も一階に一部保存されているが、今回再発見したのも市章のみおつくしを中央に配した美しいデザインである。大阪人がみおつくしを愛し、誇りにしてきたことは、大阪市中央公会堂の特別室のステンドグラスにもデザインされていることでわかる。同館のボランティアさんたちによって清掃され、四分割されていたパートが一つに合わされて展示された。

驚いたのがシンボルマークである。大正一四年（一九二五）、第二次市域拡張を行って〝大大阪〟

が誕生したことを記念して開催された「大大阪記念博覧会」のポスターを、本書第三五景で紹介したが、中之島や大阪城を上空から見下ろした背景に、羽のある帽子をかぶった青年が立つ。この青年は、ローマの神で商工業を司ったメルクリウスと考えられ、彼が掲げる不思議な形のたいまつは、まさに再発見されたシンボルマークと同じ形であった。

メルクリウスは姿に特徴があり、翼のある帽子をかぶり翼のある靴を履いて、二匹の蛇が巻きついた翼のある杖「カドゥケウス」を持つ。中央公会堂の屋根にもメルクリウスの銅像があるし、大阪万博を記念にイタリアから贈られた像が、天満橋のOMMビルの前に置かれている。「カドゥケウス」のデザインは、旧制大阪商科大学（現・大阪市立大学）の校章にも用いられた。

ポスターの青年も「カドゥケウス」とおぼしき杖を掲げており、ここまでは前にも記した。ただし、中央公会堂の像の杖と比べて短く、たいまつのように焔《ほのお》があがっている。その点で、青年が本当にメルクリウスとしてよいか疑問だった。しかし、再発見されたシンボルマークは、ポスター同様にたいまつに近い形をしており、翼は蛇の胴体に直接ついているようにも見えるが、二匹の蛇の頭が彫られて、「カドゥケウス」にたいまつを組み合わせたものと理解できる。

大正一〇年（一九二一）に竣工した市庁舎にあったシンボルマークと同じ杖が、「大大阪記念博覧会」のポスターに描かれていたとしても不思議はなく、なぜこの形に変形したかは次の問題として、「カドゥケウス」であった可能性が高い。市長や職員、政治家、商工関係をはじめ、庁舎に出入りしていたマスコミや市民も、このマークを日常的に目にし、その意味も理解していたはずである。庁舎建て替えの時に廃棄せずに保存した市職員に感謝するとともに、〝大大阪〟時代の表象でもあるポ

スターの謎解きは、展覧会を機に一つ前進したわけである。

調査の成果に興奮していたら、予期せぬ訃報が届いた。近代建築史の専門家で大阪歴史博物館の酒井一光《かずみつ》氏が、闘病生活の末、四九歳の若さで逝去したのである。歴史博物館での「煉瓦のまち　タイルのまち」「民都大阪の建築力」「村野藤吾《とうご》――やわらかな建築とインテリア」など特別展は視点もユニークで、近代建築の街歩きで人柄に触れた人も多いだろう。取り壊される近代建築の煉瓦や装飾物を惜しみ、保存収集にがんばった学芸員でもある。大阪大学総合学術博物館のステンドグラスの調査にも来てもらった。

近代建築研究に一層の業績を残したであろう逸材であり、再発見された市庁舎のステンドグラスやマークの話を聞けばとても喜んだことだろう。大阪の建築史研究の大切な部分が断絶したと思うと悔しく、悲しい。酒井君、いろいろとお世話いただきありがとうございました。ご冥福をお祈りいたします。

右：大阪市役所先代庁舎のステンドグラス。中央が大阪市の市章「みおつくし」

左：旧庁舎にあった「カドゥケウス」が原形と思われるマーク。中心がたいまつになっているのは、「大大阪記念博覧会」のポスターと同じ

第九二景　「大阪市パノラマ地図」の楽しみ

鳥瞰図　歌川（五雲亭）貞秀　吉田初三郎　美濃部政治郎　大阪くらしの今昔館

人間は、鳥の目線で町や山河を描いた鳥瞰図《ちょうかんず》に魅せられる。衛星写真やドローンによる空撮は、あくまで現在の風景であって、グーグルマップで検索しても、大坂冬の陣の真田丸の勇姿は見ることができない。一〇〇年前の街並みや歴史的な出来事を疑似体験できるのが鳥瞰図であり、大正から昭和初期の観光案内のパンフレットに描かれた鳥瞰図もノスタルジックである。

鳥瞰図が得意で「空飛ぶ絵師」とも呼ばれた歌川（五雲亭）貞秀（一八〇七〜一八七八頃）の錦絵「大坂名所一覧」は、天保山や淡路島まで視野に入れた九枚つづきのパノラマであり、生涯に三〇〇〇点以上の鳥瞰図を描いたとされる吉田初三郎《はつさぶろう》（一八八四〜一九五五）も有名だ。本渡章《ほんどあきら》さんの『鳥瞰図！』（１４０Ｂ）も、各地の鳥瞰図約一〇〇点を紹介する。

近代大阪では、大正一三年（一九二四）、日下《くさか》わらじ屋刊行の「大阪市パノラマ地図」が魅力的である。翌年に第二次市域拡張で日本最大の都市〝大大阪〟になる直前の大阪市の精細な鳥瞰図で、現在の大阪環状線の内側と港湾地域を中心に描き尽くす。画家は美濃部政治郎《みのべせいじろう》。タイトルの「大阪市パノラマ地図」と英文題「THE MOCK PAINTED PICTURE OF GREAT OSAKA（グレート大阪の模擬景観図）」にあるように、グレートと呼ぶにふさわしい出来映えである。

このパノラマでは、当時の建物や道路などを具体的に確認できる。淀屋橋の「住友ビルディング」

（現・三井住友銀行大阪本店）は、大正一五年（一九二六）に北側、昭和五年（一九三〇）に南側の工事が完成するから、地図制作時は工事中で、工事現場の仮囲いが描かれている。今なら未完成でも完成予想図を加えるかもしれないが、あくまで工事現場の囲いにこだわるのがリアルである。

美術品に描かれた昔の大阪名所を「大阪市パノラマ地図」に検証することもできる。昭和三年（一

上：通天閣と国技館が建ち並んだ新世界。「大阪市パノラマ地図」より
下：大阪くらしの今昔館（大阪市立住まいのミュージアム）の床にある「大阪市パノラマ地図」で、自分の家に何があったか探してみよう

九二八）の池田遙邨《ようそん》（一八九五～一九八八）「雪の大阪」（大阪中之島美術館蔵）にも描かれた天満橋から下流に突き出した将棊島《しょうぎじま》も、この地図によって地形が具体的にわかった。昭和七年（一九三二）に寝屋川が天満橋上流で大川と合流するように付け替えられ、下流が埋め立てられたことで、将棊島は消滅する。その跡に建つのがＯＭＭビルや京阪シティモールであり、ビルの下はもともと寝屋川だったのである。

大阪の鳥瞰図では、昭和一〇年（一九三五）、大阪市西区江戸堀の東亜地誌協会編集発行の「鳥瞰式立体図大大阪市市勢大観」（大阪市立中央図書館蔵）も圧倒的である。吉田豊が描いた縦一四一センチ、横一七二センチの巨大な図で、千里山や枚方、八尾など近郊も描かれ、「大阪市パノラマ地図」の一〇年後の街の変貌が一目瞭然である。

とりあえず「大阪市パノラマ地図」は、大阪くらしの今昔館（大阪市立住まいのミュージアム）の常設展示室の床に拡大複写されているので、誰でも上を歩き、鳥のまなざしで〝大大阪〟を探索できる。道路に打たれた豆粒のような通行人や、御堂筋開通前の船場、通天閣と国技館が並ぶ新世界など、とても面白い。「大阪市パノラマ地図」の複製も刊行されており、それを手に街歩きしたら、道路が碁盤状の船場や島之内など、今でも迷わず歩けるかもしれません。

第九三景　フィランソロピー、それは大阪人の伝統

岩本栄之助　大阪市中央公会堂　住友家　岡常夫　町橋　藤中橋

フィランソロピー（Philanthropy）とは聞き慣れない言葉だ。しかし、大阪人は誰もがその恩恵にあずかっている。

最も有名なのは、大阪市中央公会堂である。明治四二年（一九〇九）、渋沢栄一を団長とする海外視察実業団に、株式仲買人で北浜の風雲児と呼ばれた岩本栄之助《えいのすけ》（一八七七〜一九一六）が参加し、米国における公共施設の立派さと、富豪たちによる慈善事業・寄付の習慣に感銘し、わが街である大阪市に、公会堂建設のための一〇〇万円（現在の約五〇億円相当）を寄付した。他にも、住友家が寄付した大阪府立中之島図書館、大阪市立美術館用地と慶沢園《けいたくえん》などもあるし、綿業会館も、東洋紡績の岡常夫（一八六三〜一九二七）の遺族からの寄付だ。

寄付の根底にある博愛や人類愛などに基づいて純粋に人々に奉仕しようとする精神をフィランソロピーと呼ぶ。有名な例では、ロックフェラーやカーネギー、ビル・ゲイツがいるし、我々のような庶民による個人的な奉仕にもフィランソロピーの精神は発揮される。

ご存じのように大阪では、江戸時代、幕府の架けた公儀橋《こうぎばし》と町人が架けた町橋《まちばし》があった。天明七年（一七八七）の橋の総数一五五橋のうち、公儀橋はわずか一二橋で、残りは町橋である。町橋を代表する淀屋橋や心斎橋、太左衛門橋《たざえもんばし》などは町人の名が付けられ、そこに大阪人としての思いがこも

公会堂建設のために多額の寄付をした岩本栄之助

っている。

かつて長堀川には、島之内で病院を経営していた藤中泰先生が明治四一年（一九〇八）、私費で架けた藤中橋《ふじなかばし》があった。家から病院に通うのに便利だから架けたというが、照れてそうおっしゃったのだと私は思う。自分の名の橋を残すなど、大阪人としてこんな誇らしいことはない。

平成三〇年（二〇一八）に関西経済同友会主催で、中之島の北岸、ほたるまち（大阪市福島区福島）の堂島リバーフォーラムを会場に開催された「なにわの企業が集めた絵画の物語」展もフィランソロピー精神の表れだろう。点数もかぎられるが、会社帰りに気楽に名画鑑賞できる場を提供することを目的に夜八時まで開館し、関西・大阪21世紀協会の運営協力により企業一六社が所蔵する、ロートレックやローランサン、黒田清輝《せいき》、藤田嗣治《つぐはる》、山口華楊《かよう》などの二四点が展示された。

また、京都造形芸術大学アートプロデュース学科の伊達《だて》隆洋《たかひろ》准教授と学生を中心に、小学生を招待して「対話型鑑賞法」による鑑賞プログラムを展開する。幼少期に美術館・博物館に連れて行ってもらった人は、大人になって自分も子供たちをミュージアムに連れていくことが海外ではわかっている。幼少期の教育が子供の将来に大きな影響を与えることを再認識してほしい。運営側も展覧会での教育成果を、建設中の大阪中之島美術館のプログラムに活かせるよう提言したいという。活発な文化芸術活動が、世界的に都市の活力や居住性の向上に関係しているのは言うまでもなく、京都や兵庫に比して美術館が少ない大阪で、企業が積極的に動き出したのが心強い。
フィランソロピーの精神は、人類愛を根底として個人も発揮できる。戦前から目先の利益だけで文化芸術に冷たい「物質の塵都」（伊達俊光『大大阪と文化』金尾文淵堂、一九四二年）と言われてきたこの大阪に、新しい風が吹きはじめている。

第九四景　大阪市中央公会堂八景を勝手に考えてみた

蘭陵王　みおつくし　ステンドグラス　地中杭

大阪市中央公会堂が大正七年（一九一八）の開館から一〇〇周年となったことを記念して、土地の名勝を揃えた「瀟湘《しょうしょう》八景」や「近江八景」にならい、私なりの「大阪市中央公会堂八景」を選定してみた。公会堂を愛する勝手連としての一人企画である。

第一景　蘭陵王《らんりょうおう》の大舞台
約一二〇〇席もある大集会室には、音楽会や演劇、講演会や演説、各種の式典開催など、分厚い歴史があり、正面の大舞台上に、大阪で最も古い四天王寺の舞楽に由来した蘭陵王の舞楽面が飾られている。イケメンの蘭陵王は美貌が敵に侮られないよう、恐ろしい仮面姿で出陣して勝利した。その舞いが「蘭陵王」である。京都・先斗町の歌舞練場の屋根にも、蘭陵王は鬼瓦のように取り付けられ、芸事の神様のような存在である。

第二景　オケピと客席の秘密

地階に大集会室のオーケストラピットへの入口が残されている。〝オケピ〟である。大集会室の昔の客席も保存され、腰を乗せる座板の部分を跳ね上げると、裏に湾曲した金具が取り付けられているが、何の目的で取り付けられたものか。答えは帽子掛けである。

第三景　みおつくしのアラベスク

階段の手摺りは大阪市の市章、みおつくしを図案化して優美である。三階まで階段をのぼるのはしんどいが、手摺りにつかまり階上からおりると、大正時代に迷い込んだ気がする。

第四景　踊る中集会室

壮麗な柱に支えられた高い天井と、油彩やステンドグラスによる格調高い装飾に囲まれた三階の中集会室。社交ダンスの団体がここを借りて踊っているのを見かけるが、優雅そのもの。映画『Shall We ダンス？』のような、時代を超えた楽しみがある。

第五景　ステンドグラスの光彩

特別室の天井画や壁画は、洋画家の松岡壽《ひさし》（一八六二～一九四四）が『日本書紀』をモチーフに描いて重厚である。中之島公園を望む窓のステンドグラスも美しい。みおつくしと鳳凰のデザインに、朝や黄昏の光を通したガラスの輝きが奥深い。

第六景　地中杭、なんと四〇〇〇本

中之島は地盤が軟弱で、基礎の補強にたくさんの杭が土中に打たれた。地下階に免震装置が並ぶ

今の光景も壮観だが、公会堂を建設すべく、一〇〇年前によくぞ打ち込んだ約四〇〇〇本の杭に圧倒される。杭の一本が地階に保存展示される。

第七景　フルーツ籠とシンポジウム

シンポジウムなどで用いられる小集会室は、昔は宴会などに用いられた。西側の天井には籠に盛られた薔薇《ばら》の花とバナナ、いちご、洋梨などフルーツを図案化したステンドグラスがある。ここで熱い討議を重ねていて、ふと天井を見上げると、急に食欲が湧く。

第八景　ローマ福神と名市長

公会堂の外観をどこから眺めるのがよいか。栴檀木橋《せんだんのきばし》南詰から見るライトアップされた夜景もよいが、東洋陶磁美術館前にある名市長、関一《せきはじめ》の銅像の背後にまわって正面を見るのも、歴史の重みが伝わってよい。屋根に安置されたローマの福神メルクリウスとミネルヴァの銅像を見上げていると、市の発展と末永い繁栄を望んだ先人の思いが、ひしひしと感じられる。

以上「大阪市中央公会堂八景」の愚案だが、いや違いまっせ、緑色の屋根がかわいいとか、分離派《セセッション》風ともされる窓とカーテンが好きとか、レストランも入れましょとか、いろんなご意見もあるだろう。市民それぞ

右：地階に保存された大集会の椅子。帽子を掛けるのに便利な金具が座席の下についている

左：図案化された「みおつくし」が美しい階段の手すり

れ、気に入った公会堂のアングルが思い浮かぶはずだ。チャーミングな公会堂が、次の一〇〇年も市民の誇りとして伝えられるよう応援していきたい。

第九五景「冬は関東煮」からグローバルな大阪を知る

織田作之助『夫婦善哉』 佐伯祐三 桂米朝 エスカレーター

冬に食べたくなるのが〝関東煮《かんとだき》〟である。大根やちくわ、はんぺん、玉子、糸こんにゃく、すじ肉などを煮込んだ、つまり〝おでん〟である。大阪市内で半世紀以上前に生まれた私は、子供の時から〝関東煮〟の名で親しんできた。「かんとう」ではなく詰まって「かんと」と発音する。

昭和四〇年代前半、長堀橋近くの小学校の友達の家が、お父さんは会社勤めだが、お母さんら家族が雑貨兼パン・菓子屋を営み、夏はかき氷、冬は関東煮を店頭に出した。

毎日のように私は遊びに行き、「関東煮でも食べていき」と玉子やちくわをいただいた。店に置かれた漫画雑誌は読み放題で、「ゲゲゲの鬼太郎」は連載時にそこで読んだ。友達は学生時代に急逝したが、一九六四年（昭和三九）の東京オリンピックと一九七〇年（昭和四五）の大阪万博の間の記憶と〝関東煮〟は、私の中で深く結びついている。

味噌田楽がどうこうとか、「うちが本家」「いや、こちらが元祖」など諸説がありそうで、〝関東煮〟の語源をここでは詮索しない。織田作之助（一九一三〜一九四七）も『夫婦善哉』で、「出雲屋《いずもや》」

のまむし、「たこ梅」のたこ、「寿司捨《すしすて》」の鉄火巻と鯛の皮の酢味噌とともに、法善寺境内「正弁丹《しょうべんたん》吾亭《ごてい》」の関東煮と、はっきり記している。

洋画家佐伯祐三《さえきゆうぞう》（一八九八～一九二八）の甥御さんからうかがった話も懐かしい。大正一五年（一九二六）にパリから一時帰国した佐伯は、大阪市港区弁天町に嫁いだ実姉の家に滞在して、安治川で船の連作を描く。佐伯が姉のつくった〝関東煮〟を食べてつぶやいたひと言。尾籠《びろう》な話で恐縮だが、「お姉ちゃん、美味しいわ。〝ばば〟の味がせなんだ」と言ったというのである。

当時は貨物の流通に馬車も現役で多用され、路傍に馬糞が落ちていた。写生の合間、腹が空くと露天で買い食いをする佐伯だが、路上で乾燥した馬糞が粉末となって舞い上がり、露天の鍋に降り注いで底に沈殿していると睨んでいたらしい。おおらかな人柄がにじむ笑い話である。

桂米朝（一九二五～二〇一五）師匠の話にも、東京の人が「大阪には哲学的な食べ物があるんだね。新世界に行ったら看板に〝カント煮〟と書いてあった」と感心していたというのがあった。ドイツ観念論の大哲学者イマヌエル・カントゆかりなら、毎日、時間どおりに配膳される病院食みたいだが、カタカナで「カント煮」と書かれていたわけである。イマヌエル・カントも今煮える関東煮になってしまった。

『夫婦善哉』に出てくる「正弁丹吾亭」の関東煮。麻生路郎『川柳漫画』（弘文館、1929年）より

さて、美術史の研究室旅行で台湾の故宮博物院に行った際、ホテルのテレビに日本のグルメ番組が映り、浅草のおでん屋の大将が、大根やはんぺんを皿に盛りつけていた。その画面のテロップ〝おでん〟に振られた中国語字幕が「関東煮」だった。台湾の表記は大阪式の「関東煮」なのである。「関東」がどこを指すかの語源探索は必要であるにしろ、台湾にあって東京式の「おでん」は書きかえられて大阪風である。「関東煮」派の私は、大阪もグローバルやないかと喜んだ次第。

ついでに言えば、大阪ではエスカレーターでは右側に立ち、左側を空ける。しかし東京では逆に左に立ち、京都も東京式になびいている。東京人は、大阪式の立ち位置がローカルで特殊であるかのように非難がましくしゃべることがあるが、大阪では昭和四五年（一九七〇）の大阪万博開催にあたり、世界からの来客に対応するため世界基準に合わせたことが知られている。

現在、エスカレーターは歩かず左右両方に乗ることが啓発されているが、台湾でもエスカレーターは大阪と同じく右に立ち、左を空ける。今度の東京オリンピックでは反省して、大阪式の国際ルールを東京でも啓発しないといけないのではないか。老婆心ながらそう思って帰国した。

第九六景　「浪花情緒を書き残したい」大大阪時代の郷土雑誌

「難波津」木谷蓬吟　「郷土趣味大阪人」南木芳太郎　「郷土研究上方」

大阪くらしの今昔館（大阪市立住まいのミュージアム）での特別展「大大阪モダニズム――片岡安《やすし》の

仕事と都市の文化」の続編ともいうべき展覧会が「モダン都市大阪の記憶」（二〇一九年）であった。

〝大大阪〟誕生は、輝かしく発展する近代都市を出現させたが、摩天楼がそびえる近代化とは別方向の動き、つまり過去の歴史や文化を再発見し、記録し、顕彰する動きも生み出した。大正末から昭和初期の短期間において、連続して大阪で郷土研究の雑誌が刊行されたことがその事例だ。

〝大大阪〟成立の前年の大正一三年（一九二四）、心斎橋近くのだるまや書店が刊行した「難波津《なにわづ》」は、古き大阪の発掘や再評価を意図した雑誌で、創刊号広告に次のように記す。

「新しい大大阪の建設は漸次に進んでゆくに反して月日の立つと共に我大阪の遺跡口碑《こうひ》など所謂浪華の面影は漸次に亡びゆきます。その懐かしい難波《なにわ》情調を、せめては今の中に書きとどめて後世に残し置きたい」

〝大大阪〟の建設が進むにつれて「浪華の面影」が亡んでいく。その亡びゆく「懐かしい難波情調」を

右：郷土研究誌「郷土研究上方」を自費で創刊した南木芳太郎。昭和初期、京都・清水寺の研究会で仲間が描いたイラストの肖像

左：「郷土研究上方」第139号（1940年）の表紙に描かれた「南の五階」こと眺望閣

後世に残したいというのである。

昭和四年（一九二九）には、文楽の研究者でもあった木谷蓬吟《きたにほうぎん》（一八七七〜一九五〇）が「郷土趣味大阪人」を刊行する。昭和六年（一九三一）は郷土研究誌の白眉とされる「郷土研究上方」が創刊された。刊行者の南木芳太郎《なんきよしたろう》（一八八二〜一九四五）は創刊号で語る。

「亡びゆく名所史蹟、廃れゆく風俗行事、敗残せる上方芸術、その一歩々々薄れ行く影を眺めて、私は常に愛惜の情に堪えません。滅びゆくものは時の勢《いきおい》として如何とも致方ないが、せめて保存に努めたい、そして記録に留めて置きたい、これが私の念願でした」

蓬吟にしろ南木にしろ在野の研究者であり、郷土大阪への愛情と使命感から、自ら資金を調達して出版に踏み込んだ。輝かしい未来をもたらすであろう〝大大阪〟の成立が、大阪の伝統文化を滅ぼしかねないという危機意識が郷土研究誌の創刊に走らせたのである。

展覧会「モダン都市大阪の記憶」では、前回の「大大阪モダニズム」展では触れなかった〝大大阪〟誕生の反対方向のベクトルを取り上げている。彼らのまなざしで見ると、現代もまた似たような状況にある気がしてくる。思いはさまざまだろうが、たとえば、かつてのミナミは、道頓堀や宗右衛門町、法善寺横丁にしろ浪花情緒あふれる繁華街として全国に知られた。芝居があり、演芸があり、文楽があり、大阪らしいゆったりした風情があった。現在、確かに外国人観光客はあふれているが、そうした浪花情緒はほとんど失われた街に変貌している。

南木芳太郎の言葉を借りると、「滅びゆくものは時の勢として如何とも致方ないが」となるが、本当にそれでよいのだろうか。私としては、薄れゆくミナミの風情に対して愛惜の情が湧き起こってくる。

第九七景　写真が伝える大阪大空襲の記憶

綿業会館　ガスビル　大沢商会大阪支店　青木月斗

古い写真を調べるのは面白い。私の監修で『写真アルバム　大阪市の昭和』（樹林舎、二〇一八年）を刊行した。「大大阪」成立からＥＸＰＯ'70（大阪万博）までの世相や時代風俗をはじめ、家族の思い出や街の雑踏が写し出されている。六〇〇枚を超える写真の撮影場所や年代の特定は、しんどかったが、楽しい作業であった。

いや楽しいだけではない。厳粛で心に残る写真もあった。一般社団法人日本綿業倶楽部から提供をうけた終戦すぐの写真がそれだ。大阪市中央区備後町《びんごまち》にある綿業会館の上から船場の街を写したものや、梅田の闇市の様子が、すべてカラーで撮影されている。焼き尽くされた船場の街は、真昼の明るさのなか、人どおりがなくて妙にシーンとしているし、現在の大阪駅前ビル付近の闇市では、店舗が突貫工事で建てられている様子も写っている。

最初どこかわからなかったのが、幼い子供が集まっている写真である。右側は古い商家、左側は空地だが、大阪大空襲による焼け跡だろう。子供たちの笑顔が印象的だ。場所が知りたい。そこから写真に秘められたドラマが見えてくるだろう。

謎が解けたのが、別の写真を検討していてである。黒く迷彩色に塗られている御堂筋のガスビルを綿業会館から写した写真で、画面の東西を横切る通りは、手前から順に瓦町《かわらまち》、淡路町《あわじまち》となり、南北の道は丼池筋《どぶいけすじ》である。淡路町の通りを挟んで南側は焼失し、北側は焼け残ったことがわかる。

この写真との比較から、子供たちがいる場所は、ガスビルが写る写真にある焼け跡付近、淡路町の通りであるとわかった。子らの背後にある煉瓦造りの建物の窓も、ガスビル手前に位置する建物の窓と一致する。この建物が、明治三五年（一九〇二）に日本貯金銀行本店として竣工した、後の大沢商会大阪支店であることも突き止めた。『近代建築画譜』（一九三六年）によると、尖った三角屋根があったはずだが、爆弾に打ち砕かれ焼け落ちたのか、写真では失われている。

ニコニコしているのは、家が残って疎開から帰った淡路町の北側の子たちなのかもしれない。片足を車輪のついた板に乗せて遊ぶキックスケーターを持つ子もいる。では、家を失った南側の子供たちはどうなったのか。そのことに、はっとさせられた。かわいらしい子らの笑顔にも残酷な運命の明暗を感じさせられる。

さらに昭和二〇年（一九四五）三月から八月までつづいた大阪大空襲を調べていたところ、俳人青木月斗《げっと》（一八七九～一九四九）の扇面を見つけた。

「雲の峰は大阪焼ける煙かな　大和山里にて」

月斗は船場の薬屋に生まれた。正岡子規に認められ、「車百合」「同人」を主宰するなど、大阪で俳諧の指導的役割を果たした。実妹は河東碧梧桐《かわひがしへきごとう》に嫁いでいる。昭和二〇年（一九四五）、奈良県大《おお》宇陀町《うだちょう》に疎開して、終戦後そこで没した。

大阪が空襲で燃える焔《ほのお》が、奈良からは生駒山を越えて夕焼けのように赤々と見えたという。「雲の峰」は夏の季語で、月斗は戦後も大和山里である宇陀にとどまり、むくむくと湧き起こる入道雲を見上げて「大阪」の「焼ける煙」を思いだしたのだろう。

大阪大空襲からすでに七〇年以上が経つが、地球上から戦争がなくなったわけではなく、その悲惨さは伝えていかなくてはならない。

上：空襲の明暗・淡路町の通りに集まる子供たち。昭和20年頃（1945）（一般社団法人日本綿業倶楽部提供）

中：綿業会館から見たガスビル付近（同提供）

下：青木月斗の扇面（個人蔵）

第九八景　だんじりの源流は豪華な御座船

高津宮　大阪くらしの今昔館　大阪天満宮　天神丸

大学生時代、江戸の面影を残す東京下町の祭りで連打される太鼓に感銘を受けたことがある。文楽「夏祭浪花鑑《なつまつりなにわかがみ》」で知られる高津宮《こうづぐう》の祭りで、だんじり（地車）囃子に慣れ親しんでいた私には、大太鼓がドンドンコ唸る重低音が、板東武者を乗せた馬の群れが関東平野を駆けめぐり、大地を揺るがしながら押し寄せてくる感じがし、反対に大阪でかん高く「ヂキヂンコンコン」と打ち鳴らされる鉦《かね》の音に、西日本らしい海洋のイメージが浮かぶようになった。

篠笛奏者の森田玲《あきら》さんとそんな話をしていたら、だんじりとは「天神祭を発祥として大坂三郷域の夏祭りで発達した神賑《かみにぎわい》行事の練物《ねりもの》」で、摂河泉《せっかせん》を中心に瀬戸内から九州にまで伝わり、その源流は、江戸時代に淀川で用いられた幕府や西国大名の「川御座船《かわござぶね》」だと教えられた。

円山応挙も淀川を航行する川御座船を描いたが、森田さんも執筆する『図説だんじり彫刻の魅力――岸和田と淡路で育まれた心と技』（だんじり彫刻研究会、二〇一九年）によると、『摂津名所図会』の挿絵のように御座船の多くは二階建てで、豪華に漆や飾り金具で装飾されていた。船体部分は船大工、飾りのある屋形は宮大工がつくった可能性があるとする森田さんの推測に、なるほどと感心した。

川御座船（別に海御座船もあった）を模したのが天神祭の御迎船《おむかえぶね》で、陸にあげて町内を曳行したのが、大阪くらしの今昔館（大阪市立住まいのミュージアム）に展示される「天神丸」（大阪天満宮蔵）など御座船型曳車である。そして「天神丸」から船体部分を取り除いたのが、だんじりの原型だという。

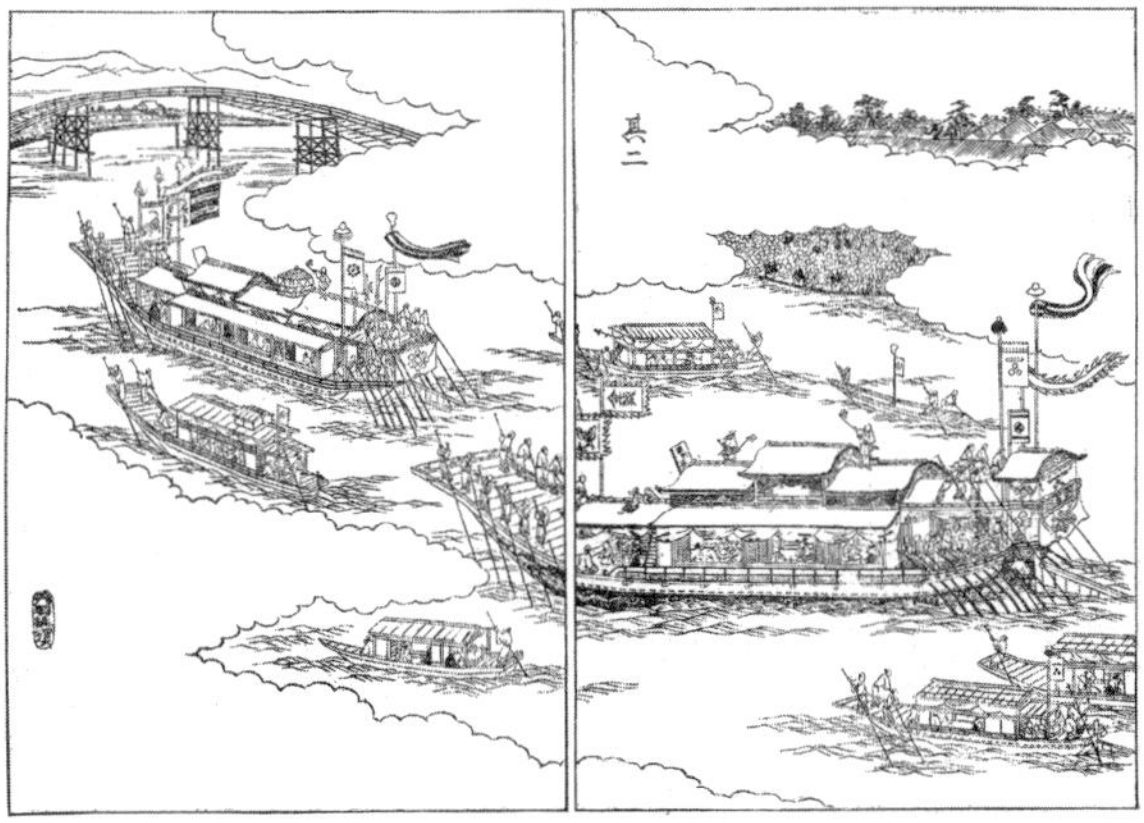

上：川御座船『摂津名所図会』より、「関西諸侯乗船　其の二」。川御座船の屋根の上には、采配方の姿が見える

下：『摂津名所図会』より、「夏祭車楽（だんじり）囃子」

人類のご先祖は、長い年月をかけて海から陸へ上陸したが、どことなく生物の進化のように水上から陸へとあがり、今日のだんじり誕生にまで至った系統樹が浮かび上がってくる。

調査では、岸和田のだんじりにも御座船の名残が認められるという。上下二段の大屋根・小屋根は御座船を意識し、旗や吹き流しも御座船と共通する。だんじり最下部に位置する「水板《みずいた》」と呼ばれる部分に伝統的に水に関する彫刻を施すことで、船のように浮かぶイメージを演出し、四隅にある「松良《まつら》」という部分の名称も和船用語に由来する。

屋根で舞ってだんじりの舵取りを指示する「大工方《だいくがた》」も、『摂津名所図会』の御座船屋根に描かれた采配方《さいはいがた》に似るし、だんじりの後から差し込まれる「後梃子《うしろてこ》」の左右に張られた綱を「ドンス」と呼ぶのも、『和漢船用集』にある和船用語だという。

近著の『図説だんじり彫刻の魅力』のほか、森田さんの『日本の祭と神賑《かみにぎわい》――京都・摂河泉の祭具から読み解く祈りのかたち』（創元社、二〇一五年）は、だんじりや布団太鼓などを図解入りでわかりやすく解説した好著であり、祭りを知るうえでとても参考になる。

話は戻って、「ヂキヂンコンコン」に海洋的な雰囲気を感じる私だが、同じ大学生時代（もう四〇年も昔）、天神祭宵宮の帰りに天神橋を渡っていると、川岸に係留された船からだんじり囃子が流れてきた。

リハーサルなのか、本番とは違ったくつろいだ様子で、鉦の音は風に揺らいで波打ち、きらきら輝くような響きがインドネシアのガムラン音楽のようでもあった。むっとした熱気のなか、水を通して大阪は、広くアジアにつながっていることを実感した。

第九九景「森君はどこに行った」名月と頼春水の大阪

『在津紀事』森田士徳　亀井南溟

頼春水《らいしゅんすい》（一七四六～一八一六）は、二一歳で郷里（現・広島県竹原市）を出て、広島藩の儒者に迎えられる三六歳まで大坂ですごした。二八歳頃の春、江戸堀（現・大阪市西区）の川面に面した家を借りて「春水」を号し、この地で息子の頼山陽《らいさんよう》が生まれる。古地図で調べると、山陽生誕の碑がある現在地より、もっと東側だったようである。

晩年に大坂での思い出をつづった『在津紀事《ざいしんきじ》』は、漢詩の結社・混沌社の仲間を中心に、大坂の学者や文人のエピソードが満載されている。タイトルの在津とは摂津国に在った時という意味で、堅物の朱子学者のイメージがある春水だが、宮仕えしていない在野時代、大坂の自由な空気を存分に楽しんでいる。

「青春の文学」とも呼べそうなこの回想録を、大学での講読演習のテキストにしているが、船が登場する水都大阪の文人らしい愉快なエピソードを『在津紀事』から二つ紹介しよう。

春水とも昵懇《じっこん》の吹田屋六兵衛こと、森田士徳《しとく》（一七三八～一七八二）は、新靱《うつぼ》町《ちょう》（現・大阪市西区）で乾魚を商う裕福な商人である。中国風の書をこよなく愛した文人であり、男気のある人物だった。士徳は二隻の「巨艦」を所有していた。日本海をまわり、蝦夷地の物産を運ぶ北前船《きたまえぶね》だろう。春水をその船上での月見に誘う。小舟で安治川に出て「巨艦」に到着し、柁楼《だろう》に上った。柁楼は船尾

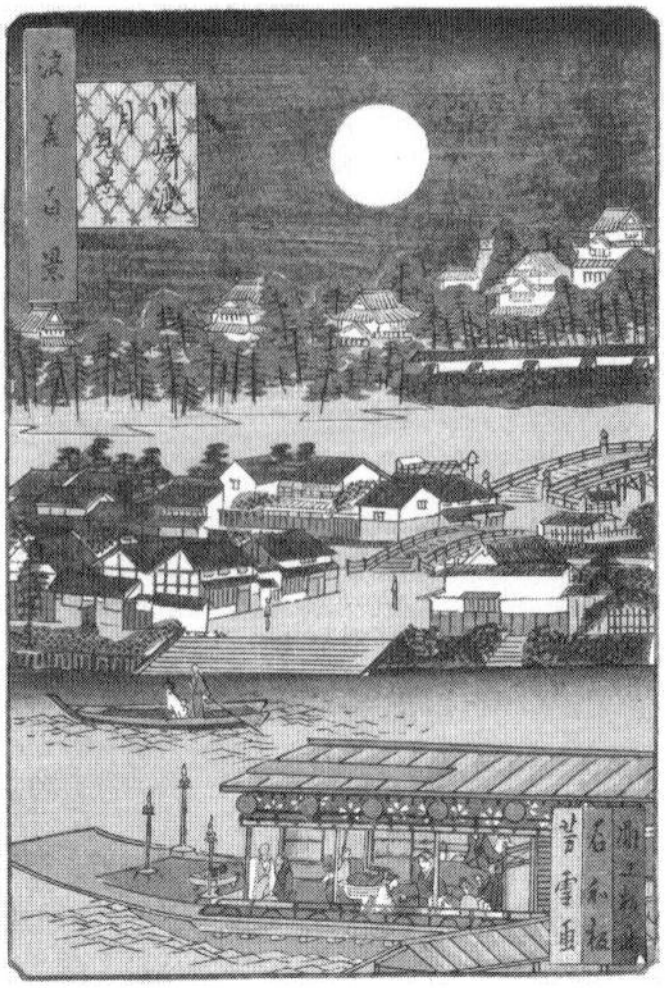

の舵《かじ》を操る建物である。屋根は二〇人ほどが座れる広さだった。

春水は「森家千石遮洋《しゃよう》の舟、繋いで浪華第一洲に在り」（原文は漢詩）と詠んだ。森家は森田士徳、遮洋の舟は大海を横断する巨船、浪華第一洲は、みおつくしのある海と川の境界あたりを指す。大船で大阪港に出入りする旅人は、ここで小舟に乗りかえた。

潮が満ちて水位があがり、堤上の家が、次第に眼下になる。月見の船には「川崎ノ渡シ月見景」（「浪花百景」）があり、燭台《しょくだい》に囲まれた碁盤が準備されるなど風趣に富むが、大川での繊細な月見とは異なり、海上でながめる煌々たる満月は、ダイナミックだったろう。

『在津紀事』には、もう一つ青年らしいエピソードが記される。後に福岡藩の儒者になる亀井南溟《なんめい》（一七四三〜一八一四）が森某《なにがし》（不明。あえて某としたか）と京都から帰国の途中、来坂した。二人とも頭はボサボサ（鬢髪《びんぱつ》収めずして蓬蓬然《ほうほうぜん》たり）で、言葉や顔つきは「疎宕《そとう》」、すなわち気迫に満ちて枝葉末節にこだわらなかった。

いざ、帰国の船に乗る段になって、森君の姿がない。「この地は楽土なので故郷に帰りたくない」と、森は漏らしていたらしく、大坂に留まる計略ではないかと世話役の塾生がいぶかる。しかし、亀井は「腰の物は全部、彼に預けてある。居残る計略ならば財布を私に返して実行するはずだ」と

「浪花百景」より「川崎ノ渡シ月見景」南粋亭芳雪画（大阪市立中央図書館蔵）

剛毅で安心している。たしかに夜に森君は戻り、何事もなく二人は乗船して福岡へ帰っていった。

おおらかな話だ。森君はどこに雲隠れしていたのか。尋ねるのは野暮かもしれないが、わが街を「楽土」と讃えてくれて大阪人としてうれしい。

大学で話を現代に置きかえ、九州の大学から来た院生や若い先生の送別会を開き、新大阪や伊丹空港に見送った時、改札口で一人いません、という事態になったらどうする、と質問してみたが、こんなたとえ話をするのではなかった、九州の知人の顔や口調が浮かび、学生が答える前に私が笑いだして止まらなくなった。

第百景　これだけ書いても大阪の話は尽きない

プラトン社　川口松太郎　『エコール・ド・プラトーン』　エコール・ド・オオサカ

いよいよ〝百景〟である。大阪と「百」という数字にこだわると、「わびぬれば今はた同じ難波なる　みをつくしても逢わんとぞ思う」が「百人一首」にあるし、錦絵には「浪花百景」がある。書物では、天明二年（一七八二）に大坂で出た『豆腐百珍』が百種類もの豆腐料理を紹介する。明治には、江戸時代の大坂について書いた『浪華百事談』（『日本随筆大成』所収）が出た。

百回は百怪に通じる。一晩に怪談を百話語ると怪異がおきる「百物語」もある。経済都市大阪は、人の生き方も現実を見すえたリアリズムの街だが、江戸時代の書物にも、大坂を舞台とした怪談話が記されているほか、現代でも、大阪芸術大学出身の木原浩勝・中山市朗両氏の『現代百物語 新耳袋』が有名である。本書もついに百回に達したので、「百物語」のように何か出てくるかもしれない。

ところで、あるきっかけで知りあった若い漫画家が、近代大阪を舞台にした漫画を出版した。永《なが》美《み》太郎さんの『エコール・ド・プラトーン』第一巻（リイド社、二〇一九年）である。

主人公は作家の川口松太郎（一八九九～一九八五）。関東大震災で来阪し、化粧品の中山太陽堂（現・クラブコスメチックス）が設立した出版社のプラトン社で編集を担当する。同社の雑誌「女性」には劇作家の小山内《おさない》薫《かおる》が、「苦楽」には直木賞の由来となった直木三十五が参加した。

このプラトン社の群像を、一九二〇年代にパリで活躍した「エコール・ド・パリ」の画家たち――ユトリロ、モディリアーニ、藤田嗣治《つぐはる》、ローランサン、パスキン、シャガールらになぞらえ、「エコール・ド・プラトーン」と呼んで漫画にしたのである。

若き川口松太郎を中心に、小山内や直木たちが、道頓堀や谷町やら大正期の大阪の街を動きまわっているのが面白い。文楽や奉祝の花電車が描かれ、東京の菊池寛や芥川龍之介、岡本一平・かの子夫妻や岡本太郎らも登場する。巻末に依頼されて私が「大大阪」についての解説も書かせてもらっている。第二巻予告には、挿絵画家として一世を風靡した岩田専太郎が登場しており、ますます楽しみだ。

私も、近代大阪の画家を「エコール・ド・オオサカ」と呼んで学会発表をしたことがある。平成一七年（二〇〇五）の大正イマジュリィ学会の研究会の時である。「エコール・ド・パリ」は、造形的な主義主張が一致した団体ではなく、同時代のパリで活躍した個性的な画家たちの総称である。同じように大阪の画家たちも、美人画（北野恒富《つねとみ》）や文人画（矢野橋村《きょうそん》）、やまと絵（菅楯彦《すがたてひこ》）など、絵の傾向も師匠筋も異なる画家が、この時期の大阪に集まり、ユニークな作品を描いた。

東京なら東京美術学校（現・東京藝術大学）、京都なら京都市立絵画専門学校（現・京都市立芸術大学）などの卒業生を核に美術団体が結成され、新しい美術運動が起きるのだが、例外はあるものの、大阪ではそうした中心となる学校が育たなかった。個人が連携してまとまっていた大阪画壇の歴史を、なかば洒落も含めて「エコール・ド・オオサカ」と呼んでみたのである。

先ほども記したように、〝百景〟を語り終えたので、本を閉じると「百物語」のように何か出てこないだろうか。現代版の「エコール・ド・オオサカ」でもよい。古くて新しいこの街の、生気にあふれた精神のようなものが。

右：永美太郎『エコール・ド・プラトーン』リイド社
左：第一景と同じく桜の名所をどうぞ。対岸は桜之宮。「浪花百景」より「天満樋の口」南粋亭芳雪画（大阪市立中央図書館蔵）

おわりに

『いまわの際に言うべき一大事はなし』（角川春樹事務所、一九九八年）のタイトルに山田風太郎が用いた、巣林子《そうりんし》こと近松門左衛門の有名な辞世の言葉がある。

「市井《しせい》に漂《ただよい》て商買《しょうばい》しらず、隠に似て隠にあらず、賢に似て賢ならず、ものしりに似て何もしらず、よのまがいもの、から（唐）の大和の数ある道々、妓能、雑芸、滑稽の類まで、知らぬ事なげに口にまかせ筆にはしらせ、一生囀《さえず》りちらし、今はの際《きわ》にいうべく、おもうべき真《まこと》の一大事は一字半言もなき倒惑《とうわく》」

「隠に似て」とは隠遁した隠者に似ての意味だが、「知らぬ事なげに口にまかせ筆にはしらせ、一生囀りちらし」のくだりが身にしみる。近松だからこその肝の据わった覚悟に感銘しながらも、まさに大阪について書き散らかしている私のことではないか、私ごときがいかほどかと嘆くのである。

しかし、「今はの際にいうべく、おもうべき真の一大事」が、私にないかというと、まだまだ書き残しておきたいことがある。

たとえば「大阪百景」の書名にこだわって全百話に絞り込んだため、今回割愛した話がある。平成三一年（二〇一九）の近畿化学協会の百周年や、かんさい・大学ミュージアムネットワークのこと、わが中学高校の同級生の家にある重森《しげもり》三玲《みれい》の石庭（大阪市指定文化財）などで、一人一人の顔が浮かんでくる。ご関係の皆様、どうもすみませんでした。

けれども、私がこだわりを残しているのは、それらの話題ではない。〝大阪ぎらい〟の精神を踏まえつつも、文化芸術から政治経済、地誌やちまたの話まで、もう少し大阪という街の深層に突き当たるまで、この街につきあわねばならないと思っているのである。それがどんなかたちでお目見えするか、やわらかい随筆か、堅い論文か、カラフルな写真集か、映像かはわからないけれども、将来のお楽しみとして、ひとまず本書を終わりたい。

最後に、全員のお名前は挙げられませんが、成瀬国晴、中村貞夫、森村泰昌、伊達伸明、伊原セイチさんをはじめ本文中に登場した方々や、資料提供などでご協力いただいた皆様に、御礼を申し上げます。また、特段のご配慮を賜った大阪市立総合生涯学習センターには、長い連載期間をともに歩んだことの感慨も込め、深く御礼申し上げます。

創元社の松浦利彦さんにも本書の編集で大変お世話になりました。

大阪市立総合生涯学習センターのある大阪駅前第二ビルの三階は、駐車場と公園になっているほか、徳兵衛稲荷大明神が祀られている。この徳兵衛は、稲荷であるのに本体は狸だという説があるが、本書の評判が大阪の紙価を高めるよう、お詣《まい》りしましょうか。南側は北新地で、ビルの地階はレトロ感あふれる飲み屋街。これが続きの「百一景」の新しいはじまりですな。

索引

◆た

本書は、大阪市立生涯学習センター発行の生涯学習情報誌「いちょう並木」の連載「おおさかKEYわーど」（二〇一〇年四月号～継続中）から一〇〇回分を選定し、大幅加筆・改訂のうえ書籍化したものです。

本書に記載の内容・データは二〇一九年一二月現在のものです。

〔著者略歴〕
橋爪節也（はしづめ・せつや）
大阪大学総合学術博物館前館長、大阪大学大学院文学研究科教授兼任。一九五八年、大阪市生まれ。東京藝術大学美術学部芸術学科卒業。同大学大学院修了後、同大学美術学部附属古美術研究施設助手、大阪市立近代美術館（仮称）建設準備室主任学芸員を経て現職。著書『モダン道頓堀探検』『大大阪イメージ』『大阪の橋ものがたり』『書影でたどる関西の出版１００』（創元社）、『映画「大大阪」観光の世界』『戦後大阪のアヴァンギャルド芸術』『待兼山少年』『精神と光彩の画家　中村貞夫』（大阪大学出版会）、『モダン心斎橋コレクション』（国書刊行会）、『森琴石作品集』（東方出版）、『大阪市の昭和』（樹林舎）、『はたらく浮世絵　大日本物産図会』（青幻舎）ほか多数。

橋爪節也《はしづめせつや》の大阪百景《おおさかひゃっけい》
二〇二〇年二月二〇日　第一版第一刷発行

著　者　橋爪節也
発行者　矢部敬一
発行所　株式会社　創元社
〈本　社〉〒五四一‐〇〇四七
大阪市中央区淡路町四‐三‐六
〈東京支店〉〒一〇一‐〇〇五一
東京都千代田区神田神保町一‐二　田辺ビル
〈ホームページ〉https://www.sogensha.co.jp/
組版　はあどわあく　　印刷　図書印刷

本書を無断で複写・複製することを禁じます。

乱丁・落丁本はお取り替えいたします。

定価はカバーに表示してあります。

©2020 Setsuya Hashizume　Printed in Japan
ISBN978-4-422-25088-5　C0021

JCOPY 〈出版者著作権管理機構 委託出版物〉
本書の無断複製は著作権法上での例外を除き禁じられています。複製される場合は、そのつど事前に、出版者著作権管理機構（電話 03-5244-5088、FAX 03-5244-5089、e-mail: info@jcopy.or.jp）の許諾を得てください。

本書の感想をお寄せください
投稿フォームはこちらから ▶▶▶▶

日本の祭と神賑 —京都・摂河泉の祭具から読み解く祈りのかたち—

森田玲著　日本の祭のかたちを神輿・提灯・太鼓台・地車・唐獅子などの祭具の歴史から読み解き、京都と大阪（摂河泉）を中心に全国各地を探求。祭の本質と新たな魅力を描き出す。2000円

大阪ことば学

尾上圭介著　いまや全国区になった「無敵の大阪弁」。その背後には人との接触の仕方、表現の仕方など独特の文化がある。気鋭の国語学者が鮮やかに切ってみせたことばの大阪学。1200円

上方演芸大全

大阪府立上方演芸資料館（ワッハ上方）編　上方演芸の総覧として歴史と魅力を集大成。漫才、落語などの演芸各分野からメディア・寄席・裏方まで笑芸の全容と細部に迫る。図版多。2800円

カラー版 大阪古地図むかし案内 —江戸時代をあるく—

本渡章著　江戸時代の貴重な古地図を、虫眼鏡ですみずみまで鑑賞するかのような趣向で味わい尽くす。大阪の歴史文化や地理地形もわかる案内書。カラー古地図約一五〇点収載。2300円

西鶴に学ぶ —貧者の教訓・富者の知恵—

中嶋隆著　いま学ぶべきは井原西鶴。その作品には現代人への貴重な教訓が詰まっている。当代気鋭の研究者が、努めて平易に、楽しく読み解いて伝える、知的好奇心をそそる読み物。1500円

大阪万博の戦後史 —EXPO'70から2025年万博へ

橋爪紳也著　大阪大空襲、占領下を経て、復興から高度経済成長へと向かっていく時代と70年万博の熱狂を描き出す。2025年日本国際博覧会（大阪・関西万博）の構想案も公開。1600円

飛田百番 —遊廓の残照—

橋爪紳也監修、上諸尚美写真、吉里忠史・加藤政洋著　飛田遊廓を代表する建物「百番」は様々な「遊びのデザイン」に充ちている。この建築の魅力を多数のカラー写真を中心に伝える。3600円

大阪のスラムと盛り場 —近代都市と場所の系譜学

加藤政洋著　釜ヶ崎、黒門市場、千日前など「ミナミ」と呼ばれる場の足跡をたどる。明治中期〜大正、特に織田作之助らが遊歩した昭和初期に注目し、消費される都市空間を描く。2800円

ヴォーリズ建築の100年 —恵みの居場所をつくる

山形政昭監修　デザインよりも住みやすさを重視したヴォーリズの建築。約三八〇点の写真と建物データを収載し、魅力を余すところなく紹介。藤森照信、海野弘、内田青藏等執筆。3600円

世界遺産百舌鳥・古市古墳群をあるく

久世仁士著、創元社編集部編　巨大古墳集積地として知られる百舌鳥・古市古墳群。世界遺産に登録された全四九基の古墳を、最新の調査結果も交え写真・図版・地図とともに案内。1200円

＊価格には消費税は含まれていません。